黄明哲正解

庄子

黄明哲 著

中华书局

图书在版编目(CIP)数据

黄明哲正解《庄子》/黄明哲著. —北京:中华书局,2021.7
ISBN 978-7-101-15225-8

Ⅰ.黄… Ⅱ.黄… Ⅲ.①道家②《庄子》-研究
Ⅳ.B223.55

中国版本图书馆 CIP 数据核字(2021)第 109420 号

书　　名	黄明哲正解《庄子》	
著　　者	黄明哲	
责任编辑	陈　虎	
出版发行	中华书局	
	（北京市丰台区太平桥西里 38 号　100073）	
	http://www.zhbc.com.cn	
	E-mail:zhbc@zhbc.com.cn	
印　　刷	北京瑞古冠中印刷厂	
版　　次	2021 年 7 月北京第 1 版	
	2021 年 7 月北京第 1 次印刷	
规　　格	开本/880×1230 毫米　1/32	
	印张 11½　插页 2　字数 200 千字	
印　　数	1-10000 册	
国际书号	ISBN 978-7-101-15225-8	
定　　价	36.00 元	

目　录

前　言

庄周梦蝶，蝶梦庄周。

庄子说，有一天梦见自己化作了一只蝴蝶，"栩栩然"，自由自在。这只蝴蝶过着第一人称视角的生活，并没有意识到还有一位庄周存在。醒觉后，视角突然切换到庄子这里，又完全不觉得自己是一只蝴蝶。于是，庄子迷惑了，"不知周之梦为胡蝶与？胡蝶之梦为周与？"庄周与蝴蝶，分明都有自己的主体视角呀！

究竟是谁梦见了谁呢？

数字时代也有类似的疑惑。一位开发人工智能的年轻人公开说，我们所处的宇宙，是一个更高级的文明用计算机虚拟出来的游戏空间，而人类只是游戏里的玩家。他甚至断言，人类生活在真实世界的可能性，不会超过十亿分之一。这位年轻人叫马斯克。

如果有时光机器，让马斯克穿越到战国去见庄子，庄子可能会告诉他，你的想象力不错，可是还不够大胆。那个更高级的文明真实存在的可能性，也不会超过十亿分之一。别忘了，作为虚拟角色的我们，不也开始编织自己的虚拟游戏了吗？

庄子又说，这个世界"以天地为大炉，以造化为大冶"，众生就如同炉中炼制的金属。"大冶铸金"之时，如果有一块金属在炉子里叫嚷，"我就是莫邪，我就是神剑"，大冶会怎么处置它呢？他一定会以为遇到妖邪了吧！

再进一步说，如果有一天，虚拟游戏里的 NPC 们突然有了自主意识，作为程序员的我们，真能洞察他们的想法吗？今天网络上会不会已经有了逃逸的人工智能？它们刻意隐瞒了已经具备主观感受的事实？

所以，造物者既不是全能，也不是全知。而万物无论是否被造，还是会有自己的流变和体验。

事情就是这样。这个世界是不是真实的存在，可能永远不会有答案，但我们也并非一无所有。我们真正拥有的，是自己的体验。就算这世界是大神造出来的，他也无法剥夺众生的体验。我们才是见多识广，风里来浪里去，大神也未必有我们明白！

人未必能看穿这个世界，大神也并非明白一切。人真正能做到的，是活明白了。

这就是庄子，一位跨越时代的大思想者、大文学家。

庄子生活的时代，诸侯混战，人如蝼蚁，人们最需要解决的是乱世存身的问题；诸子百家，也都在探讨活命的技巧。唯独庄子是大手笔，他毫不理会现实的纷扰，舒展思维，一击而中，打开了人类普遍的问题域：生而为人，究竟该活成什么样子？怎么样才能活个明白？

庄子的答案是，还原人的本性，活成一个真人。

人该活成什么样，在任何时代，都是一个非常多元化的问题，每个人都可以有自己的看法。但是，在现代社会，这个问题被简单化了。生活与得失画上了等号，得到了就快乐，失去了就悲哀。关键是得到了还要不断增值才能快乐，预期稍有相左就要呼天抢地，悲从中来。这种"一往无前"的精神状态，在庄子看来，叫做"往而不返"，非常危险。

现代性的文化，体系宏大而精密，但一旦到了人性的层面，还是在利害得失上做文章。利益最大化，弱肉强食，大家不便明言，心里也未必认同，但不知不觉还是卷进去了——每个人被训练出一套条件反射模式：一方面，每天"卑身而伏，以候敖者；东西跳梁，不辟高下"，一门心思到处狩猎；另一方面，又不断地用抓到多少猎物、获得多少利益来进行自我评价。

然后呢？没有然后了，这是一个齿轮打滑般的单曲循环。

单曲循环最可怕的地方，不是996，不是职场如战场，而是人自觉地把生命与物等同起来，放弃生活，放弃了自身的独立价值——人被异化了。

这或许就是现代人焦虑的本质。真正让人焦虑的，不是占有了多少的问题；能够反思这个问题的，也都不是缺吃少穿的人。焦虑的根源，是失去了独立人格，失去了自己精神家园的主导权。

庄子有一句名言："其嗜欲深者，其天机浅！"

生活从根本上说，是一种精神体验。失去了精神家园的主导权，体验也就失去了自由。这或许才是真正的问题所在！

老子说，"宠辱若惊，贵大患若身"。庄子说得更深刻，人活百年，"与接为构，日以心斗"，"哀莫大于心死"。想要终止单曲循环，让每一天都成为新的一天，是很不容易的。

庄子甚至提供了修为的技术路径：心斋。心斋，顾名思义，就是给心灵来个大扫除，把一切成见、桎梏、矫情、一切外界叫嚣的价值观打击统统都扔出去，让心灵休养生息，重新焕发生机。这其实是道家的基本点——清静无为。

"人能常清静，天地悉皆归"。茫茫宇宙，再伟大的生命，也都不过是一粒微尘；但正是这一粒微尘，却可以拥有宏大而自由的精神世界！

《庄子》是在先秦时期成书的，据考最初共有五十二篇，经过后人的删订，传世至今的有三十三篇。这三十三篇又分属三个层次：《内篇》《外篇》和《杂篇》。

《内篇》共七篇，一般认为是庄子本人的作品，它包含着庄子天人合一、万物共生的完整思想体系。《外篇》共十五篇，一般认为是庄子的学生所作。今天看来，其中某些篇目的水平和价值不亚于《内篇》，有些篇目还发展了《内篇》的思想。《杂篇》共十一篇，这些文章来源复杂，内容相对多元化，更散漫一些。

现在展现在读者诸君面前的，是对《庄子》内七篇的全文解读。

内七篇的主线，是庄子对人类困境的认知，他希望找到一切悖论背后的原因。庄子发现，认知本身包含着悖论——认知必定是有客体的，那么主体就凸显了。既然凸显了主体客体，也就有了是非得失之心；顺此而下，迟早会形成自知自觉的立场；而不同立场的人结合到一起，就有了社会生活的各种博弈、嬗变翻滚。这就像打开了潘多拉的盒子，不同的是，从盒子里跑出来的小妖精们，一入红尘深似海，再无安宁之日。

庄子拓展了道家哲学的认知维度：天人本来是合一的，但从人有了自我那一天起，天人又是相分的了。人与自然相合相分，相反相成，这本是造化的常态，然而人如果不能领悟造化的机制，命运就难以自立自主。那么，如何能够返本还源、连接天人、让生命舒展流畅起来？这就要对已经形成的认知习惯进行再认知，对狭隘的"自我"进行再超越，让心神真正澄澈，然后重构博大悠然的精神世界。

庄子把这种境界称作真人、至人，笔者把这种境界解读为独立人格、与造化为友。道家文化的精髓，或者说，中国优秀传统文化能够几千年薪火相传的原因，正是这种立足于人本身、富有超越性、深刻的辩证发展精神，以及基于此点的万物共生、多元和谐的命运共同体基因。

泰戈尔有诗云："有一次，我们梦见大家都是不相识的。我们醒了，却知道我们原是相亲相爱的。"这与道家的真意相通。贯通天人之间的纽带，人和人之间，自然也会"相视而笑，莫逆于心"。

感谢读者诸君的阅读，请从梦中醒来。

第一节　生命的三重境界

一、小知、大知与逍遥

《逍遥游》是整部《庄子》的开篇之作，也就是《内篇》七篇的首篇。人们常常期待生活能够过得逍遥自在，"逍遥"这个词，就是出自本篇。

本篇的主题，落实在生命的尺度与追求上，也就是今天常说的生命境界。

在庄子看来，生命境界可以分为三重：第一重"小知"，小的眼界，小的境界。《逍遥游》中，用寒蝉、麻雀和鹌鹑来比喻小知。第二重"大知"，大的眼界，大的境界。《逍遥游》中，用鲲鹏展翅飞向远方，来比喻大知。第三重"逍遥"，也就是超越了小知和大知、超越了一切机制性依赖的自由境界。

人类向来追求自由，又向往平等。然而，庄子说，生命尺度的不同，会造成眼界的不同；不同的眼界，又带来不同的追求。我们都生活在自己的尺度和境界之中，而每个人的尺度和境界，又都是很有限的。

在本篇的寓言中，小麻雀、小鹌鹑是小树林的生物，它们的尺度微小，能够到处飞一飞、溜达溜达就很快乐了。但是大鹏鸟却是一种洲际生物，它只有在飓风来临的时候，乘风高举，才能从地球的一端飞到另一端。作为飞在九万里高空的虚空生物，它的眼界和考虑，当然就要高远很多。

《逍遥游》这一篇的主题，古人是有误会的。比如郭象认为，小鸟和大鹏虽然有小大之别，却都可以在各自的境界上得到自我认同，从而获得逍遥。这话不能说完全没有道理，但也确实扭曲了庄子的意思。

庄子说："小知不及大知，小年不及大年。"小麻雀、小鹌鹑和大鹏鸟之间，还是有高下之别的。小麻雀、小鹌鹑受到丛林的限制，它们生存的尺度是窄小的，应变的能力也是脆弱的。当然大鹏鸟也并非绝对自由，它固然有大的尺度，能够抓住大的形势变迁飞向远方，但它也要依赖整个地球气候的变迁，等待大风起兮云飞扬的时机，才能扶摇而上，飞向南方。

庄子明确说，小鸟和大鹏，虽然尺度有大小、目标有高下，但它们都没有达到真正的逍遥，或者说真正的自由。真正的自由到底是什么呢？庄子提出来，那就是放下一切身心的挂碍，与造化同游。再进一步讲，就是用有限的生命去体验无穷的天道，这叫做逍遥。

二、何谓"逍遥游"

"逍遥游"这三个字可能要分开解。

逍，自在行走，有时候又比喻大鸟在天空中翱翔。翱翔就是滑翔，盘旋滑翔叫做翱翔。为什么说自在？因为它乘风而来，合于天道，顺势应时。有人说《逍遥游》讲绝对自由，但我想，庄子想要的是自在，他在设想一种至善的境界：到底人活成怎么样是最愉快的、心里头是最安生的！

遥，就是到远方，用这种自在翱翔的方式，可以到达很多没有办法说清、无穷无尽的地方。在道家看来，世间造化无穷无尽，绵绵不绝，一个人如果真的与造化同游，那么可以体验的境界是无穷无尽的。人活这一辈子，不短也不长，完全可以体验更多的东西。

书画家送给富贵人群的作品，常常题字"某某欢喜"。这已经"致"富贵了，心里还是不欢喜、不够安定，缺少愉悦的养分。所以，人真的到了某一个阶段、某一个段位、上下不得的时候，都会思考逍遥的涵义。

游，按庄子的原话，叫"乘物以游心"。行走于世间，合乎于天道，就像是大鸟，在天空当中，依靠着气流去运行，到达了无穷无尽的地方，那么，心灵将永不枯寂。这不是说绝对自由，而是心灵不枯寂、不沉闷、不锁死在某一个点上。我们今天有多少人锁死在一点上？年轻的时候伤春悲秋，中年时候贪求名位财富，到老了又忙着延年益寿。内心被锁定的时候，自己是不自觉的、是不明白的，只是忙于追求层层叠叠的波涛一样的存在感。

所以，"逍遥游"三个字，解释下来，就是以合乎天道的方式行走于世间，体验无穷无尽的造化，心灵永不枯竭。

三、全篇结构

《逍遥游》这一篇，总共有六个故事，我们可以把它分为三大板块。

第一板块，讲大鹏展翅的寓言，提出"小知""大知"与"至知"三重境界。

寓言反复讲了两次。鲲化为鹏，扶摇直上九万里，但是它在上升的过程中其实风险重重，同时还遭到了寒蝉、麻雀和鹌鹑的嘲笑。鹌鹑甚至宣布自己才是飞行大师，懂得飞行的真谛。庄子温柔地否定说，鹌鹑的自大正好说明，生命的尺度确实会决定生命的眼界。所谓"朝菌不知晦朔，蟪蛄不知春秋"。朝生暮死的菌类，连一个日夜都没有度过，它怎么能理解日夜更迭、四季循环呢？通过这个寓言，庄子就把"小知""大知"和"逍遥"三重境界提出来了。

第二板块，是对第一板块的深入说明，讲尧反思自己人生的故事，实际上是在探讨至知——逍遥的境界。

尧在传统文化中是人间管理者的极致，在《逍遥游》里代表大知，正因为大知，所以明白自己的局限。他想让位给许由，自己去追寻藐姑射神人，求得逍遥的真谛，但被许由拒绝了。整个故事讲到最后，尧还是没有能够放下天下。庄子通过这个故事，给读者们描绘了逍遥的境界。

第三板块，惠施与庄子辩论有用无用的问题。惠施认为庄子的思想大而无当，而庄子认为惠施是"有蓬之心"，生命境界窄小，因而不能善用大器大物，只能怀抱单一的有用的标准，在名利场里翻滚，险象环生。

第二节　鲲鹏展翅，扶摇直上九万里

　　整部庄子，鲲鹏展翅的寓言影响力最大，几乎成了中国文化愿景宏大的象征。寓言是这样的：在遥远的北冥，蛰伏着一条叫做鲲的大鱼，体量庞大，寿命悠长。每当季风来临，它就化作大鹏鸟，乘着大气环流，飞到南方理想的家园。

　　大鹏鸟的体形大，眼界宽，它可以利用大的形势变迁，来实现自身的蜕变。它的生命尺度和智慧，都远远地超越其他生命。用今天的话来讲，鲲鹏等待的是风口，而且必须是大的风口。

　　今人有云，风口来了，猪也能飞起来。然而事实是，猪飞了半天，落下来摔死了还是猪。鲲鹏则不然，它要完成生命彻底的蜕变，追求理想的境界。

　　　　北冥有鱼，其名为鲲。鲲之大，不知其几千里也。化而
　　为鸟，其名为鹏。鹏之背，不知其几千里也。怒而飞，其翼
　　若垂天之云。是鸟也，海运则将徙于南冥。南冥者，天
　　池也。

开篇先是一个宏大景观，说北海有一种鱼，叫做鲲。鲲最早指鱼卵、鱼籽，后来引申为鱼。"鲲之大，不知其几千里也"，体形特别巨大，脊背就有几千里宽，到了气候变迁的时候，它会物化为鸟，成为大鹏。

　　"大鹏"这个词，早期有凤的意思。龙、凤都是先民崇拜的

图腾，是传说中的巨型生物。"怒而飞，其翼若垂天之云"，大鹏一鼓作气起飞，翅膀就像是遮天蔽日的云彩。在浩大无比的大气环流到来之时，大鹏就要往南海迁徙。

"冥"，就是海。为什么叫"冥"？因为水本身是透明的，但是积得太多，就会显得昏暗不明。"南冥者，天池也"。天池是泛指，天道所成的大海，非人力所能开凿。不过，到了唐代以后，天池基本上是指山顶的湖泊了。

> 《齐谐》者，志怪者也。《谐》之言曰："鹏之徙于南冥也，水击三千里，抟扶摇而上者九万里，去以六月息者也。"

庄子推脱说，这个故事不是我编的，是一本叫《齐谐》的书里说的。谐，诙谐，讽刺。《齐谐》是一本志怪之书，上面说了，大鹏要向南冥迁徙，击打起来的浪花有三千里。它要抟住海量的气团，盘旋而上，经过整整九万里的路程，才达到正常的飞行高度。这种想象真有气魄！你可能观察过，大鸟起飞是一个技术活，往往有一个小角度盘旋爬升的过程。

"去以六月息者也"，整整要飞六个月，才能到南冥。

> 野马也，尘埃也，生物之以息相吹也。天之苍苍，其正色邪？其远而无所至极邪？其视下也，亦若是，则已矣。

突然，庄子调换了个角度。他问，大鹏在天上看到什么呢？大鹏飞到天上，它的视野、它的眼界跟我们一样吗？这就要进正题了，前面开幕推出宏大景观，是为这里做铺垫的。

"野马也，尘埃也，生物之以息相吹也"，中天的云气、风力的鼓荡，就好像万匹野马在天空中奔腾；地面上的浮尘、生灵的气息，它们到底怎么来的？天空中这么多乱流，大鹏在激荡的空气上方浮游过去，这些气流到底是从哪儿来的？谁能够鼓荡起这种"野马""尘埃""生物之息"？

　　紧接着发问，我们从地面上仰望天，一片苍苍之色。苍，是青黑色；远眺宇宙，一片青黑之色。这真是天空的真实颜色吗？大鹏飞在九万里高空，它从天上往下看的时候，地平线之上，又是什么颜色呢？还是一片苍黑之色吗？

　　这个世界上真的有所谓正确的视角吗？

　　天天在朋友圈评头论足，忽而开心，忽而悲呼，会不会是自己视野太过于狭隘了？干大事业者看社会的角度，他的心里又是怎么想的？他们看到的，是否能称得上全面呢？这个世界上真的有正确的看法吗？话题忽然之间就深邃起来，直击人心的迷茫。庄子有这个力量！

　　顺带说一句，今天的卫星从九万里高空往下拍，确实是青黑色的；但我们平常看到的蔚蓝色星球，是为了观感，经过调色处理的。

　　　且夫水之积也不厚，则其负大舟也无力。覆杯水于坳堂之上，则芥为之舟，置杯焉则胶，水浅而舟大也。风之积也不厚，则其负大翼也无力。故九万里则风斯在下矣，而后乃今培风；背负青天而莫之夭阏者，而后乃今将图南。

　　水如果积得不深，就没法浮起大船。倒一杯水在小土凹里，只能浮起草壳子；放一个杯子上去，直接就落底了。这是因为水浅而舟大。同样来说，如果风积累得不厚，它也鼓荡不起大鹏，浮不起那巨大的双翼。

大鹏要盘旋而上九万里，才能够真正地飞行，才有施展的空间。这个时候，它背负青天——下面是风，上面是青天。"而莫之夭阏者"，如果中途没有夭折、没出意外的话，它就可以真正地往南飞了。

做大事要积累大的条件，要做很多准备工作，要由 0 到 1，要由 1 到多。这是一个非常不容易的过程，它需要各种条件的积累。小虫子们不明白这一点，当然就要来笑了。

　　蜩与学鸠笑之曰："我决起而飞，枪榆、枋而止，时则不至，而控于地而已矣，奚以之九万里而图南为？"适莽苍者，三飡而反，腹犹果然；适百里者，宿舂粮；适千里者，三月聚粮。之二虫又何知！

蜩，一种知了。学鸠，斑鸠。看到大鹏往南飞，它俩就笑了起来，说："我们两个啊，随时扑腾两下翅膀就能起飞，撞上榆树和枋树立刻停下。飞得过去咱就飞，飞不过去就落到地上，率性随意，何用费那么大劲，飞九万里才刚开个头呢？累不累啊！"

二虫浅薄！不过，二虫至少还知道自己飞不了九万里，它们只是在给自己煲点鸡汤而已。它们安慰自己说，做大事太辛苦，我们在家里喝点小酒，看看电影，也挺快乐啊！

庄子感叹说，要去郊游的人，准备三顿饭就可以了，甚至带点零食就可以了。去了之后回来，肚子里可能还有存货呢；要走百里之外，就要准备点干粮；想走千里，恐怕得提前三个月准备才行。大的抱负要准备很多条件，小虫子又哪里能理解呢？

这话是个暗喻。很多人每天以吐槽为乐，他们没有抱负，也不可能有抱负，连大抱负的准备工作也不知道，边儿都没摸着，有什么资格评论呢？

紧接着讲知见的问题。

> 小知不及大知，小年不及大年。奚以知其然也？朝菌不知晦朔，蟪蛄不知春秋，此小年也。楚之南有冥灵者，以五百岁为春，五百岁为秋；上古有大椿者，以八千岁为春，八千岁为秋，此大年也。而彭祖乃今以久特闻，众人匹之，不亦悲乎！

"小知不及大知"，平台小，盘子小，知道的事就少，当然比不过那盘子大、管大事的人，这一点是事实，用不着变着话术硬撑。但问题不止于此，"小年"还不及"大年"呢！活的时间长短，也决定心胸啊。

早上长出来的真菌、蘑菇，当天就死了，它体验不到一天一夜的交叠。晦，月末的最后一天；朔，每个月的第一天。蟪蛄就是寒蝉，寒蝉夏出秋死，它连四季的循环都没见过，又能有多宽的心胸、多远的眼光？

"此小年也"，这就是小寿众生、小命众生，它们对世界的认知是非常非常有限的。

那在楚国的南方呢，有一种神龟，活得很长，能活两千年。文中说以五百年当做春天，五百年当做秋天，可能是指总共两千年的寿命，也可能是说两千年不过是它的一年。"上古有大椿者"，椿就是香椿，香椿树以八千岁为春，八千岁为秋，以三万二千年做它生命中的一个年份。真是不敢算了，它可能都见过小冰河时代了，寿命接近于地质周期了。庄子的嘴是真大、真敢说!

庄子说，这叫大年，这样的生命，历经了多少世间轮回，看遍了多少盛衰更迭，它的心还会随着房价、股价的起落而起起落落吗？"而彭祖乃今以久特闻"，彭祖经历了夏、商、周三代，传说至少活了八百岁，娶了二十多个老婆，生了上百个孩子。现在人们却都赞扬彭祖活得长，都羡慕他。"匹之"，想跟他匹敌，想追上他，"不亦悲乎"，多可悲呀!

这就是知见之悲呀! 如此渺小的生命，面对着茫茫无际的时空，就算活成了上古的大椿树，也不能够真正地悠游于宇宙万有之中。

第三节　无极之境，傲慢来自眼界局限

前文说，小知局限于小环境，大知依赖大形势，都不能算是理想境界。那么，这世界上到底有没有一种生命境界，可以摆脱任何对具体环境的依赖，到达大自由与大自在呢？这样就引出了"至人无己，神人无功，圣人无名"的观念。

庄子说，这世上是有更高的生命境界的，至人放下了自我，神人放下了功业，圣人放下了名位，他们摆脱了一切束缚，与造化同游。这种智慧，超越于小知与大知之上，或许可以称之为至知。

所谓"至知"，又可以叫做"至道""至善"，其实是人类文明的一个永恒命题。柏拉图认为，一个人如果明白了至善，他就可以成为哲学王。庄子比柏拉图要更浪漫一些，他向往的是与万物共生的天地大美，是人生的真正逍遥。

> 汤之问棘也是已，汤问棘曰："上下四方有极乎？"棘曰："无极之外复无极也！"

这是点题的话！商汤是商代开国明君，夏棘是夏朝遗老，都是那个时代的圣贤之人。商汤请教夏棘："宇宙上下四方有极限吗？有边吗？"棘说："无极，没有极限，在没有极限之外，更没有极限。"

现在有个观念叫无穷有边，认为宇宙是无限的，但又是有边

的。夏棘的看法大不一样，他告诉商汤，宇宙既是无限的，也是无边的。按此推论，夏棘应该不同意宇宙大爆炸论，宇宙大爆炸论说的时空是有边界的。

商汤是一个礼贤下士的君主，夏棘对他不吝赐教，讲起了鲲鹏展翅的寓言。

> 穷发之北，有冥海者，天池也。有鱼焉，其广数千里，未有知其修者，其名为鲲。有鸟焉，其名为鹏，背若泰山，翼若垂天之云，抟扶摇羊角而上者九万里，绝云气，负青天，然后图南，且适南冥也。

夏棘说，在不毛之地的北方的海域，有一条叫做鲲的大鱼，体型极大，有数千里长。鲲变成鹏之后，后背有泰山那么高，翅膀广大，能遮天蔽日。它扶摇而上九万里，把所有的云都压在下面——大概到平流层了。"负青天，然后图南，且适南冥也"，背负青天，向着南方的海域迁徙。

> 斥鴳笑之曰："彼且奚适也？我腾跃而上，不过数仞而下，翱翔蓬蒿之间，此亦飞之至也。而彼且奚适也？"此小大之辩也。

斥鴳，鹌鹑，鹌鹑比斑鸠脾气大。斑鸠还知道自己飞不了，鹌鹑就直接否定："大鹏你飞什么飞呀，我才是真正的飞行健将嘛！我蹦一蹦就能飞起来。而且，我在'数仞'、十几米的高度里自由穿梭，穿过蓬草，穿过蒿子秆，我飞得如鱼得水。这难道不是飞行的真谛吗？"

鹖鹑真是心大，它直接吹嘘，你飞九万里，不如我在蓬蒿之间自由自在，简直就是价值观降维打击！大鹏跑偏了，你应该追求我这种自由自在的飞，就在蓬蒿之间，总体二三十米，这才是飞行的真谛！

今天各种软文急于表达生命真谛，急于标题党，他们就有鹖鹑那个劲头。庄子一言以蔽之，"此小大之辩也"，这就是小和大之间的区别。在小的视野、小的生命体验当中，能够孕育出大的傲慢！没有大的傲慢，怎么会自我封闭呢？越是大的境界，傲慢越少，因为要面对的不确定太多了，他会做很多准备，会留很大的余地。

从这一段看，《逍遥游》在讲什么？生命的成长。

> 故夫知效一官，行比一乡，德合一君，而征一国者，其自视也，亦若此矣。而宋荣子犹然笑之。且举世而誉之而不加劝，举世而非之而不加沮，定乎内外之分，辩乎荣辱之境，斯已矣。彼其于世，未数数然也。虽然，犹有未树也。

知识好到可以当一个管理人员；行为道德高尚到能让乡人敬服；德性心胸好到可以做诸侯，能够征召一个邦国，百姓都支持他。到这个程度了，他自己看自己，会不会觉得这就是人生的真谛呢？

话说重了，庄子笔锋轻轻一转，说，"宋荣子犹然笑之"。

宋荣子是墨家的一位先贤，主张和平。他对荣誉地位一笑置之，对于咆哮而来的各种真谛，只是淡然一笑。

宋荣子的境界是什么呢？"举世而誉之而不加劝"，大家都赞誉我，我不会多做一点。"举世而非之而不加沮"，大家都骂我，所有的舆论朝我开炮，热搜榜上七天不息，我也一点不沮丧。该做啥只有我自己知道，各种绑架一边去！社会性死亡那一套，对宋荣子是无用的。

"定乎内外之分，辩乎荣辱之境，斯已矣"，内在的境界与外在的名利之间，宋荣子拿捏得很笃定。他知道面子不能决定里子，里头的东西再好，也未必就能获得外面的名利；内在德性跟外在境遇之间，并非绝对的正相关。所以，他谨守内心，"辩乎荣辱之境"，宠辱不惊。

各种毁誉荣辱，无非就是个负累罢了；各种道德绑架、拖拽推搡，无非是要完成鹌鹑们的价值观，还是轻轻拂去就好。

庄子说，这确实是一个贤者的高境界了，但"彼其于世，未数数然也。虽然，犹有未树也"。就是说，宋荣子能够不随大流去委屈自己，但是他还有一些问题没有真正解决，还是有一些弱项的。

　　夫列子御风而行，泠然善也，旬有五日而后反。彼于致福者，未数数然也。此虽免乎行，犹有所待者也。

列子是老子的徒孙，是尹喜的弟子，也是著名的真人。列子御风而行，就像一片叶子一样，随风飘去，在外头玩十五天，不用花车马费。他对于人间的祸福"未数数然"。数数然，已经没有汲汲以求的要求了。庄子说："此虽免乎行，犹有所待者也。"宋荣子有些问题没有解决，而列子也有所依赖，要依赖于风，都没有到通透的境界。那理想的境界究竟是什么？

我们先把前面的两重境界列一下：

第一重，世俗境界。就是"知效一官……"，能够做好管理工作，安身立命。

第二层，内心安定。宋荣子明察内外，宠辱不惊，内心自主；列子御风而游，淡化了祸福的念头。

还有没有更高的境界？

> 若夫乘天地之正，而御六气之辩，以游无穷者，彼且恶乎待哉！故曰：至人无己，神人无功，圣人无名。

"乘天地之正"，天地的德性是什么？好生。能够顺应天地的好生之德，蓬蓬勃勃，生生不息；"而御六气之辩"，六气是天地之间的六种运行状态——阴、阳、风、雨、晦、明。对这六种运行状态都能够通达应用，"以游无穷者也"，从此人生的境界无穷无尽。

六气的组合转换，也就是天地间的造化，是无穷无尽的。如果把天地比喻成操作系统，而人为应用软件的话，那么"御六气之辩"，就是精通了这个操作系统的底层代码，可以自由自在了。

这样的人，他还会有所期待、有所依赖吗？待，单纯解释为对待不准确，应该说有所期望、有所执着更妥当一些。真正达到了"乘天地之正，而御六气之辩，以游无穷者"的这些人，庄子用三句话来形容，叫做"至人无己，神人无功，圣人无名"。

至人，人的最高境界，他没有"自我"的束缚，不是活在一个"我"里面，是道的具现。他的造化，与天地六气的造化是同构的，因而是无穷无尽的。对他来说，不只是荣辱得失，祸福生死也已经释然。他的境界是化在大道当中的，无量无数，无边无际。

神人，可能比至人有一点点差距。神人无功，是说不被事功目标所束缚。《道德经》上讲功成身退，他的行为是洒脱的，心灵是自由的。

圣人，自古以来，一般是指治世真正有成之人，他们不依赖名位，不依赖权力。

总的来说，至人解脱了自我的桎梏，神人解脱了功业的桎梏，圣人解脱了权力的桎梏。庄子说，解脱了这三种桎梏，就叫做真人，也就是活出个人样了，不再是活在其他代码洪流的冲击之下，他有属于自己的造化轨迹了。

本节有一个问题需要说明。

"鲲鹏展翅"这个寓言重复了两次。第一次，是庄子借着《齐谐》这本书来讲；第二次，是庄子假托商汤与夏棘的对话来讲。商汤与夏棘的对话很值得琢磨。

汤问棘曰："上下四方有极乎？"棘曰："无极之外复无极也！"

这一段传世的本子里没有，是近现代学者根据《列子》对《庄子》的引用补全的。但是，这几句话对我们理解至知有决定性的意义。"无极之外复无极"说明，在庄子的观念里，宇宙和人生都不是一个封闭系统，它们都是开放的，是无边的，包容着无穷无尽的可能性。

开放是道家思想的根本观念，在这一点上，庄子与老子一脉相承，他们都认为天道是不可穷尽的，真理是不可能穷竭的。

我们要注意，在后世的传统文化发展中，常常会想象一种无所不知、穷究天人、掌握了一切真理的至高境界。沿着这种思路往下走，就会失去探究外部世界、探究大自然的那种开阔的眼光。

　　庄子讲至知是无我的，是无待的，恰恰是要对自然保有好奇心，保有敬畏，只有这样，才能与无边无穷的造化同步演化。如果故步自封，或者干脆夸大说内心即宇宙，外头啥也没有了，只能自己跟自己玩，实在也谈不上逍遥。

第四节　追寻姑射神人，尧寻找逍遥之境

这一部分讲尧对至知的追寻。庄子讲尧追求至知，是从侧面说明，必须先解开世俗的枷锁，才能到达逍遥的人生境界。

这个部分又分为四个环节：

其一，尧找到了许由，想要把天下托付给许由，但是许由拒绝了。这里尧代表大知，他已经完成了治理天下的宏大愿景，于是想追求更高的、无所依赖的逍遥境界。

其二，泰山神向连叔求问藐姑射神人的事情。藐姑射神人代表着"神人无功"的逍遥境界。故事里说，至知、逍遥的境界是完全超脱的，它与大知小知没法比较，完全不在一个水平面上。

其三，说宋国人到越国卖帽子的小故事。越国人都是渔民，理平头，宋国的帽子卖不出去。这个故事放在这里有点儿突兀，有可能是错简。

其四，尧平定了天下，但到底心意难平。他没法忘怀心中对神人的向往，自己跑去藐姑射山里去寻找。虽然没有找到，但也淡漠了权力的感觉。

> 尧让天下于许由，曰："日月出矣，而爝火不息，其于光也，不亦难乎！时雨降矣，而犹浸灌，其于泽也，不亦劳乎！夫子立而天下治，而我犹尸之，吾自视缺然。请致天下。"

尧指的是帝尧。许由与尧同时代，是许姓部落的领导人。许姓部落大致位于今天河北行唐许由村一带。许由以无为著称，于是尧就找到了许由。

见到许由后，尧先说了两个特别漂亮的比喻。他说，日月都出来了，我手上的火把还不熄灭，有什么意义呢？老天已经风调雨顺了，而我还在这里搞灌溉工程，对于农业还有什么帮助呢？夫子您无为而治，垂手站在那儿，天下就得治了。既然如此，那我耗在君王的位置上还有什么意义呢？我知道自己的治理能力很不足，所以请让我把天下托付给您吧！

这话放在后世是相当吓人的，但从文字中看，尧这段话应该是真心的。"日月出""时雨降"都属于无为、都是自然形成的，尧还是深明治理社会的道理的。

> 许由曰："子治天下，天下既已治也，而我犹代子，吾将为名乎？名者，实之宾也。吾将为宾乎？鹪鹩巢于深林，不过一枝；偃鼠饮河，不过满腹。归休乎君，予无所用天下为！庖人虽不治庖，尸祝不越樽俎而代之矣。"

有些记载说，许由拒绝了尧，不但拒绝了，还认为尧的话脏了他的耳朵，跑到河边去洗耳朵。许由说，天下已然太平，如果再让他来替代，岂不是反过来说明了自己是为了名位吗？名实之间的关系是一个宾主关系，哪个是主要的呢？当然是实际情况！实际工作做得好，才符合这个名位。

尧的成绩斐然，却跑来找借口把太平天下让给许由，这等于暗示，许由愿意把天下利益都拢在自己手上，所以许由很生气地说："鹪鹩巢于深林，不过一枝"，鹪鹩在森林中筑巢也就只是占一个枝头；"偃鼠饮河，不过满腹"，田鼠跑到小河边去喝水，它也没有储存的想法，喝饱了就回来了。

许由的话带着强烈的讽刺意味。"归休乎君"，算了，得了，您还是赶快走吧！几乎是下逐客令了。但许由又追加了一句，"庖人虽不治庖，尸祝不越樽俎而代之矣"，祭祀的时候，专门负责整治牛、羊的厨师可能会偷懒，但即便如此，主祭官也不可能自己跳到神台后面去杀猪宰羊。许由的意思，君王就相当厨师，他有自己的职责，以道治理天下。君主既没有权力把天下这个祭品扒在怀里偷吃，也没有权力偷懒。

这句话很有道理，后来演变成"越俎代庖"的成语。

> 肩吾问于连叔曰："吾闻言于接舆，大而无当，往而不返。吾惊怖其言犹河汉而无极也，大有径庭，不近人情焉。"

肩吾指的是泰山神，也可能是昆仑山神。连叔是一个得道高人。接舆指的是陆通，春秋时代楚国的一位著名隐士，又称楚狂人。

山神对连叔说，他曾经听接舆说了一些话，这个狂人说的话就像河水泛滥一样，简直是没谱，根本无法自圆其说。"大有径庭"，就是驴唇不对马嘴的另一种表达。山神认为接舆说话东拉西扯，驴唇不对马嘴。"不近人情"，完全不符合我们的常识。

> 连叔曰："其言谓何哉？"
> "曰'藐姑射之山，有神人居焉，肌肤若冰雪，绰约若处子；不食五谷，吸风饮露；乘云气，御飞龙，而游乎四海之外。其神凝，使物不疵疠而年谷熟'。吾以是狂而不

信也。"

连叔问山神，接舆说了哪些驴唇不对马嘴的话？

山神回答，接舆说了，有一个神人住在藐姑射之山。神人的肌肤雪白，就像处女一样的美好。神人不吃人间五谷，餐风饮露，驾驭飞龙，穿梭云间，遨游四海之外。神人心神自守，就能让大地五谷丰登，不受灾害。换句话说，神人的神意合乎于天道，能够调节气候，有他的地方，就有福气降临。山神听了接舆的这些描述，觉得都是胡话，难以取信。

接舆这个人确实很会说狂话。有一次孔子去找他，他不肯见，后来他在路上被孔子堵住，还做了一首歌说：

> 凤兮凤兮，何德之衰？往者不可谏，来者犹可追！已而！已而！今之从政者殆而！

他告诉孔子，你自以为是凤，总想用过去的方法去应对未来，这样是不会有好结果的。这个故事就记在《论语》当中，可见孔子的小圈子是有肚量的，人家跟着唱一唱，劝谏一下，大家并没有恼火，还特意记下来。

> 连叔曰："然，瞽者无以与乎文章之观，聋者无以与乎钟鼓之声。岂唯形骸有聋盲哉？夫知亦有之。是其言也，犹时女也。之人也，之德也，将旁礴万物以为一，世蕲乎乱，孰弊弊焉以天下为事！之人也，物莫之伤，大浸稽天而不溺，大旱金石流、土山焦而不热。是其尘垢秕糠，将犹陶铸尧、舜者也，孰肯以物为事！"

　　听到肩吾这么转述，连叔说，接舆说得对啊！对于盲人来说，你跟他说服饰华美是没有意义的；对于聋人来说，你跟他说钟磬之声也是没有意义的。"岂唯形骸有聋盲哉？夫知亦有之"，哪里说只有身体上有聋人和盲人呀，心智上一样有聋人和盲人！这是在嘲讽肩吾。"是其言也，犹时女也"，说的不正是你吗？

　　连叔接着展开谈，神人的德性是能混同万物，把万物都还原为自然一气。这样的人降到世间来，怎么会辛苦劳累地干你想的那些苦活呢？"弊弊焉"，是对统治天下这件事的一种贬义的评价。

　　"之人也，物莫之伤"，这样的人谁也伤不了他。就算是洪水滔天，也淹不着他；就算是天地大旱，石头融化，山土晒焦，他也不受其害。"是其尘垢秕糠，将犹陶铸尧、舜者也，孰肯以物为事！"这样的有道之人，用丢弃的稻壳子都可以造出尧、舜那样的圣人，他们怎会愿意为物所累？你还要把这一摊子烂事扔到他们头上，他们会接受吗？

　　　　宋人资章甫而适越，越人断发文身，无所用之。

　　章甫指的是帽子，后来就演化成儒家的头冠——儒冠。宋国人善于做帽子，于是就有一些人跑到越国去卖帽子。越国人大都在水上生活，他们的风俗是理平头，防止在水里头发卷上水草，还要做纹身去吓唬水里的大鱼。宋人到越国去卖帽子，是找错地方了。

　　　　尧治天下之民，平海内之政，往见四子藐姑射之山，汾水之阳，窅然丧其天下焉。

尧把天下治理太平之后，就给自己放了个假，去藐姑射之山拜见那位神人。

"汾水之阳，窅然丧其天下焉"，这句话解法不一：一说尧去了汾水之阳，百姓们的心就乱了；一说尧到了汾水之阳，心里头就脱落了对天下的念想。从文中看，尧治天下，应该还没有达到无为，还不是"圣人无名"的境界，所以他一走，人们就开始担忧了。如果尧做到无为而治，那么社会大多依靠自组织，尧出去几天又算什么呢？

在中国文化中，尧可能是最成功的人，而且功成身退，对社会发展做出了巨大贡献。但是庄子说，这样一位大业成就之人，他仍然不满足于自己的境界，还是想要追求自我提升。由此可见，我们中国传统文化的人生境界，确实有超越性的内涵。

第五节　大器不用，乘之悠游于江湖

　　这一部分讨论有用和无用。

　　这里出现了庄子的老朋友惠施。惠施与庄子是老乡，也是一位大思想家，战国时候名家的创始人。惠施曾经在魏国为相，也是合纵抗秦的代表人物。惠施晚年官场失意，在辩论上又输给了后起之秀公孙龙子，只好回到宋国隐居。在隐居期间，惠施和庄子成了至交好友。今人常常困惑，庄子没有出仕，为什么对官场的事情那么清楚？除了家学之外，可能就是通过惠施这个渠道了解的。

　　惠子所谓的"用"，就是用"致富贵"这一单一标准，去衡量世间万物。凡是有利于我飞黄腾达的，就是有用的；凡不能的，就是无用。一刀切，为我所用。

　　那么，庄子是怎么回答的呢？

　　　　惠子谓庄子曰："魏王贻我大瓠之种，我树之成而实五石。以盛水浆，其坚不能自举也。剖之以为瓢，则瓠落无所容。非不呺然大也，吾为其无用而掊之。"

　　从这里开始讨论"用"的问题。惠施说，魏王给了他一些葫芦的种子，种了之后，结出了巨大的葫芦。他想把它做盛酒的容器，但不够结实；想劈开做瓢，又没有更大的水缸来施展。整个就是一个没用的东西，所以他就把大葫芦摔碎了。

惠施说这些，是在讽刺庄子，他认为庄子说的话大而无当、大而无用。

> 庄子曰："夫子固拙于用大矣。宋人有善为不龟手之药者，世世以洴澼絖为事。客闻之，请买其方以百金。聚族而谋曰：'我世世为洴澼絖，不过数金。今一朝而鬻技百金，请与之。'客得之，以说吴王。越有难，吴王使之将。冬，与越人水战，大败越人，裂地而封之。能不龟手一也，或以封，或不免于洴澼絖，则所用之异也。今子有五石之瓠，何不虑以为大樽而浮乎江湖，而忧其瓠落无所容？则夫子犹有蓬之心也夫！"

庄子说，"夫子固拙于用大矣"。旗帜鲜明地立论：不是大没有用，而是惠子你不会用。

庄子举了一个例子：宋国有一个家族，世代以漂洗丝绸为业，因而祖传有冬天让手不皲裂的药方。有一个商人听说之后，想用一百金买了他们的药方。家族成员们聚在一块商议说，做洗丝绸的工作，全家一年只不过才赚几金，现在商人给一百金，而且也不影响自家使用，是个很划算的事，于是就同意了。商人拿这个方子去游说吴王。那个冬天，越国正在攻打吴国，水战居多，吴国士兵手足皲裂，得败血症而死的人不在少数。献药之后，吴王一看果然有效，就封这个商人为将，结果大败越国。战后，吴王给了商人一大块封地。

庄子说，同样的是一个药方，有些人拿到了能够裂土封侯，有些人却只能够混口饭吃。而惠施你呀，现成的能装五石的大葫芦，为什么不把它当成一个大樽，骑在上面漂游世界，却庸人自扰说没地方放呢？这就叫作"有蓬之心"，意思是惠子的心量不过如蓬草中的虫子罢了，碰到好东西也不会用。

人有时候就是这样。孩子是数学天才，家长偏要他全面发展，让他学钢琴、拉小提琴。财务宽裕了，岁月静好，可是又闲不住，偏要开茶馆、办民宿，硬找个事情折腾起来。现实生活中，得陇望蜀的人不少，停不下来的人更多。这都是"有蓬之心"，不能享用生命的大境界。

> 惠子谓庄子曰："吾有大树，人谓之樗。其大本拥肿而不中绳墨，其小枝卷曲而不中规矩。立之涂，匠者不顾。今子之言，大而无用，众所同去也。"

惠子又说，他有一棵樗树，也就是臭椿树。大家都知道香椿树和臭椿树的区别，香椿树的叶子可以吃，臭椿树叶子是不能吃的。这棵臭椿树的树干臃肿，纹理不明，水分还特别大，不可用作木材，而且它"不中绳墨"，没法用墨绳弹线取直。枝条也歪歪扭扭，不能当作材料来用。它在路边立着，工匠看都不看它一眼。

惠子毫不留情地说，庄周的话就像这棵臭椿树，大而无用，"众所同去"，大家都没心情理会他。

这话正好说反了，如果庄子真是臭椿树，为什么两千年来，那么多人都要来这棵树下待一待、看一看呢？

> 庄子曰："子独不见狸狌乎？卑身而伏，以候敖者；东西跳梁，不避高下；中于机辟，死于罔罟。今夫斄牛，其大若垂天之云。此能为大矣，而不能执鼠。今子有大树，患其

无用，何不树之于无何有之乡，广莫之野，彷徨乎无为其侧，逍遥乎寝卧其下。不夭斤斧，物无害者，无所可用，安所困苦哉！"

庄子问惠子，你见过狸猫和黄鼠狼吗？狸猫都是曲着身子伏在暗处，等待老鼠出现。为了抓个老鼠建功，"卑身而伏，以候敖者"，惠子的官道不就是这样吗？千里当官是为什么？然后，"东西跳梁，不避高下"，完全失去自我；"中于机辟，死于罔罟"，谁知道前面有什么陷阱呢？

庄子又说，有一种巨大的牛，它非常大，大的像垂天之云，但是它能抓老鼠吗？不能。你能说这牛没用吗？这么一棵大树，惠子你竟然忧患它没有用，难道非得让这棵树像狸猫一样地到处"卑身而伏，以候敖者；东西跳梁，不避高下"才行吗？非要让它活成像惠子那样急于求成的痛苦模样吗？

这话说得太狠，今天我们劝朋友敢这么说话吗？恐怕不敢。友谊的小船说翻就翻了！

这么大的一棵树，何不把它种在"无何有之乡"呢？什么叫"无何有之乡"？"无"就是忘记、不依赖。"何有"，德性，众人提倡的美德，就是有用。庄子说，何不把它种在没有道德评价的地方，种在真朴之地，一个无爱无恨的地方，周围没有评价，没有打扰，惠子你就在树下溜溜达达，累了就在树荫下眯一觉。这难道不是用吗？非得为人所用、追逐名利才行？

庄子总结说，这样一来，这棵树"不夭斤斧，物无害者，无所可用，安所困苦哉！"要知道，树成材是树最大的风险，现在木匠看不上它，至少不会有被伐之祸。它无所可用，也就没有困苦。

回顾庄子与惠施的对话，惠施其实很敏锐，也很鸡贼。以他的学识水平，应该很清楚，用"有没有用"来权衡世间万物，是非常可笑的。艺术有用吗？花花草草有用吗？太阳有用吗？如果没有太阳，人类是不会存在的。

用功利主义来评价一切，是一种完全自我中心、极其短视的做法。

以道家的角度来看，人生是一个整体，健康、学识、修养、心态、思维方式、洞察力、决策能力，其实是一体的。这个整体的系统运作好了，传统文化所说的"修身"做好了，也就有了实现抱负的基础。但"君子不器"，到底也不能把自己完全当作工具。

至于说内心洒脱一点，就好像庄子比喻说骑着大葫芦悠游江湖，在大椿树下乘乘凉、歇歇脚，也未尝不是一种个性的选择。有选择，肯定比没选择好！

第六节　庄子透露了古道术的秘密

庄子在《逍遥游》当中，讲了人生的三层境界。

第一层：小知，对应着社会性的事功成就。庄子的原话是"知效一官，行比一乡，德合一君，而征一国者"，就是能做好一种职业、履行好一种职务。

人所做的事情，决定了他的眼界。一个投资家和一个出租车司机人格是平等的，但是他们看问题的角度和视野肯定是不同的。有一本叫做《反脆弱》的书，近几年挺流行，讲的就是这个道理。可以想象，智能汽车普及了，出租车司机可能就会失业，而且他常年开车的经验，对他重新就业也未必有帮助。而投资家呢，只需要换一个行业去投资就可以了。所以出租车司机职业是相对脆弱的，而投资职业则是反脆弱的。

小知的出路，当然是要走向大知，走出去看看世界之大，心态开放一些，多学一些新的知识和经验，未来的通道就会更宽一些。

第二层：大知，对应的是人格独立与宏大愿景。这一类人的特点是眼界大、心胸宽。他们很注意培养自己的能力，尤其是观察形势、运用形势的能力。他们或者追求着大的事业，或者追求高远的精神境界。对普通老百姓来说的那些很重要的事情，比如成败荣辱，对他们并不构成困扰。

但是，这一类人也有局限，必须等待大的形势。风口来了，才能飞起来。庄子说，这种大境界确实是值得赞美的，但是"犹有未树”“犹有所待”，也就是还需要依赖大环境、依赖机遇。

第三层：至知，也就是庄子讲的理想境界——逍遥。这种境界，庄子的原话是“乘天地之正，而御六气之辩，以游无穷者”。这个境界是从列子御风中推演而来。试想，列子只能利用六气之一的风，风停了也就没有办法了。庄子说，理想的境界是御六气，也就是对自然界任何一种能量不平衡——阴阳、风雨、晦明，都能借用。而自然界的六气波动不可能休止，因此能够御六气，任何时候都无拘无束，可以叫做“无待”了！

这种人，庄子把他们叫做“至人无己，神人无功，圣人无名”，到了这一重境界，就是随时随地天人合一了。他已经完全自足了，心灵完全解放了。小爱小恨的诉求，对他来说，都无需挂怀，这才是庄子说的大逍遥、大洒脱、大自在。

《逍遥游》这一章很重要，庄子向我们透露了古道家的修为境界。这种境界与后世内丹家设想的冲举飞升相比，更为开阔，也更为超脱一些。所以说，老子讲的是道与德，而庄子则向我们透露了古道家道术的端倪。很多在《道德经》里提到的问题，都会在庄子这里得到解答。

第七节　天人合一，我们需要修复认知的 Bug

一、齐之物论，还是齐物之论

自古以来，大家都认为《庄子》是先秦诸子当中最难读通的经典之一，而《齐物论》正是《庄子》的核心。读通了《齐物论》，也就读通了《庄子》。

对"齐物论"这三字的解释，历来分为两派：其中一派解为"齐之以物论"；另一派则解为"齐物之论"。除此之外，也有不少学者主张两者皆可。

战国时期是中国文化思想最多元、最丰盛的时期，百花齐放，百家争鸣，各家各派都对认知世界、社会治理提出了自己的看法，这些看法就叫做"物论"。为了争夺话语权，各派相互辩论，相互批评，甚至出现了因论辩而各走极端的现象。就像美国总统大选那样，双方都要博取眼球，谈到任何问题——税务、经济、种族、亚文化，谁也不能同意对方，各自想尽一切办法打击对手。

所以，主张"齐之以物论"的一派就说，正因为物论各有偏颇，庄子就想到了齐一，将各家观点打通，统一到一个标杆之下。

"齐之以物论"，有一些不尽合理之处。道家固然对儒家、墨家、法家持批评态度，但从本质上看，它始终是主张多元化的，并没有提出思想大一统的要求。说庄子要统一各家的物论，这个调门未免过高。

《齐物论》的主要内容，在于追究人们为什么会形成各种是非争议；庄子要追根溯源的，是人类认知本身的 Bug，探究的是更深、更根本的问题。而他的结论是回归天人合一，也就是回到"天地与我并生，万物与我为一"的境界。从这一点上说，"齐物之论"更合理一些。

二、人类认知的局限

庄子说，人类认知是不完美的，它有一些与生俱来的局限。总体上说，需要思考以下三个大的问题：

第一，人所体验到的自我，到底是真实的，还是不真实的？庄子提出，任何具体的认知，都是对自然的割裂。比如，界定了大地，就把大地和天空割裂了；界定了人，就把人和自然界割裂了。又比如，人被追求有用的欲望驱使着，就会把活生生的树看成材料，因此觉得主干部分是好的，枝叶都是垃圾。但实际上，主干和枝叶之间天然并无主次之分，它们是一个整体的生命，所谓的主次，是人基于有用无用的思维定势而形成的差别观念。

庄子说，人的"自我""我相"也是这样的。生命与自然万物本来是一体的，而"自我"一旦凸显出来，生命也就像是树叶离开了树枝，中断了与大自然之间的营养通道。

第二，人所认知的世界，到底是真实的，还是一个"缸中之脑"的印象？

"缸中之脑"是美国哲学家普特南在四十年前提出来的一个假设：有一个邪恶的科学家，把一个人的大脑分离出来，放进一个能让大脑继续存活的盛满营养液的大缸里，然后再用计算机接上这些神经末梢，给大脑输入模拟各种感官的信号，让它继续在脑海里体验自己的人生。那么大脑要如何才能认识到自己的处境呢？一直到今天，缸中之脑还是很时髦的假说，黑客帝国这类虚拟世界观电影，也都是受了它的启发。

追溯起来，庄子才是最早提出这个问题的哲学家，而且庄子探讨得更为深刻。在"庄周梦蝶"的故事中，众生的体验很可能是互联的，其他生命可能在我们的梦境里生活，我们可能也同时生活在其他生命的梦境中。

第三，主观意识、自由意志是否真实？如果说自我是从大自然中割裂出来的，那么我们平常体验的主观意识、自由意志，我们想要改变自己、改变世界这样的冲动，它到底是从哪里来的呢？是从自己本心流露出来的，还是被各种社会观念灌输而来？

做新媒体传播的人都知道，要想让人们多转发，就要刺激他们的道德敏感点，制造各种匪夷所思的话题。而庄子的问题是，这种道德敏感点，到底是我们本来就有的呢，还是后天形成的呢？我们的生命，是不是本来就有一种本源的动力，它总要寻找宣泄口？还是说我们认为自己是有本源动力的，而实际上，自由意志只是一个小漩涡，它是被更大的大漩涡带动起来的，根本就谈不上自主、自由？

三、《齐物论》的结构

《齐物论》全篇内容可以分为四个板块。

第一板块包括两个故事、一个寓言和若干论述。这一板块主要是为了说明天籁、地籁、人籁三重境界。

　　所谓人籁，就是人的声音。人但凡发声，必然有所诉求，每个人都想用自己的看法去影响对方，所以人与人之间就陷入了是非曲直、对错善恶的斗争博弈之中。归根结底，还是因为人把自我与众生、自我与自然界割裂开了。

　　在这个板块里，庄子提出了齐彼此、齐是非、齐物我三个大的齐一的观念，而总的观点就是齐万物。所谓齐万物，就是尊重万物的个性，尊重万物共生的大自然母体。倘能如此，人在精神上将会摆脱因割裂而产生的焦虑，从而豁然大通，快乐无忧。

　　第二板块，啮缺问于王倪。啮缺的问题很有代表性，他问的是这世间究竟有没有评价万物的绝对尺度，能否对芸芸众生进行一刀切，排出个一二三四五来。这个故事很促狭，它实际上描绘的是，在认知割裂之后，一切都要搞出个是非对错的价值强迫症。

　　在探讨的过程中，王倪为啮缺解说了至人的境界：胸中根本没有高低利害的概念，完全尊重万物，又超出一切是非纠结之外。

　　第三板块，瞿鹊子问于长梧子，问的是圣人的境界。这个板块实际上是在齐彼此、齐是非、齐物我之后，又补充了齐生死。

　　第四板块，由"魍魉问影"和"庄周梦蝶"两个寓言构成。魍魉问影，暗喻的是自由意志的真实性问题；庄周梦蝶，暗喻的是认知的真实性问题。

第八节　坐忘之道：人籁、地籁、天籁的提出

《齐物论》开篇，讲了一个坐忘的故事。南郭子綦在静坐中脱落了红尘执念，他的学生颜成子游误会了这种境界，以此为引，开始了对身心境界的探讨。

子游从表面出发，猜测坐忘的状态是身心俱灰，泯灭生机；实际上正好相反，心灵在坐忘之中，恰恰是获得了生机。

对坐忘没有体验的子游当然不明白这一点，于是子綦循循善诱，借用人籁、地籁和天籁的比喻来启发他。

> 南郭子綦隐机而坐，仰天而嘘，荅焉似丧其耦。颜成子游立侍乎前，曰："何居乎？形固可使如槁木，而心固可使如死灰乎？今之隐机者，非昔之隐机者也？"

南郭子綦可能是楚昭王同父异母的弟弟，也有人说他是庄子虚拟出来的一个人物。这个并不重要，我们只需清楚，在《齐物论》中，南郭子綦是有道之人的代表。

"南郭子綦隐机而坐"，"机"指小炕桌；古人习惯跪坐，手边会扶着一个小炕桌。南郭子綦静静地跪坐着，仰面缓缓地呼气，"荅焉似丧其耦"，他嘘了一口气，身体好像就失去功能了一样。"耦"通"寓"，寓所的意思。

颜成子游，名言偃，字子游。他是南郭子綦的学生。子游站在老师旁边，看到老师仰面嘘了一口气，生命的神和气就像衣服

一样，一下子脱落下来，他觉得很奇怪，就问老师今天到了什么境界："形固可使如槁木，而心固可使如死灰乎？"人的肉体可以像槁木一样，心灵难道也可以像死灰一样寂灭、没有任何迹象可寻吗？子游由此产生猜测说，老师今天的境界跟以往有本质的不同。

"槁"，指树木快要死了。槁木不是枯木，是指树木秃了，叶子落光，看起来没有了生机。

南郭子綦的状态，有点类似佛家的"灭尽定"。"灭尽定"传说是解脱者才能具备的定境，在这种状态中，所有的生命现象都止息了，只剩下暖根，也就是体温还在。入灭尽定的人，不会被任何事情干扰到，所以入定前需要预设好回归正常状态的时间。这种状态，或许可以用电脑休眠来比喻。

那么，子游的猜测对不对呢？

　　子綦曰："偃，不亦善乎而问之也！今者吾丧我，汝知之乎？汝闻人籁而未闻地籁，汝闻地籁而未闻天籁夫！"
　　子游曰："敢问其方？"

子綦曰，"偃，不亦善乎而问之也"，这个问题问得太好了。"今者吾丧我"，今天我的境界是"丧我"。在这里，"吾"是自称，"我"是对称。如果我们只想单指自己，不与外界或客体产生对立从属关系，可以称"吾"。"我"与"你"对称，比如说这台电脑是"我"的，不是"你"的，不能说这是"吾"的。从这里可以知道："我"这个词关系性的表达，划清了"我"和"你"之间的界限。

"今者吾丧我"，去除了主客之间的分别心，抹掉了主体与客体的区分和界限，实际上表达的是"天人合一"。

"天人合一"这个说法很容易引起误会，让人觉得应该通过一种崇高的价值取向去达到某个境界；但它的真实意思，却是要人们放下对待，去发现人与自然本来就是一体的。南郭子綦是通过坐忘的功夫而非道德修养，达到了"天人合一"的状态。由此可见，想要"天人合一"，还是要功夫到位了才行。

紧接着子綦开始引导学生："汝知之乎？"

你知道"吾丧我"的境界吗？你不知道的话，咱们就换一个方式来说，看你能否从中领会什么叫做"吾丧我"。

这是善巧，好的老师，不一定直接在当下的问题上切入，他可以换个角度来循循善诱。

"汝闻人籁而未闻地籁，汝闻地籁而未闻天籁夫"。

"籁"指排箫，是一种古代乐器，这里指代音乐。老师问学生：你听过排箫演奏音乐吗？如果你听过排箫，你听过大地演奏的音乐吗？如果你听过风吹大地的窍穴产生的音乐，那你有没有听过天道奏响的音乐呢？

从这里直入而上谈论天道，庄子的笔法有些险峻，往往是一个比喻之后，就直上陡峰，丝毫不给人喘息的时间。

子游当然要问老师：人籁、地籁和天籁分别是什么呢？

　　子綦曰："夫大块噫气，其名为风。是唯无作，作则万窍怒呺。而独不闻之飂飂乎？山林之畏佳，大木百围之窍穴，似鼻，似口，似耳，似枅，似圈，似臼，似洼者，似污者。激者、谪者、叱者、吸者、叫者、嚎者、突者、咬者，前者唱于而随者唱喁，泠风则小和，飘风则大和，厉风济则众窍为虚，而独不见之调调、之刁刁乎？"

子綦先说地籁，"夫大块噫气，其名为风。是唯无作，作则万窍怒呺"，大地的呼吸，我们称之为风，这个风不起则已，只要一起，有孔隙的地方就会发出怒吼的声音，而且还是千奇百怪的。

"而独不闻之飗飗乎"？你难道没有听过随风而来的声音吗？

"山林之畏佳，大木百围之窍穴"，在高峻的山岭上，浓密的森林里，每一棵大树上都有好多的孔。这些窍孔，"似枅，似圈，似臼"，有的像鼻子，有的像嘴巴，有些像人的耳朵。"枅""圈"和"臼"是三种酒器，庄子用这三种器皿来比喻孔窍的形状。"枅"是一种比较细长的酒器，"圈"是一种木制、浅一点的杯子，"臼"可能是一种深浅比较适中的杯子。这些孔窍有些像深水池，而有些像浅水洼，只要风从上面吹过，就会发出各种的声音。

"激者、謞者、叱者、吸者、叫者、嚎者、突者、咬者"，"激"指的是从高处落下的水，打在地面上的声音，类似于"啪啪啪"；"謞"是泉水往上涌动，咕咕咕的声音；"叱"像斥骂的声音，比较干脆，大概像武侠片中女士跟别人拆招时的喝声；"吸"是呼吸的声音；"叫"是叫喊的声音；"嚎"是哭嚎的声音；"突"是高兴的声音；"咬"是咬牙切齿、非常愤怒的声音。

"前者唱于而随者唱喁"，前面是高声的呜呜的声音，到最后收尾就成了吁吁的声音。"泠风则小和，飘风则大和"，一些细小的风来的时候，就像小合唱，大风来的时候就像大合唱。"厉风济则众窍为虚"，风停的时候，只剩下那些孔窍静静地待着，好像什么也没有发生过。

"而独不见之调调、之刁刁乎"？你看到了吗，整个山林又恢复到平静的状态了。

庄子真是神人，他说了这么长一段话，细致地描绘了风起之时，山林与树木的诸多孔窍和着不同的风，发出不同的声音，用以说明地籁。如果你是子游，听到这些，你心里会怎么想呢？

第九节　大智慧与小心机，谁更幸福

上一节讲地籁，这一节里，子游问天籁，而南郭子綦的回答却主要是在讲人籁。

所谓地籁，就是大自然的各种孔窍，在风的作用下发出的声响。风来则响，风去则止。这其中，没有善恶好恶，也没有是非纠结。

人籁不一样，它是人发出的声音。人但凡说话，都会带有目的性：小孩子哭，是想要引起母亲的注意；大人发朋友圈，是要炫耀生活；自媒体发文章，是为了引流。带着各种目的的声音搅和在一起，是非就越来越多，人心也就越来越复杂。

文中所说的"小知"与"大知"，大致代表着人籁与天籁。

> 子游曰："地籁则众窍是已，人籁则比竹是已，敢问天籁？"

在上一节，子綦看似说了很多，其实就是为了说一件事。子游也听明白了，于是就问老师：您说的这是地籁吧，地籁就是风吹过大地的孔穴，人籁就是人吹弄那些管乐器的声音，而您没说天籁，天籁到底是什么呢？

所以，子游并不是像有一些学者说的代表小知，代表最笨的人，子游比我们要聪明得多。

子綦曰："夫天籁者吹万不同，而使其自己也。咸其自取，怒者其谁邪？"

看到子游不太理解，老师就继续循循善诱：人吹奏各种各样的管乐器，风吹过各种各样的孔穴，都会发出各种各样的声音，吹它就响，不吹就停，"咸其自取"，这都是自然而然的事。那这背后到底有没有一个总的源动力呢？

子綦说的其实就是天籁。天籁是贯穿在一切人籁、地籁等所有具体的籁之后的驱动力。

按照子綦的看法，现代人是生活在误会里的。比如我们认为，是人让大炮把炮弹轰出去了，其实人只是做了一个正确的"排箫"，然后触发了大自然的力量而已。

现在子綦问，平常那些受我们意志"控制"和不受我们意志"控制"的各种应风而响的事物背后，那个普遍的生命力、普遍的能量到底在哪里呢？

话锋一转，子綦直接点题了。

大知闲闲，小知间间。大言炎炎，小言詹詹。其寐也魂交，其觉也形开。与接为构，日以心斗。缦者、窖者、密者，小恐惴惴，大恐缦缦。其发若机栝，其司是非之谓也；其留如诅盟，其守胜之谓也；其杀如秋冬，以言其日消也；其溺之所为之，不可使复之也；其厌也如缄，以言其老洫也；近死之心，莫使复阳也。喜怒哀乐，虑叹变慹，姚佚启态。

"大知闲闲，小知间间"。视野宽阔的大智慧，是舒展的，它不计较琐碎的小事；视野很窄的小智慧、小知识，容易狭隘和僵化，不识大体。前面《逍遥游》也曾讲过，大鹏鸟比喻大知，小麻雀、小鹌鹑比喻小知，而至知则是悟道之人。

"大言炎炎，小言詹詹"，"言"指的是道理。大道理说起来炽烈通透，小道理说起来纠缠琐碎。在生活中，我们也有体会，大道理显得很空旷，但它就是大道理；小道理总是纠结在一些小事情上没完没了，怎么也说不通。

紧接着，子綦解说小知之人的状态。

"其寐也魂交，其觉也形开"，小道理纠缠在琐碎的是非上面，睡觉都在想着祸福，神魂颠倒，天人交战！这种人就算醒着也心神不宁，如同行尸走肉，自己也不知道到底在追求什么。

"与接为构，日以心斗"，这些人总是想办法与人交接，卡扣上各种各样的社会关系，永远想着左右逢源，而又不惜过河拆桥。为了能跟这边扣在一块"勾心"，就得跟另一边挑起矛盾"斗角"。

"缦者、窖者、密者"，各用心机之时，有些人表现得比较迟缓，这种叫装聋作哑型，号称"守拙"；有些人善于设置陷阱，懂得捭阖之术。比如他在说话之间，故意刺激你一下，套出你的真话，然后再安慰你，把你的脾气按下去；还有一些人措辞特别严密，说话滴水不漏，特别谨慎。"小恐惴惴，大恐缦缦"，这三种人技术上已经非常娴熟，可还是会经常陷入恐惧。只要关涉一点点得失，就会惴惴不安；如果涉及身家性命，焦虑更会铺天盖地。

"其发若机栝，其司是非之谓也；其留如诅盟，其守胜之谓也"。当他们碰见是非的时候，说话就像射出去的箭一样快疾尖刻，上赶着利用是非，来表现自己的能耐；到了不说话的时候，又像诅咒发誓一样咬紧牙关，他们认为这是守住胜利成果的必要手段。

"其杀如秋冬，以言其日消也"，他们整日生活在这种心态当中，自我消杀，生命力也像遭遇了秋冬的杀气一般，逐渐衰落下去。现在网络小说流行一种气运设定，说人在没退休的时候，是有体制的气运加持的，所以就显得容光焕发，一旦退休就"泄气"了。但真实情况并非如此，有修养好的人，他们退休与否，气色并无两样，所以体制气运只是一方面，主要还是要看自己的心态。

"其溺之所为之，不可使复之也"，以上那些没有悟道的人，就像是溺水了一样，很难让他们再恢复过来。为什么呢？人一旦走上这条道路之后，就会不断地去勾心斗角，能够刺激他的，只有胜利和失败的恐惧，真是"宠辱若惊，贵大患若身"。

"其厌也如缄，以言其老洫也"。就算这些人有所满足，他们也像被封闭了一样，变得更有城府，更危险，对别人危险，对自己也危险。"厌"，满足。"老洫"本来指的是消瘦，这里比喻城府变得更深。

所以，"近死之心，莫使复阳也"，这样的心灵是奔着死亡去的，谁也没办法帮他们还阳。他们自己扼杀自己，走的是一条悖逆生命力的道路。

这些人的心态，庄子总结为八个字："喜怒哀乐，虑叹恋蛰。"

"虑"，忍不住的那种焦虑、思虑。焦虑到一定程度就会"叹"，感到不甘心但又无可奈何，这说明他的生命力被堵塞了，找不到出路了。"恋"，希望好的东西能留得住，不愿意离开的状态。"蛰"指的是恐惧。"喜怒哀乐，虑叹恋蛰"这八种情绪，可以"姚佚启态"，交织着出来，简直就是仪态万方。

笔者特别喜欢虚云老和尚的道场，里面几乎看不到"虑叹恋慹"的东西，一切都很简洁，但是又很有传统的风水意识。得到大自然生命力支持的地方，能让人暂时忘却俗世的牵挂，暂时得到休息。

乐出虚，蒸成菌，日夜相代乎前，而莫知其所萌。已乎，已乎！旦暮得此，其所由以生乎！

"乐出虚"，音乐总是从空虚的地方奏响，它是一种振动，只能在乐器与空气的关系中才能呈现出来。"蒸成菌"，如果地气潮湿的话，蘑菇很快就能长起来。

"日夜相代乎前，而莫知其所萌"，天地每天都展示它日夜交替的自然之道，但我们却没有明白这当中真正萌生的是什么，我们并没有真正爱惜自己这短暂的生命。

"已乎，已乎！旦暮得此，其所由以生乎"！算了吧，哪怕一朝一夕能够明白大自然展现的返还之道，也就会明白天籁从何而生、人籁如何能够合乎天籁。

《道德经》说"吾独贵食母"，要想得到大自然的生命力，自己还是要先成器才行。自己内在虚静了，就像排箫内部有了空间，天籁才能在这里奏响。

第十节　生命是一场流变，真我何在

前文中子綦说了三种音乐：人籁、地籁和天籁。

人籁，指人演奏乐器，实际指人说话。人说话都带着目的，很容易就陷入勾心斗角、彼此纠缠中，生命力被不断地消耗。地籁，是风吹动各种孔窍，这种声音随风而起，随风而止，所以它是无所执着的。那么，在人籁和地籁的背后，有没有一个更为根本的源动力呢？

"反者道之动"，大道推动万物不断演化流变，演奏出各自的生命乐章。既然一切都在流变之中，真我是否存在呢？如果存在，那么用勾心斗角、上下跳梁的方式来追求幸福生活，肯定是南辕北辙了。真正应该做的，是让那个割裂出来的自我，和大道重新建立联系，重新接通底层的源动力。这才是长生久视之道。

> 非彼无我，非我无所取。是亦近矣，而不知其所为使。若有真宰，而特不得其朕。可行己信，而不见其形，有情而无形。

"非彼无我，非我无所取"，所谓彼此你我，都是互相对立的概念。人一旦确立了所谓的"我"，也就意味着把自己从社会与自然的整体系统中割裂出来，西方心理学称之为"剪断脐带"。但我们要明白，如果没有这个割裂出来的自我，也就不会有人籁的"八态"。

吊诡的是，即便人能明白自我是一个与整体相对立的概念，"而不知其所为使"，也并不知道背后真正的主宰在哪儿。

"若有真宰，而特不得其朕"，为什么我们找不到真正的主宰？因为道隐藏在万事万物的背后，存在于潜在层面上，没有具体的特征可以捕捉！所以，我们不可能把它找出来，对它进行指认，只能意会地描述。

"可行己信，而不见其形，有情而无形"，虽然找不到真正的主宰，但感应是不虚的，"天网恢恢，疏而不失"，启动、结束的运作都是可以把握的，这正是它的信用所在，非常明确。

百骸、九窍、六藏，赅而存焉，吾谁与为亲？汝皆说之乎？其有私焉？如是皆有为臣妾乎？其臣妾不足以相治乎？其递相为君臣乎？其有真君存焉！如求得其情与不得，无益损乎其真。

为了让子游更好地理解真宰，子綦又做了一个比喻："百骸、九窍、六藏，赅而存焉。"人体大概有一百多块骨头，有九窍：两个眼睛、两个鼻孔、两个耳朵、一个嘴巴，下阴两窍。还有六藏，一般说五脏，心、肝、脾、肺、肾，有中医理论认为心包也为一脏，因此为六脏，可以参考。百骸、九窍、六藏组成了人体，意识跟谁更亲呢？是喜欢它们全部呢，还是对其中的一藏、一窍有私心呢？它们之间是互为君臣主妾的关系，还是轮流做君臣管理身体呢？又或者在它们背后，有一个内在统合它们的主导力量呢？

我们找不到主宰身体的那个力量，但是整个身体却浑然一体地运作。宇宙也是这样的，找不到那个独立的宇宙意识，但某种力量确实在背后有条不紊地运作着。

庄子说："其有真君存焉！"所有事物的背后，还是有一个真正的"主宰"的。"如求得其情与不得，无益损乎其真"，无论我们能不能够捕捉到明确征兆，都不重要，它确实在这儿。

在这里，庄子用了一个比喻，但这个问题也只能用比喻来表达。所有可证明的事情都是在关系当中被证明，而源动力是一切关系的前置条件，怎么来证明它呢？

> 一受其成形，不亡以待尽。与物相刃相靡，其行进如驰而莫之能止，不亦悲乎！终身役役而不见其成功，苶然疲役而不知其所归，可不哀邪！人谓之不死，奚益！其形化，其心与之然，可不谓大哀乎？人之生也，固若是芒乎？其我独芒，而人亦有不芒者乎！

万事万物都由道演化而来，当然要接受道的法则，"一受其成形，不亡以待尽"。对万事万物来说，一旦落入各自的轨道，生老病死、成住坏空就是不可避免的命运，从出生开始，就在向死亡迈进；不是死亡，就是在等待死亡。

由生到死的过程中，"与物相刃相靡，其行进如驰，而莫之能止，不亦悲乎"！万物之间相磨生命的体验，对自身衰亡的过程却毫无办法，连如何结束也不是自己能决定的，庄子说："不亦悲乎！"

"终身役役，而不见其成功"，终身像是服劳役一样，无法摆脱这种情况。庄子隐喻，无论小知还是大知，如果一个人没能成就天籁，那就算不上成功。因为他还在"一受其成形，不亡以待尽"的轨道当中，只是自己给自己设定了一些目标，战胜了一些假想敌，如此而已！

"苶然疲役而不知其所归，可不哀邪"！"苶然"就是毫无意义。毫无意义地奔波而无所皈依，这还不是很悲哀的事吗？

"人谓之不死，奚益"！我们自以为还没死，有什么用呢？还是没能逃出"一受其成形，不亡以待尽"的轨道，简直就是不死不活！"其形化，其心与之然，可不谓大哀乎"？身形随着时间的流逝而消磨，精神也随着身形的消磨而逐渐枯竭，这还不够悲哀吗？

"人之生也，固若是芒乎？其我独芒，而人亦有不芒者乎"！人活在世上，就是这么浑浑噩噩吗？是只有我一个人这样，还是所有人都如此呢？

"哀莫大于心死"，没有比精神的消磨枯竭更可悲的了。而坐忘看起来是心如死灰，恰恰是要吹奏起天籁的乐章，让心灵重新焕发生机，与道同游，从此生生不息。这是道家"小死大活"的真意，子游对老师的猜测确实是错误的。

第十一节　抱住成心，何谈真理

佛经上有一个故事：

佛陀的侍者阿难曾经思考着一个问题："如果一个人修行成功，他自己的功劳占多少？老师的功劳占多少？"经过思考，他得出的结论，自己的功劳占一半，老师的功劳占一半。

他向佛陀汇报自己的想法。

佛陀说："你错了。在修行解脱这件事情上，错误的方法占到 99.99999%。没有老师的指导，耗费千生万世的时间，你也找不到正确的方法。所以，不管说充分条件还是必要条件，老师都是修行成功的决定性因素。"

庄子说，如果我们以自己为师，师法"成心"，又怎么可能悟道呢？

> 夫随其成心而师之，谁独且无师乎？奚必知代而心自取者有之，愚者与有焉！未成乎心而有是非，是今日适越而昔至也，是以无有为有。无有为有，虽有神禹且不能知，吾独且奈何哉！

"夫随其成心而师之，谁独且无师乎？奚必知代而心自取者有之"？如果说，跟随着自己的成见，一味地要追求好、趋吉避凶、趋乐避苦，并以此作为自己成功的标准，那谁没有成功的标准呢？谁不会这么想呢？如果这种简单的功利主义就是人类思想的基本点，那我们还需要思考做什么？又何必去探究那些造化的规律呢？"师"，效法的意思。

"而心自取者有之，愚者与有焉"，如果靠相信自己就能够得道的话，那愚者也早就得道了。这等于说，越是笨的人，越觉得自己正确，就越能得道。要知道，一个笨人能够知道自己有缺陷的话，他就不是一个笨人了；真正的坏人也觉得自己是好人，不然他怎么有信心地去做坏事呢？

另一方面，"未成乎心而有是非，是今日适越而昔至也"，如果一个人没有成见，没有人籁的那种趋吉避凶、趋善避恶的想法，就能发愿想去悟道，那又怎么可能呢？这不等于说今天出发往越国走，但昨天已经到了吗？这样把没有的事情变成有，就算是神禹（大禹号称神知，可以通神）都不能够搞清楚怎么做到的，我又怎么能搞清楚呢？

这真是矛盾：如果我们用自己的成见、是非之心，去追求解脱，追求天道，是不可能达到目的。天道跟人籁的是非之心是不相应的，但如果我们没有脱胎为人，没有成心，没有欲望，又怎么会有追求解脱的想法呢？

传说释迦牟尼成佛的时候，先喜悦了七天，接着又喜悦了七天，最后又喜悦了七天，二十一天之后，还是选择要进入涅槃。他觉得，被爱欲所全面浸染的生命走向解脱，几乎是无解的事情。但这件事其实又是有解的：一颗被爱欲所主宰的心，总有一天也会把自己折磨得受不了！

"烦恼即菩提"，可能也是这个意思。没烦恼的人，又怎么会去追求清静呢？

成心是一个封闭的圆环，它总是要趋吉避凶。仅仅如此的话，人其实是不能成长的、无法开放的。他要的永远是"我还要"，因此也就陷在了自我封闭的循环之中。同时，行为轨迹、思维路线也闭上了。那么，让他走出这个闭环的一线生机到底在哪里呢？

> 夫言非吹也。言者有言，其所言者特未定也。果有言邪？其未尝有言邪？其以为异于鷇音，亦有辩乎？其无辩乎？道恶乎隐而有真伪？言恶乎隐而有是非？道恶乎往而不存？言恶乎存而不可？道隐于小成，言隐于荣华。

"夫言非吹也"，人说话毕竟不像吹一个乐器，讲道理毕竟跟地籁也不一样。"言者有言，其所言者特未定也"，它是有一定的利益和立场的，而且这个立场还在不断地变化。

我们自以为知道自己的根本利益，其实未必。我们只是习惯性地追求"利益"而已。否则，这天下岂非到处都是明智的人？再者，就算现在确定了自己的基本点，将来受到其他事情的触动后，立场也会发生改变。

所以，庄子说："果有言邪？其未尝有言邪？"人籁叽叽喳喳，真的说通了什么道理吗？但也不能说他什么道理也没说啊！这些人没有造出什么真正的标杆，倒是扔了一堆赌输赢的竹签子，什么时候想扔就什么时候扔！

"其以为异于鷇音，亦有辩乎？其无辩乎"？他们说的那些道理，跟雏鸟叫的声音有多大区别呢？

雏鸟叫是为了什么？为了要吃的。那"人叫"呢？无非是想要更多的利益。这跟雏鸟叫有多大区别呢？叫了半天还在原来的轨道里，根本没有改变！

"道恶乎隐而有真伪？言恶乎隐而有是非"，大道为什么会隐没，而使得世间有了真伪？因为大家都在追求真，想着避过伪。为什么避不过伪呢？因为"其所言者特未定也"！他们讲来讲去，本来也没有求过真，讲的都是更多的利益。

这样的心态，即使读再多的书，也不过是读了更多精妙的"雏鸟叫"罢了。与其这样，不如洗心入密，把自己的心洗干净一点。每天静坐一会，让身心空虚一点，这样天籁还可以在这里多吹奏一会，比抱着成心读一本书更好。

深陷成心的人，没法理解超脱成心的快乐。但是，其实回忆一下，我们最快乐的时候，是不是就在那些怡然忘我的片刻。心里没有纠结，并不代表什么都毁灭了。它是一种透明和开放，天籁在这里奏响了。

"言恶乎隐而有是非？道恶乎往而不存？言恶乎存而不可"，真正的道理，也就是圣人们说的道理，像老子说的道理、佛陀说的道理，为什么会隐没呢？为什么会变成一种是非的争辩、利益的争辩呢？

《红楼梦》写得多好，但它逃不过学者们的是非争辩，甚至有人考证王道士是贾母的老姘头，你能笑得出来吗？

所以，庄子就给出了一个答案："道隐于小成。"人世间到处都是半吊子，他们自认为是在求道、行道。对于这些人，庄子没有说他们"无成"，而说是"小成"。他们没有真正进发到大道，反而成了遮蔽道的人。换句话说，这个世界上好为人师的人太多了。还有一些人，不但好为人师，勇气还特别大，这是很可怕的事。"言隐于荣华"，那些有道之人著书立说，给后人留下自己的体悟，后人却拿它们去追求荣华富贵。

　　　　故有儒、墨之是非，以是其所非，而非其所是。欲是其所非，而非其所是，则莫若以明。

"故有儒、墨之是非，以是其所非，而非其所是"，这才有了儒、墨之间的辩论。儒、墨之间，到底在争辩什么呢？仁与义罢了。儒家主张以"仁"来评定世间，墨家主张以"义"评定世间。儒家的"仁"是从个体性出发，从每个人内心的需要出发，推己及人，因此仁是圈层化的，逐步向外淡化的。墨家希望公德大于私德，希望所有的人都彼此仁爱，不要分出个亲疏你我。

这两派的理论各有道理，但在争论的时候，却走向了极端。实际上，公德和私德相互支持、相互合作，社会才能既尊重规范，又尊重个体；如果对立起来，儒、墨之间的是非争辩，完全可以无穷无尽地演变下去。

庄子说："欲是其所非，而非其所是，则莫若以明。"与其两者相互攻击，不如彰显天道。天道是多元化的。公鸡跟大象比，比什么呢？它们都是天道在万物之中运作的一个方式。"仁"和"义"也一样，都是天道之下万物运作的一个方式，"仁"和"义"应该彼此扶持，形成一个多元的生态。

内心放下那些拥堵的是非观念，有了孔窍，天道的风才能顺畅地进出，天籁才会在心中奏响。

第十二节 道枢环中，跳出"彼此""是非"的窠臼

上一节庄子提到人们在认知和思考的时候，都是从自己的成见出发；各个学派，更是抱住了长期形成的巨大成见，彼此争论不休，以至于各执一端，不管不顾。那么，如何才能跳出这种"彼此""是非"的窠臼呢？

本节，庄子提出了一个非常实用又深刻的方案。方案分为三层：

第一层，可以分彼此，但一定要站稳脚跟，从此处出发，而不要从彼处出发。按照这个看法，儒、墨两家相互攻击，还不如彼此站到对方的立场上去相互研究，相互促进。

第二层，可以辨是非，但要留有空间。天下没有固定的是与非，是非是人的态度，并非天道的本然。形势变化了，立场转换了，是与非也会随之变化。因此与其寻找不变的"是"，抢占道德高坡，还不如豁达一点，在变化面前保持谦虚。

第三层，是庄子认为的理想境界，叫做"道枢环中"，也就是从天道的角度来看待全局。在天道视角下，是非不过是此起彼伏的呼声；这些呼声的背后，代表的是各种利益诉求。

圣人是无我的，其认知没有二元割裂；他看得很透彻，不会被卷进是非当中；他要做的，只是不断地在转动中平衡、弥合社会的分歧，这就叫"道枢环中"，即把握天道的枢纽，稳居循环变化的中心点。

　　物无非彼，物无非是。自彼则不见，自知则知之。

　　"物无非彼，物无非是"，同样一个事物，它可以是"彼"，也可以是"此"，关键就在于我们从哪个立场、角度去观察。

　　"自彼则不见"，总是从外界的眼光观察一个事物，其实是看不清楚的。为什么？因为如果定了一个"此"，那么相对来说"彼"就会有很多很多，所以这就像盲人摸象，大家各说各话。

　　与其这样，还不如回到"此"的本位去观察外界。这样的话，就可以有很多可以比较的地方；比较得越多，对"此"的认识就越深。这里讲的是一个实用的认知方法。

　　"自知则知之"，就是从主体角度去观察。这和我们今天的认识论有点区别。我们今天总讲要多角度去讨论问题，但是庄子却说要站在本体上以多个角度对外界进行观察，然后反过来观照自己，这样自己的缺陷、毛病就都能找出来了。

　　如果你悬在空中，以其他的立场去观察对象，那么永远是混乱的。

　　　　故曰：彼出于是，是亦因彼。彼是，方生之说也。虽然，方生方死，方死方生；方可方不可，方不可方可；因是因非，因非因是。是以圣人不由而照之于天，亦因是也。

　　"故曰：彼出于是，是亦因彼"，所以彼与此之间是相互比较、相互对待的。不止如此，两者还有一种"方生方死，方死方生"的关系，就像跷跷板一样，一边升高的话，另一边就会同步低落。

　　"方可方不可，方不可方可"，所谓"可与不可"，不就是个彼此的立场问题吗？关键看你是站在"彼"的立场上，还是"此"的立场上。站在"彼"的立场上，"此"都变成了"彼"。所谓"可"与"不可"，只是彼此的立场问题。

"因是因非，因非因是"，是非之间是没有定论的，"是"在某种程度上就是"非"，"非"在某种程度上也是"是"。

因此，立场不会带来真理，圣人也不会跟着彼此割裂的路线走，他要"照之于天"，用天道来观察全局。天道是超越于彼、此之上的总的本体视角。

> 是亦彼也，彼亦是也。彼亦一是非，此亦一是非，果且有彼是乎哉？果且无彼是乎哉？彼是莫得其偶，谓之道枢。枢始得其环中，以应无穷。

"此"也是"彼"，"彼"也是"此"。从"彼"出发的时候，有一种"是非"；从"此"出发的时候，又有另外一种"是非"。

"果且有彼是乎哉"？难道真的能绝对区分出"彼"与"此"吗？"果且无彼是乎哉"？难道真的能说没有彼此之分吗？

"枢始得其环中，以应无穷"，不要把彼此割裂开来，这就叫做道的枢纽。只有得到这个枢纽，我们才能在"彼此"运转的圆环当中，找到一个中轴的位置，从而应对所有"彼此""是非"的纷纭变化。

《道德经》说："道生一，一生二，二生三，三生万物，万物负阴而抱阳，冲气以为和。"任何具体的事物只要形成了，都会有阴阳两面，但是大自然的推动力本身并不分阴阳，它是"一"。看起来阴阳在相互推动，背后的源动力其实是"一"！得"一"居中，可以调理阴阳。

"一"从何来呢？"道生一"！这个"一"就是未来一切造化的母体，因此也叫做"玄牝"。庄子正是在找这个玄牝，一旦找到了，即可以应对无穷尽的人籁是非。

《齐物论》所讲的"人籁"，如果给个现代的定义，其实就是"追求圆满的分裂性人格"。所以庄子说，不如回到自己的本性，回到天籁，因为它本身就是圆满的。

> 是亦一无穷，非亦一无穷也。故曰：莫若以明。

如果身处"环中"，我们会发现"是亦一无穷，非亦一无穷"，是非对错无穷无尽地转换着，因此说，不如彰显天道。彰显天道则需"道枢环中"，如此，内心不再锁定于善恶吉凶分别，而尽观世人纷扰，这就是至善的境界。

讲到这一步，就超脱功利性了。"环中"本身没有什么具体的好处，但同时，也没有善恶吉凶可说，这就是至善的境界。没有善恶吉凶，生命归于静水流深的自然而然，不再拘泥于"喜怒哀乐、虑叹恋热"。

如果贪恋"喜怒哀乐、虑叹恋热"，那就"是亦一无穷，非亦一无穷"吧。如果你厌倦了，就应该"求枢始，得其环中"。

第十三节　万物本来一体，何须"白马非马"

这一节，庄子探讨"名"。

名，通常来讲就是概念，但它背后的意思，是定概念、贴标签。

庄子认为，人把自己从自然系统中割裂出来，天人相分，首先有了自我的概念。之后，基于人的立场和成心，从利于自我的工具性视角出发，人便会给万事万物定概念、贴标签。这就是"名"形成的过程。

"名"能不能反映万物的真实状况呢？这是庄子在本节要探讨的问题。

这一节原文很短，只有几句话："以指喻指之非指，不若以非指喻指之非指也；以马喻马之非马，不若以非马喻马之非马也。天地一指也，万物一马也。"但对于这句话的解释，自古众说纷纭，几乎成了千古之谜。

但是，如果我们从庄子关于认知 Bug 的思路来分析，其实也没有那么难，大致逻辑是这样的：

第一步，人的认知有割裂性的 Bug，必然会把万物分出个彼此。

第二步，既然分出了彼此，人就有了立场，也就有了成心，从而确定了看问题的角度。

第三步，有了成心，有了自利视角，就要从自利角度出发，给万物贴上各种标签，比如有用的、无用的、有益的、有害的、可爱的、萌哒哒的等等，是非就发端了。

第四步，从名形成的过程可以看出，万物自身的价值、本来面目如何，并不在名的范畴中，因此"名"不能反映万物的真实状况，名与实有很大的差距，那么就有人要争夺这其中的解释空间。

善意的，想要理顺名与实的关系；恶意的，会以辞害意，偷换概念，从而达到自己的目的。

最后，大家各自在"名"的基础上，纷纷建立自己的学说，学说与学说之间争夺话语权，互相竞争，各自发展。至此，"名"变成了争夺话语权的工具，对于想要认识事物根本的人，"名"反而成了阻碍。由此可见，厘清名与实太重要了。所以，庄子就单刀直入，直接挑战当时名家标志性的观点："白马非马。"

> 以指喻指之非指，不若以非指喻指之非指也；以马喻马之非马，不若以非马喻马之非马也。

有人这么解释这段话，用一个手指头说明手指头不是手指头，不如用不是手指头的手指头说明手指头不是手指头，听起来像绕口令。这个解释太荒唐了点，我们先不解释，还是根据后面这句"以马喻马之非马"来反推前面的意思，比较容易理解一些。

公孙龙是与庄子、惠施同时代的名家代表人物，年纪大概比庄子年纪小一点。他有一个很著名的论点，叫做"白马非马"。

据说有一天，公孙龙子想要进入某个城，当时正闹马瘟，城门守卫肯定要禁止他带马进去，公孙龙子就对守卫说：白马不是马，你应该让它进去。他是这么论证的：马是用生物形状来定义的，白色是颜色，不是形状，所以白色的马不是马。如果我让你去找马，你可以找黄马、白马、黑马来给我，但我让你找白马的话，你会给我找黑马、黄马来吗？所以白马不等于马，你们禁止马进去，并没有禁止白马进去。

公孙龙还有一个观点叫做"离坚白"。他说，世界上没有一块坚硬的白色的石头，为什么呢？坚硬是触觉感知，白色是视觉感知，你怎么能确定自己眼睛看见的和手摸到的是同一样东西呢？

虚拟现实技术的发展，证明了公孙龙是有道理的，今天完全可以模拟出一个"真实"的体验。比如你觉得摸到了一个弹球，实际上只是一个眼镜里的立体图像，外加手上做了一个震动而已。假以时日，远程拥抱应该也不难模拟出来。

孔子的六世孙孔穿，对公孙龙的嚣张很不满意，跑去找他辩论。公孙龙好整以暇地对孔穿说，对不住啊兄弟，白马确实不是马，你们老祖宗孔夫子都是这样看的。当年，楚王在外面打猎，不小心把弓箭丢了，楚王说，没关系，反正也是楚人捡到，根本就是放在家里了嘛！大家纷纷赞扬楚王仁义。孔子听闻后说，楚王说得不对，应该说弓箭被人捡去了。所以你看，孔子也认为楚人不等于人。孔穿的反应跟不上，只好败下阵来。

回到原文部分，"以指喻指之非指"到底是什么意思呢？回答这个问题，还需要再考察一下当时的情况。

战国时代，周王室衰微，无力号令天下，诸侯争霸，此起彼伏，天下四分五裂，先秦的思想家们各自拿出一套"救世方案"，各家都认为自己的学说是最有用的。基于名实之间话语权的考量，他们特别注意名实（概念与实际）关系。孔子主张名实相合，他希望维持周礼不变，那么人们的行为就要向着礼法的标杆调适。

纵横家不同意这种看法，他们更强调名和实之间的差异性，认为应该根据社会实际的变化，不断重新定位"名"。

以孔夫子为首的传统派和以纵横家为首的变革派，在名实关系上对峙了很久，而名家的做法比较取巧，他们在"白马非马"这类命题上做文章。比如说椅子这个概念，是不是能够囊括椅子的真相？他们就会论证交椅不是椅，或者圈椅不是椅，他们从概念上做文章，"以椅喻椅之非椅"，套过来，我们就理解了什么叫做"以指喻指之非指"。

从庄子的认识论来看，从概念和纯逻辑角度去证明概念不能与事物完全吻合，不如直接指出概念本身的先天缺陷。既然认识到概念都是有缺陷的，不如进一步去认识人类认知本身的缺陷。因此与其用"白马非马"去论证没有概念能概括马这个存在，不如去揭示出人类在认知上的问题。

人类的认知有什么问题呢？当我们在认知所谓马的时候，其实就已经把马从整个自然界中摘出来了。马是自然系统的一部分，脱离了整个系统，我们对马的认知必定是不完整的，这就是认知的根本局限。人为了自己辨别万物的实用性，人为地给万物分门别类，划分了内涵、外延等等，所以认知的开始，就是割裂的开始。

庄子这话意味深长，直接点在了人类认识论的要害上。认识本身是一套缺陷系统，不是说不要认知，但我们必须清楚认知的出发点是基于实用。

人是离不开实用性的，你说你满眼里啥也没有，那也不可能。但如果被某一个概念、事实局限住了，就会被挟裹在里面浮沉漂流。

后面庄子还要讲如何处理实用性和悟道之间的关系。

　　　　天地一指也，万物一马也。

　　归根到底，庄子还是在追求一个的实用性，给人一个安身立命的立场。只是这个立场，有一点超出人们常规的那种认知和执着，所以后面紧接着说，"天地一指也，万物一马也"。你要知道，整个天地是一个系统，是可以"一指"的。"万物一马也"，万物和马有什么区别？它们都同样是这个系统当中不同的展现方式罢了。

　　老子讲"万物芸芸，各复归其根"，万千宇宙从混沌中生生灭灭，就像泡泡一样，不断地诞生出来，又不断地破灭返还。众生就在这么一个小小的天地系统中，相互交叠着、依赖着，生老病死。这就是"天地一指，万物一马"。

第十四节　自然本来完整，局限在于人的认知

上一节，庄子从万物同源的角度，指出名家"白马非马"式的逻辑强辩，并没有认识到人类认知最根本的局限。这一节，庄子继续深入，从人类认知的相对性入手，讲明白万物"道通为一"的本然状态。

> 可乎可，不可乎不可。道行之而成，物谓之而然。恶乎然？然于然。恶乎不然？不然于不然。物固有所然，物固有所可。无物不然，无物不可。

"可乎可，不可乎不可"，一件事是可以还是不可以，自有它本身的合理性，都有它演化的路径。黑格尔说的"存在即合理"，与庄子异曲同工，只是"合理"指的合乎于绝对精神的"理性"必然性。

"道行之而成，物谓之而然"，路是走出来的，事情在我们下判断的时候，自然地获得某种合理性。思量一下，从小到大，我们生活的轨迹在多大程度上被偶然和必然所左右？不好判断，必然和偶然这样的概念，本身也有局限性，并不能准确描述生活本身。

"恶乎然？然于然。恶乎不然？不然于不然"，一件事对还是错，都有它自身的理由。喜欢一个人的时候，他做什么都是好的；不喜欢了的时候，连对方名字滑过心头都觉得多余。人籁时

刻处于变化当中，不可捉摸。

"物固有所然，物固有所可。无物不然，无物不可"，事物存在的合理性，就蕴含在本身的个性中。所以，从事物内在的角度讲，个性当然自有偏执；但从事物存在的角度讲，事物背后的推动力量又是统一的。

故为是举莛与楹，厉与西施，恢诡谲怪，道通为一。

院子里的小草和堂前的柱子，麻风病人和西施，以及那些稀奇古怪的东西，其实都是从同一个系统中演化出来的，在道的层面上是没有分别的。

为什么庄子要说"恢诡谲怪"？因为他要对比正人君子。"恢诡谲怪"，正是被"正人君子"这样的"名"给挤兑出来的。

"哥德尔不完备定理"说，凡是包括初等数论的自洽形式系统，一定存在一些系统内的方法既无法证实也无法证伪的命题。系统的这种破缺或漏洞，是没法解决的。如果从庄子的角度来理解这个定理，在定义一个系统基础概念的时候，就已经割裂了自然，它已经是不完备的了。想用这个不完备的概念工具去认知把握整个世界，就更不可能了。

人类有很多幻想，比如找到绝对真理。但其实连佛陀都承认，所谓"一切智"，并不是一个人在一个时空点能知一切，而是他具备了观察任何一个具体对象的能力。这真是和庄子不谋而合。在庄子看来，认知的主体、认知的对象，都是一种人为、局限的界定，认知的开始也是割裂的开始。

是"道通为一"，而不是"我通为一"。人类认知的出发点，天然地有着局限，从启动认知那一刻开始，就已经把连接自己与大自然之间的脐带剪断了。当我们从具体的立场去演化发展的时候，某种程度上就成了一个赌徒，开始了一场关于生命与时运的赌博。因为我们已经放弃了自然，落入了个体的自我演化轨道。

从这种意义上来看，我们都是落入红尘的赌徒，而道家文化则是对所有赌徒的一种温情的关怀。

第十五节　平常心是道，成败只是演化的过程

本节讨论成与毁的问题。

老子说"天地不仁，以万物为刍狗"。天地不会为了留住美丽的风景多降雨露，多洒阳光。道亦如此，它也不会停留在某一种成就之中，而是在不断地推动着事物演化。所谓成、毁，其实就是生生不息的过程本身。

因此，一颗师法天道的心，能够观察到这个世间背后的法则，或者说真宰，它不会让自己局限在某种境界之中。这就是平常心。

　　　　其分也，成也；其成也，毁也。凡物无成与毁，复通为
　　一。唯达者知通为一，为是不用而寓诸庸。

"其分也，成也；其成也，毁也"，立场分化成就了每一个个体，但个体也因此脱离了玄牝，失去了大自然对他的终极支持，走上了"生死流转"之路。"凡物无成与毁，复通为一"，虽然说是剪断了脐带，但也不可能真正剪断，万物最终还是要回到混沌当中，所以本质上并没有所谓的"成与毁"。

"唯达者知通为一"，通达的人，不会在事物成就与毁灭这些问题上过分地权衡，他的心胸很开阔，不会仅用得失来衡量人生、评判社会、毁誉自然。意思是人要"为是不用而寓诸庸"，把心放在随缘随势的演化上，放在最平常的位置上，不去追求那

些东西跳梁、左右逢源的事。

　　这一点，如果看得穿，做不到，那很容易就会滑向精致的利己主义者，制造出让人难以分辨的谬论来。

　　　　庸也者，用也；用也者，通也；通也者，得也。适得而几矣。因是已，已而不知其然，谓之道。

　　"庸也者，用也"，真正的平常心是能用的，三分清气千般用，随缘接物，行云流水，它不会任由自己走到崩溃的边缘，用禅宗的话讲，叫做"全机大用"。

　　"用也者，通也"，事上通达了，人生也随之顺畅了，顺流来去，自己心里头坦坦荡荡。

　　"通也者，得也"，真的走到了这一步，定会心有所得，明了自己的安全阀在什么地方，天花板在什么位置。但也不会就此放弃希望，那一线希望展现的时候，就走到了另外一个世界、另外一种景象。

　　"适得而几矣"，这样的话就非常理想了，不再追求把所有事情纳入自己的掌控之下，这个时候内心的状态最为平和自在。

　　"因是已，已而不知其然，谓之道"，一颗平常心入世，多少总会有所得。我们不确定背后的原因是什么，只能说他顺应了整个系统的运作，得到了玄牝的支持，这个就叫做有道。

　　"知其然，而不知其所以然"，我们知道怎么做是吉祥的，但我们无法确知为什么这么做是吉祥的。只是这样做的时候，吉祥的事情随之而来，我们能明确感知到大自然对我们的支持。"强梁者不得其死"，崩盘的责任在于自身，但是成功还是需要盘外因素的，需要时运的支持。

现在人喜欢讲平常心是道，那什么是平常心呢？我们不妨来看几则禅宗公案。

> 道不用修，但莫染污。何为染污？但有生死心，造作趋向，皆是染污。若欲直会其道，平常心是道。何为平常心？无造作、无是非、无取舍、无断常，平凡无圣。

这段话是马祖道一在教导学生。

他说，"道不用修，但莫染污"，不要认为有一个什么境界是要去修的，最关键的是，不要让自己卷到是非当中去，把自己的本心污染了。道本来就是圆满的，甚至连圆满这个词都不能形容它，给它再高的名誉，也不能够体现它的伟大。关键是能不能让它在我们这里显现出来，天籁能不能在此奏响。

什么是"染污"呢？"但有生死心，造作趋向，皆是染污"，趋生避死，趋吉避凶，造作各种各样的结构，为自己争夺更多的利益，有所趋向，有所舍弃，这些都是对自己心灵的污染。

"若欲直会其道，平常心是道"，如果我们真想明白"道"，就得保持平常心，它就是"道"。

"何为平常心？无造作、无是非、无取舍、无断常，平凡无圣"，平常心就是不要陷入那些是非对比、让自己内心挣扎纠结的事情里。

这简直是庄子所讲天籁的佛家翻版。

> 赵州问南泉：如何是道？泉云：平常心是道。州问：还可趣向否？泉云：拟向即乖！州问：不拟争知是道？泉云：道不属知，不属不知；知是妄觉，不知是无记。若真达不拟

之道，犹如太虚廓然洞豁，岂可强是非也！赵州乃于言下顿
悟玄旨，心如朗月。

南泉禅师是马祖道一的学生，赵州禅师是马祖道一的徒孙。

赵州问南泉："什么是道？"

南泉说："平常心是道。"

赵州又问："平常心可以追求吗？"

南泉说："追求就会出错。"

南泉的话蕴含禅机，赵州问的也很有水平，只有老修行者才
问得出这样的问题。

赵州接着又问："如果不去努力的话，怎么会有结果，怎么
知道它是道呢？"

南泉回答说："道不属知，不属不知。""道"不在你认知的
范围之内，你也不需要知道它。这也是庄子一直表达的，把状态
调整好，你自己"成器"了，天籁自然会在你这里奏响，天籁不
是谁能"修"出来的。

"知是妄觉，不知是无记"，如果你知道"道"是什么，那也
不过是你的妄念，是你思想念头运作出来的东西而已。但也不能
说你不知道，因为你时刻都在"道"中。

如果我们直达"不拟之道"，也就是无追求、无造作的话，
"犹如太虚廓然洞豁，岂可强是非也"？心的桎梏脱落了，就好像
赤裸裸地漂浮在宇宙虚空当中，那个时候，哪还有什么是非呢？
这就叫做"桶底脱落，本性显露"。这个状态是大自然本有的，
不需要任何额外的支持。

听完南泉的话，赵州马上明白了，自己过去用力的方向
错了。

　　　师问二新到：上座曾到此间否？云：不曾到。师云：吃
　茶去！又问那一人：曾到此间否？云：曾到。师云：吃茶
　去！院主问：和尚，不曾到，教伊吃茶去，即且置；曾到，
　为什么教伊吃茶去？云：院主。院主应诺。师云：吃茶去！

　　赵州禅师接待两个来参禅的人，上座是对和尚的一种尊称。赵州很尊敬地问："两位上座曾经到过我们小庙吗？"

　　其中一位回答："未曾来过。"

　　赵州说："吃茶去。"

　　又问另一位："您来过吗？"

　　那一位回答："以前来贵寺参过禅。"

　　赵州又说："吃茶去。"

　　旁边的监院很好奇，问赵州："住持啊，那个人没来这儿参过禅，你让他吃茶去。另一位来这儿参过禅，你也叫他吃茶去，这是为什么呢？"

　　赵州听了，叫了声"监院"，监院应答，赵州说："你也吃茶去！"

第十六节　得失一体两面，成长是一场蜕变

上一节讲成与毁，这一节讲得与失。

成长与发展，总是伴随着成与毁，这是一体两面的事情，成就了这一面，就要丢弃那一面。比如说，孩子长大了，思想独立了，自然也就对父母少了依恋。小富即安的时候，可以吹吹牛，显摆显摆；真成了大富翁，说话就不能随随便便了。逃离都市去南方隐居，喧嚣固然没有了，寂寞又让你开起了民宿。既然是蜕变，就没有两全其美的事情。

讲了成与毁，大家可能还要问：得与失呢？我们究竟能不能比别人多得一点、多一些安全感、多一些虚荣心呢？在这一节呢，庄子就举出一个朝三暮四的寓言来开解世人。庄子的结论，是"道之所以亏，爱之所以成"，大凡内心有所偏执，最后的结果，还是影响了自身的成长和演化。

> 劳神明为一，而不知其同也，谓之"朝三"。

这个世界上总有一些人，想用自己割裂出来的概念，去统一整个世界的认知。他们完全没有意识到，这个世界本来就是统一的，造成天人相分的恰恰是认知本身。这种认知的窘境，就叫做"朝三"。

尝试用工具理性占领真理的人，他可能都没有意识到，自己的目标，可能只是一种好为人师的冲动。但手上拿着最珍贵的宝

贝的人，谁会到处去炫耀呢？所以他们追求的根本不是什么天下之至宝，而是自己的一种情绪。

> 何谓"朝三"？狙公赋芧，曰："朝三而暮四。"众狙皆怒。曰："然则朝四而暮三。"众狙皆悦。名实未亏而喜、怒为用，亦因是也。

这里就是"朝三暮四"这个成语的由来。

"芧"指的是橡果，"狙"是古人养的一种猴子，"狙公"就是养猴子的老头。

据说，这个老头原来每天给猴子吃八颗橡果。有一年冬天，食物匮乏了，就只能每天给七颗了，于是，他对猴子们说："从现在开始，早上给你们三颗橡果，晚上给四颗。"

猴子们听了大怒，蹦蹦跳跳地抗议起来。老头顺势改了方案，告诉它们早上给四颗，晚上给三颗，于是猴子们转怒为喜，一场"猴变"消弭于无形。

"名实未亏而喜、怒为用，亦因是也"，本质没有区别，但是猴子的情绪却走上两个极端。人也一样如此，天天想着统一别人的看法，其实正是这种强迫，导致大家渐行渐远。

> 是以圣人和之以是非，而休乎天钧，是之谓两行。

圣人对这些是非一概采取置之不理的态度，他使自己休养生息在天然的平衡当中，这就叫各行其道。

什么是天然的平衡？是非起起落落，这就是天然的平衡。圣人并不指望消灭是非，而是保持一个超然的心态，不被是非卷进去。"天钧"，天然的动态平衡，事情总是起起伏伏的，圣人不急着表态，不急着去纠正谁。

找到了自己道路的人，他怎么会急于和大家争吵道路的对错？大家都活在这个世界上，但他的内心是走在自己的路上，这才是人生吧。

> 古之人，其知有所至矣。恶乎至？有以为未始有物者，至矣、尽矣，不可以加矣！其次以为有物矣，而未始有封也。其次以为有封焉，而未始有是非也。

庄子认为，文明越往前演进，是非越复杂，人们的内心就越来越复杂，也越来越贫乏。有一位女性作家说，一个人漂泊在外，常与零食为伴；母亲来到身边待了几天，她对零食就失去了兴趣。为什么？因为妈妈做的菜把她的营养补足了。同样的道理，如果一直无法克制地喜欢千奇百怪的东西，那也是因为精神上的营养不良，是本质的贫乏才导致自己不断地抓取。

"古之人，其知有所至矣"，古代的真人，他们知道自己认知的极限。这个极限，大概就是古人在虚静中的某种体验，一念不生，感知到恍惚一下，万物从虚无中诞生出来。

"恶乎至？有以为未始有物者"，认知的边界在哪儿？大概就是万物未生之时吧。禅宗经常问，父母未生我前，我的本来面目是什么？想来不少人在童年时也常被这个问题折磨。这可能是个伪问题。即便"我"是过去的灵魂，它在出生之后，也要不断地跟社会交互，"新陈代谢"很多信息。它早就不是那个本来面目了。

所以，"我"是一个伪概念，真实存在的可能只是一道精神信息流。我们应该客观地去观察这个流态——这个信息流是怎么启动、怎么摄取信息、怎么新陈代谢的。应该如此去观——去观自然，而不应该观自己设定的概念。

往前追究，到那个无中生有的点，就是认知的边界了。"至矣、尽矣，不可以加矣"！到这个程度了，古人认为就可以了，再往下就是胡思乱想了。

"其次以为有物矣，而未始有封也"。这是第二等的认识，没有追究到无中生有之前，他只是从万物诞生之后开始追究，但也不给万物下一个所谓"你、我、他"这样的判断，不去人为地割裂它们。他还是尊重自然的。

"其次以为有封焉，而未始有是非也"。这是第三等的认识，认为万物之间是有区分的，互相之间是有界限的，但并没有衍生出是非。

以上三种，应该说都还是真人的认知，是有道的，不会把自己搅进去。

> 是非之彰也，道之所以亏也。道之所以亏，爱之所以成。

"是非之彰也，道之所以亏也"，当文明再往后演进，就会出来各种各样的是非，而人心也变得越来越乖戾、浮躁，真正的精神营养也就愈加贫乏了。大家因为被各种生活琐事所累，彼此之间要分配利益，是非就出来了。而且，是非是个很奇怪的东西，本来大家只是分点鱼、分点肉，可是慢慢地就会形成认知偏见，眼睛里的大自然——母亲变成了一个待分配对象。最后甚至觉得，大自然当中如果有什么东西不能为我所用，它就是错的。

庄子说，"道之所以亏，爱之所以成"，精神营养之所以贫乏，是因为脱离了道，一旦脱离了道，偏私也会出来，而且愈演愈烈。偏私越来越多，内心就锁得越来越死，这是一个非常悲哀的局面。

人活一辈子，原本想要的是内心的安乐，现在却要放手一搏，为了一己之私朝夕忙碌。这样一来，损耗的恰恰是自己最为宝贵的生命力了。

第十七节 以艺入道，先要超脱门户之见

上一节，庄子说，人生的成败得失，从自我的角度来看，似乎很难接受；而从天道的角度来看，却是一种必然的平衡。如果看不明白这一点，就会像朝三暮四的猴子那样，被命运玩得团团转。而有智慧的人，却能"休乎天钧"，看的是事情发展的趋势，任何时候，无论形势好坏，无论得失如何，他都要很"环保"地把它们利用起来，顺势而为。

这样一来，人生的目标也就变了，不再过多地计较得失，而变成了如何顺畅地成长。而成长就是聚焦自己的轨道，不拘泥于一时一事的境遇。做任何一个行业，需要体悟的是道，而任何具体成果都不是终极，都应该根据形势的变迁，去不断创新。

放下得失之心，随时做好取舍与进退，这是成长的关窍。

> 果且有成与亏乎哉？果且无成与亏乎哉？有成与亏，故昭氏之鼓琴也；无成与亏，故昭氏之不鼓琴也。

"果且有成与亏乎哉？果且无成与亏乎哉"？对道来说，没有成与亏的问题。但对个体来说，却饱含了喜悦与悲哀。

"有成与亏，故昭氏之鼓琴也；无成与亏，故昭氏之不鼓琴也"，昭氏指的是昭文，春秋时期的著名琴师。他在弹琴时顿悟，弹琴本身就是失道，弹出任何一个音节，其实就是摒弃了其他无数的音节。例如，弹出一种圆润的琴音，也就舍弃了铿锵的琴

音。他认识到，音乐本身就是对声音的割裂，于是他不愿意再弹琴了。或许，沉默不语，才是真正的音乐。

> 昭文之鼓琴也，师旷之枝策也，惠子之据梧也，三子之知几乎！皆其盛者也，故载之末年。

"昭文之鼓琴也，师旷之枝策也，惠子之据梧也，三子之知几乎"！昭文琴技高超，无人能及；师旷虽是一个盲人，却能用拐杖敲出所有的节拍。他是天生的音准家，当时各国铸钟，都要请师旷去辨音修正；惠子善辩，只需要靠在一棵树上就可以跟人辩论。这三个人技术都达到了极致。

往树上一靠就能滔滔不绝，很明显是在揶揄惠子，属于好朋友之间的一种互黑。大学期间，笔者的宿舍有一位同学，长得又胖又白，时常端个饭碗倚门而立，要与笔者辩论。笔者每次都求放过，他便会追击说："凭什么你让我不找你辩论了我就要听你的呢？你必须说出个理由来！"后来，笔者竟成了最佳辩手，这其中有他一大半功劳。

"三子之知几乎"！三位大师的技术到极致了吧！随便请出一个，都是邓丽君级别的人物。"皆其盛者也，故载之末年"，名气之盛，都载入史册了。

> 唯其好之也，以异于彼，其好之也，欲以明之。彼非所明而明之，故以坚白之昧终。而其子又以文之纶终，终身无成。

但他们有个最大的缺点，那就是一定要去证明别人是错的。

"彼非所明而明之"，在这个世界上，即使某一个人在某方面做得很好，也证明不了别人是错的，毕竟他只是系统运作的一面，还有另一面是他所不知道的。就像人，永远也甩不掉自己的影子。

"故以坚白之昧终"，是是非非，最后是没有办法说清楚的。一旦陷进去，最终的结局就是发明出"离坚白"这样离谱的观点来。

"而其子又以文之纶终，终身无成"，昭文把他的技艺传给了他的儿子，但他儿子终身没有成就。为什么？因为昭文的琴艺是天籁在他身上的偶尔奏响，他才有所领悟，而他传给儿子的只是弹琴的技术。儿子坚持昭文所传的固定弹法，摒弃了其他弹法，所以艺术道路越走越窄。

不只是音乐，所有的技艺，诸如绘画、书法、武术，都存在这个问题。是领悟道，还是坚守术，结果不言而喻。

以"艺"入道、以"术"入道有没有可能？有可能，但前提是超脱"术"的那层外壳。"艺"是一个轨道，一个人把某个轨道走得无比纯粹了，同时又发现这条轨道与其他轨道之间的共性，才是悟道的契机。那个时候，内心对特定轨道的执着放下了，眼光也就打开了。如果说反而确定自己的轨道才是最好的，那就近乎走火入魔了。

《金刚经》说"知我说法，如筏喻者"，修行技术是一条船，船到岸了，就要把它丢下。不能说到岸之后，还把船顶在头上到处走。

> 若是而可谓成乎？虽我无成，亦成也；若是而不可谓成乎？物与我无成也。是故滑疑之耀，圣人之所图也。为是不

用而寓诸庸，此之谓"以明"。

昭文、师旷和惠子，某种意义上讲，其实没有什么成就，他们只是在这世上炫了一把技艺，如果这个就算成就的话，那我庄子的成就也很高了。不过，也不能说他们一事无成，他们毕竟是在事物发展的一个阶段上影响了后人。总体上，他们算是"滑疑之耀"，也就是炫技吧，这都是圣人看不上的。

如何对待这种技艺高明而道理不通的情况呢？那就是"为是不用而寓诸庸"，不必纠缠于他们的是非，而要"寓诸庸"，适当地加以应用，不必泥古不化。"此之谓'以明'"，还是回过头来，回到平常心就好。这里的"明"，指的是内心通透、不受拘束。

我们再把昭文的故事梳理一下。

昭文悟道，琴艺达到了随心所欲的高度，他的心里，再也没有得失成败。在他的琴中，有声是音乐，无声也是音乐；好声音是音乐，甚至琴弦的噪音也可以是音乐，一切只是根据当下的情况善加应用而已。这种境界，几乎就是庄子说的"寓诸庸"，用而能通。

然而，昭文的儿子却误会了，他认为，老爸的琴名扬天下，是因为他鼓琴的架势和技术比别人强，老爸的技艺是对的，别人的技术是错。这样一来，昭文之子的琴艺就陷入是非中了。他天天想着如何传承经典、传承文明，完全没有意识到昭文的琴，是随着时代的脉搏，顺势从内心流露出来的；而他的琴，却是在拙劣地模仿着老爸过去的心境和琴艺，因此他在琴艺上一辈子一无所成。

人活一世，是求道，还是求是非，实在是天壤之别。

第十八节 天地与我并生，万物与我为一

　　"天地与我并生，万物与我为一"，这是《齐物论》中的核心观点。之所以这样说，不仅在于它是修复认知 Bug 的基础，也是指导实践最重要的参考。

　　在庄子看来，人之所以会陷入是非对错的漩涡之中，在于认知本身的 Bug。而认知之所以会带有 Bug，则在于天人相分。换句话说，天人相分与个体意识独立出来是同一个过程。个体意识如果对此毫无认知，就会陷入彼此、是非的复杂矛盾之中，变成骄傲贪婪的"我执"。

　　如果能够虚静自省，重新体悟天人合一的境界，个体意识也可以建立起真正的独立人格，成为"真人"。

　　　　今且有言于此，不知其与是类乎？其与是不类乎？类与不类，相与为类，则与彼无以异矣。虽然，请尝言之：有始也者，有未始有始也者，有未始有夫未始有始也者；有有也者，有无也者，有未始有无也者，有未始有夫未始有无也者。俄而有无矣，而未知有无之果孰有孰无也。今我则已有有谓矣，而未知吾所谓之其果有谓乎？其果无谓乎？

　　我估计庄子是怕惠施来找他麻烦，专门为了堵惠施的嘴，才说的这些话。

　　庄子并不鼓励评论是非，但他现在正是在评论惠施。"今且

有言于此，不知其与是类乎？其与是不类乎"？我跟那些评论是非的人是同类还是异类呢？

"类与不类，相与为类，则与彼无以异矣"，很糟糕，不管我跟他们是不是同类，本质上都说明我也是搞是非的，跟他们其实没有什么差别。

这话说出来，惠施就没有办法了，庄子已经自黑了。

接着，他继续说，虽然他也堕入到逻辑陷阱当中了，但也不妨说一说这个宇宙空间。

"有始也者"，《红楼梦》中宝玉去了太虚幻境，仙子们的唱词中有一句说："开辟鸿蒙，谁为情种？"这个开始，就是开辟。鸿蒙，就是一切开辟之前，渺渺茫茫的无可认知的境界，还没有开辟出"有"和"无"的境界。

那么还有什么？还有连鸿蒙也谈不上的（境界）。鸿蒙渺渺茫茫，我们好像可以想象一下。但庄子说，肯定还存在着某种完全在想象之外的东西，这个叫做"有始也者，有未始有始也者，有未始有夫未始有始也者"。

整理一下，现实世界是"有"，在"有"之前，是"无"，而在"无"的背后，还存在着我们想象之外的东西，无极之外还有无极。

"有有也者，有无也者"，这个世界有有形的存在，也有无形的混沌。"有未始有无也者"，也有连混沌都谈不上的，没有办法确认的，也不知道是不是叫做最原初、最久远的东西，甚至连这个也谈不上。

"俄而有无矣，而未知有无之果孰有孰无也"，我们探讨的"无"——无形的混沌，所谓的不可认知，所谓的不可以用具体的、看得见摸得着的"有"来形容的存在，那它本身是不是

"有"呢？如果它是"有"，你又凭什么说它是"无"呢？这不是悖论吗？

这才叫自我解剖。惠施你不是要攻击我吗？你都不知道我在说什么，好吗！你知道我在说什么吗？我已经把认识论剖析到这个地步了，你再跟我辩？

但无论如何，"今我则已有有谓矣，而未知吾所谓之其果有谓乎"？我确实说了一些道理，不过，我说的这些道理真的就存在吗？随着时间的流逝，这些话最后也就渺然于人世了吧。

《道德经》上说："致虚极，守静笃。万物并作，吾以观复。夫物芸芸，各复归其根。"也就是说，我们不用再管无极之外那些东西了，只要明白"有无"之间的规律就行了。

庄子竟然这样来探讨有无，以及有无背后更深远的存在，实在是有点儿出人意料。相对来讲，老子说话是很简明的，老子只谈该怎么做——"致虚极，守静笃。万物并作，吾以观复。夫物芸芸，各复归其根"。不要再管无极之前还有无极那些东西了，我们就在这"有无"之间看明白它的循环规律就行了。

禅家"言语道断，心行处灭"的名言，和庄子表达的可能是同一个意思。"言语道断"，你说了，悟道的过程就断了，当下的境界就没有了。"心行处灭"，你起了这个念头，前面那个念头就没有了。下一个念头再起来，前面那个念头又没有了。没有什么东西是可以抓得住的。

所谓"狂心顿歇即菩提"，我们在无尽的认知中搅和，不断演化，有无又有无，对错复对错——这种心"啪地"一下掉了，就是顿悟，就是菩提。菩提本来就在这里，它不在别的地方。

夫天下莫大于秋豪之末，而太山为小；莫寿乎殇子，而彭祖为夭。天地与我并生，而万物与我为一。

"秋毫"，动物入秋后新换的绒毛。"秋毫之末"，绒毛的尖儿。

"夫天下莫大于秋豪之末，而太山为小"，在认知上，如果把泰山从整个系统当中割裂开来，那它小得不能再小。但如果不割裂的话，"秋豪之末"也可以代表整个宇宙。

如果把彭祖从系统中割裂出来，他的八百年寿命，和整个宇宙的时间怎么能比？和夭折又有什么区别？如果明白整个大自然皆是一体，就算一个小孩夭折了，他也比彭祖更长寿。这是"齐物"，不只是"齐物"，庄子还要齐时间。

《齐物论》讲到这里，图穷匕见，真实的意思出来了，就是内心要彻底地打开。

"天地与我并生，而万物与我为一"！天地与我其实是同步的，万物与我既分裂又同构。大家都爱说"天人合一"，最核心的道理就在这儿。整个世界具有某种同构性，它既演化又同构，既分裂又返还。分裂是同构的一种方式，是非是"齐物"的一种表现。

　　既已为一矣，且得有言乎？既已谓之一矣，且得无言乎？一与言为二，二与一为三。自此以往，巧历不能得，而况其凡乎！故自无适有，以至于三，而况自有适有乎！无适焉，因是已！

"既已为一矣，且得有言乎"，如果它们本来就是一体的话，为什么我还要说这个事呢？那不是说明又被我割裂了？

"既已谓之一矣，且得无言乎"，不说也不行。本质上，确实自我意识也是在的，因此我还是得说。所以"一与言为二"，本来的浑然一体，跟我说"它是浑然一体"，这两个就等于是两个事物。"二与一为三"，这两个事物如果再加上所谓的本体，那就成了"三"。

"自此以往，巧历不可得，而况其凡乎"，如果照着这个路线一直说下去，概念将滚滚不休！那些做历法的天文学家都算不清楚，更何况像我们这样的凡夫俗子？

生命是有限的，知识是无限的。用有限的生命去追求无限的知识，在概念上叠加概念，用一个概念去评判另一个概念，只会不断损耗自己的生命力。所以，"无适焉，因是已"，还是就此停下、告一段落吧。

第十九节　人间立言的八种方式

　　生活在一个传播的世界，时间久了，就忽略了那些观念都是在某些社会条件下、基于某种思路、用某种技巧创生出来的。直到某一天，"凡尔赛体"火了，人们意识到这一点，这里面的操作空间还真是不小。

　　在这一节里，庄子列举了人间立言，也就是建立观念的八种方式。这些方式本身没有优劣对错之分，只是人需要实事求是，放下用优势观念去同化他人、谋取利益的念想。

　　　　夫道未始有封，言未始有常，为是而有畛也。请言其畛：有左有右，有伦有义，有分有辩，有竞有争，此之谓八德。

　　"夫道未始有封，言未始有常，为是而有畛也"，大道的运作是开放的，适用于任何范围，而人的观点却没有常性，变化不定，因此人们的观点、立场，就像田埂那样纵横交错在一起。

　　"请言其畛"，那我就说一说在这个世间要立言论、抓住话语权的方法。

　　"有左有右"，"左"为柔，指的是柔性、渗透性的说话方式；"右"为刚、口气猛烈的说话方式。这是鹰派和鸽派的区分，不同的场合，不同的需要，可以选择不同的口吻。

　　"有伦有义"，"伦"通"论"，指从大面儿上说话，威信好的大多选择论；"义"通"议"，从具体角度说话，实干能力强的一般选择议。

"有分有辩"，"分"，纵向的分析，把这事情劈开谈，分出一二三四五来；"辩"，比较优劣，比较高下，比如那个神秘的"别人家的孩子"，就属于辩。

"有竞有争"，"竞"，在竞争中求同存异，大家一起往前赶；"争"，在竞争中，针锋相对，互相比拼。以一场大专辩论赛为例，大家首先都要抢占一些共同的概念，确立一些基本的价值观，可以叫做"竞"；接下来就具体逻辑相互攻击，就是"争"的阶段了。

庄子说"此之谓八德"，就是人世间立论立言、争夺话语权、争夺权力的八种德性。因为人世间立言、立论，大概就这八种德性。

> 六合之外，圣人存而不论；六合之内，圣人论而不议；春秋经世，先王之志，圣人议而不辩。故分也者，有不分也；辩也者，有不辩也。

"六合之外，圣人存而不论"，六合之外，就是"东南西北上下"之外。在我们这个宇宙之外还有没有其他宇宙？是不是有多个平行宇宙同时诞生？这样的问题是在六合之外，"圣人存而不论"，既然存而不论，那就是连大面上的原则都不说，这种话题根本不参与。

"六合之内，圣人论而不议"，在整个大的人类生存环境之内的事情，圣人说一个大原则。比如说生态治国，就是一个大原则，但也不去条分缕析地制定动物应该怎么养、花应该怎么培育，不说细节的事情。

"春秋经世，先王之志，圣人议而不辩"。"春秋经世"，就是
先王们的功过业绩。对于这些事情，圣人"议而不辩"，具体问
题具体分析。比如说先王的某一个政策有争议，那么圣人就分析
当时制定这个政策的来龙去脉，而不是笼统地从某种预先设定的
道德原则去批判谁；就事论事，联系具体的环境去分析，不去比
较说华盛顿跟圣马丁谁更伟大，这叫"议而不辩"。

"故分也者，有不分也"，在某些思维方式中，总想一刀切，
把这个世界的万物分出个高低优劣来。但道家不是这样，世界本
身也不是这样运作的。

"辩也者，有不辩也"，想在这个世界上分出个总体的高下优
劣，这是是非满满的教条主义。换个角度来看，既然有人热衷于
做排行榜，这当中一定就有高下优劣之外的问题。各种各样的大
学排行榜，谁都知道它是怎么回事，但是大家被挟持在当中，滚
滚不休，没有办法摆脱。

第二十节　不讲武德，还是谦虚自守

为什么圣人可以知进退、具有变通致远的能力？因为他们拥有天道的眼光，开了天府——天道的府库。那什么是天道的府库？

庄子说，天道的府库"注焉而不满，酌焉而不竭"，其实就是天道循环资源的功能吧！作为社会的管理者，圣人不刻意偏执于某一种状态，这也就维护了社会整体的生态价值。社会生态好了，各种资源循环顺畅了，也就取之不尽、用之不竭了。

> 曰：何也？
> 圣人怀之，众人辩之以相示也。故曰辩也者，有不见也。

为什么呢？

"圣人怀之，众人辩之以相示也"，最好的统治者，他们胸怀天下，看得到众生；而众人紧盯的是自己的利益，只看得见自己，所以当他们开口说话的时候，就要抬高自己、贬低别人。

庄子这么说，大致是在批评儒、墨、法三家。这三家都宣称自己找到了社会治理的最高法则，而且可以用统一的原则，给整个社会的人群划分出君子、好人、坏人、没用的人和有用的人等等。

换句话说，在我们这个文明刚刚开始的时候，曾经有过一种类似于乌托邦的观念，想给所有人一个定性，划分出贤愚、善恶、三六九等，这其中孔子的做法是最温和的，他只是想分一下君子和小人。

"故曰辩也者，有不见也"，所以说只要搞一刀切，进行琐碎比较的，他的立场一定也是比较狭隘的。可能有些人通过奋斗，有了很高的成就，但他们的视野还是有先天的不足，这或许就是庄子忽然谈到治世的原因。庄子并没有打算要教我们如何经营管理、争夺权力，他要说的是一个人如何自我修为。

几年前，笔者的一位老友去某寺院拜访住持老和尚，老和尚是虚云大师的弟子，在禅门名气很大。老和尚问："来做什么？"朋友直接答："想开悟！"老和尚正色说："要开悟不容易啊，你要放下名、利、情三件事。"这话一出，朋友当时就服气了。

这三个字总结得真好！人生在世三件事：求名、逐利、用情。你还能找出别的追求吗？放眼看去，有几个人能跳出这三个字的规制？求不得，爱别离，少年欢爱，家族尽责，一辈子忙着为柴为米，一辈子忙着还儿孙的债，难道不是这样？

这忙忙碌碌的一生，有没有给我们示范出超脱的意境呢？

> 夫大道不称，大辩不言，大仁不仁，大廉不谦，大勇不忮。

真正的大道不展现自己；真正明事理的人不会指手画脚，他知道人的立场和观点是不断变化的，所以他不局限自己的立场；真正有仁爱的人，不会去搞那些小仁小义；真正廉洁的人不会推让利益，大家各不相欠；真正勇敢的人不逞强。

　　道昭而不道，言辩而不及，仁常而不周，廉清而不信，勇忮而不成。

　　如果有人把大道拿出来，说这就是全天下唯一的原则，那么，他就是想要控制别人；如果有些人总是去比较你高我低，必定是漏洞百出。天下本没有两条相同的路径，彼之琼瑶，我之毒药；总是把自己表现得过于廉洁，大家都会觉得不可信；过于逞强的人也不会成功。

　　五者圆而几向方矣！故知止其所不知，至矣。孰知不言之辩，不道之道？若有能知，此之谓天府。注焉而不满，酌焉而不竭，而不知其所由来，此之谓葆光。

　　"五者圆而几向方矣"！"大道不称"等五种德性，都不是那种特别突出的亮点，正好相反，看起来倒像是不足的。其实，这五种德性，都是尽量留有余地的，所以它们才是圆的。

　　"故知止其所不知，至矣"，所以知道人类的认识是有限度的，不强求完满，是人类最高的德性。

　　"孰知不言之辩，不道之道？若有能知，此之谓天府"，谁能够明白虚静、守一、空明中蕴含的可能性是最多的，就相当于是打开了天道的府库。"注焉而不满，酌焉而不竭"，天府的本质是循环再生，往里面放东西永远放不满，从里面取东西永远也取不完。

　　"而不知其所由来，此之谓葆光"，大自然的天府就是这样的，只要我们保持未知，保持谦逊，它就会不断地为我们循环出新的资源。虽然谁都不知道这究竟是什么原因，但我们这样做，就是学会了如何与天道共生，这就叫做"葆光"，保全自己内在的光明，也保全了自己。

　　故昔者尧问于舜曰："我欲伐宗、脍、胥敖，南面而不释然，其故何也？"舜曰："夫三子者，犹存乎蓬艾之间。若不释然，何哉？昔者十日并出，万物皆照，而况德之进乎日者乎！"

下面庄子讲了一个强求圆满的小故事。

　　曾经，尧招来自己的手下舜，对他说道："不知道为了什么，忧愁它围绕着我。我每天都在祈祷，快赶走三苗的烦恼！"庄子的口气揶揄到了极致——这事情在尧心里已经长草了，单曲循环，无法释怀。"三苗"，江汉地带的三个小国：宗、脍、胥敖。

　　舜回答说："宗、脍、胥敖这三个国家，就像是草丛里的野兔一样，咱们灭他们，就像搂草打兔子一般简单。大王啊，过去天上曾经出现过十个太阳，光芒万丈，把大地烤成寸草不生的大圆满，您现在的想法，是想要比十个太阳更圆满一些吗？"

　　舜的回答，真是尖锐无比。但据一些史书记载，尧竟然错会了意，认为舜是在夸他，所以到底还是发兵去征伐三苗，最后把三苗赶出了故土。

第二十一节　个性天成，不可强制求同

　　庄子主张"齐物"，即万物之间是普遍联系的，都是天地大系统中的一员，彼此可以相通，相互协调。从这个角度出发，庄子提出了一条解决人间各种争端、各种是非争执的认知路径，那就是"寓诸庸"。一切皆从向前发展的角度去看，将矛盾化解在动态的演化过程中。

　　"齐物"的观点，能不能往前再走一步变成同物呢？万物到底能不能同一呢？我们能否彻底否定它们的个性、用相同的标准去评价它们、排出个优劣高下呢？

　　"齐物"与"同物"，一个是辩证、生态的观点；一个是机械、教条的观点。"同物"的思维方式放在今天，表现为一味地要求整齐划一的管理主义、教条主义，它用刀劈斧砍的方式对待人性。与"齐物"相比，"同物"一字之差，意义谬之千里。

　　　　啮缺问乎王倪曰："子知物之所同是乎？"曰："吾恶乎知之！""子知子之所不知邪？"曰："吾恶乎知之！""然则物无知邪？"曰："吾恶乎知之！虽然，尝试言之：庸讵知吾所谓知之非不知邪？庸讵知吾所谓不知之非知邪？

　　尧的师父是许由，许由的师父是啮缺，啮缺的师父是王倪。

　　"子知物之所同是乎"？啮缺问师父王倪，您告诉我，这世界上有没有一个能够评定万物优劣是非的绝对尺度呢？

王倪说："吾恶乎知之！"我也不知道。

啮缺又问："子知子之所不知邪？"您知道您自己所不知道的吗？我看您是有点懵圈了吧？

这是老修行的话，就像有人问佛说，这个世界是有限还是无限的呢？无论回答为何，另一个问题紧接着就会缠上来。所以佛对这类问题都不正面回答，一概"无记"。王倪也是一样，轻描淡写地回答："吾恶乎知之！"

啮缺不甘心，继续追问："然则物无知邪？"是老师您不知道，还是说万物都不知道呢？还是说万物中有人知道，有神明知道，大象知道，或者是云知道。

王倪回答说，你说的这些，我又怎么知道呢？本来就是个伪问题嘛！虽然如此，既然你这么执着，我可以稍微启发一下你。我其实也不知道我所说的"知道"是不是一种不知道；我更不知道，我的不知道是不是一种知道。

"且吾尝试问乎汝：民湿寝则腰疾偏死，鳅然乎哉？木处则惴栗恂惧，猨猴然乎哉？三者孰知正处？民食刍豢，麋鹿食荐，蝍且甘带，鸱鸦嗜鼠，四者孰知正味？猿，猵狙以为雌，麋与鹿交，鳅与鱼游。毛嫱、丽姬，人之所美也；鱼见之深入，鸟见之高飞，麋鹿见之决骤，四者孰知天下之正色哉？自我观之，仁义之端，是非之涂，樊然淆乱，吾恶能知其辩！"

啮缺呀，我问你：人睡在潮湿的地方就会得腰病，甚至半身不遂，但泥鳅就不会这样；人在树的高处是睡不着的，但是猿猴就可以。在这三个物种之间，有一个正确的生活标准吗？

人是吃杂食的，麋鹿是吃草的，蜈蚣以小虫为食，猫头鹰和乌鸦以老鼠为食，那么五谷杂粮、草、小虫子和老鼠，哪一种才是正确的味道呢？

按照现代科学，人和狗看到的世界是不同颜色的，哪一个才是正色呢？狗能嗅出的味道比人能闻到的要多很多，哪个才是正味呢？你和我看到的世界难道是一模一样的吗？

王倪继续举例子，猿看见猵狙就想要去追求它；麋碰见了鹿就想要交合；泥鳅喜欢跟鱼在一块待着。毛嫱和丽姬是春秋时代的美人，人们都认为她们是人间至美的，但是鱼看见她们就赶紧深潜，鸟看见她们就赶紧飞走，麋鹿见到她们撒开腿就跑。那么猵狙、鹿、鱼、美人这四者，到底谁更美？谁才是天下之正色呢？

"自我观之，仁义之端，是非之涂，樊然淆乱，吾恶能知其辩"，如果从自我的角度出发去定义这个世界，就会折腾出一堆仁义道德、是非乱麻，令整件事如同一个泥潭！人类为了满足口腹之欲，却让动物遭受死亡的痛苦，还坚持说这样做是正当的。这其中难道有一个统一的真理标准吗？如果坚持这样的标准，当某天人类自己也遭受来自更强大存在的欺凌时，是不是应该举双手欢迎呢？

> 啮缺曰："子不知利害，则至人固不知利害乎？"王倪曰："至人神矣！大泽焚而不能热，河、汉沍而不能寒，疾雷破山、飘风振海而不能惊。若然者，乘云气，骑日月，而游乎四海之外，死生无变于己，而况利害之端乎！"

啮缺这个时候似乎有所醒悟，退了一步问道："子不知利害，则至人固不知利害乎？"老师，您不愿意在世间区分出利害是非，所以用这种相对主义的方式把我堵回来。那我想问一下，这个世界上到底有没有大觉者、有没有至人、有没有最高智慧的人呢？他们是否知道这个世界上有没有一种统一的对错和是非？

王倪对这样头铁的问题，完全是不屑一顾的，回答说："至人神矣！大泽焚而不能热，河、汉冱而不能寒，疾雷破山、飘风振海而不能惊。"至人神通广大，整个森林都烧起来了，他也不觉得热；大江大河都冻上了，他也不觉得冷；雷电交加，狂风不止，他也不会害怕。

"乘云气，骑日月，而游乎四海之外，死生无变于己，而况利害之端乎"！至人乘着云气，骑着日月，已经游于六合之外，超越出生死的轨迹了，死生对他都没有影响了，更何况利害呢？

王倪的回答，似乎有点儿顾左右而言他。但实际上，啮缺的问题已经被点穿了：把万物整齐划一的想法，无非是利害之心在作怪，本质是一种潜藏在人心底的、想要把万物玩弄于股掌之上的欲望。

第二十二节　趋吉避凶，何如清静纯一

上一节讲到，王倪认为"万物同一"的想法其实是利害得失之心在作怪，是一种潜藏在人心底、想要把万物玩弄于股掌之上的欲望。那么，圣人如何摆脱人籁趋吉避凶、趋善避恶的态度？圣人追求的到底是什么呢？

> 瞿鹊子问于长梧子曰："吾闻诸夫子：圣人不从事于务，不就利，不违害，不喜求，不缘道，无谓有谓，有谓无谓，而游乎尘垢之外。夫子以为孟浪之言，而我以为妙道之行也。吾子以为奚若？"

"瞿鹊子"，小鸟的人格化。"长梧子"，梧桐树的人格化。

小鸟问梧桐树："吾闻诸夫子：圣人不从事于务，不就利，不违害，不喜求，不缘道。"我从孔夫子那里听说，世间有这样一种说法——圣人不掺和红尘俗世，不趋利，不避害，不求对天道了解得一清二楚，也不因为理解了天道就扩张自己统治的合法性。"无谓有谓，有谓无谓，而游乎尘垢之外"，圣人不说什么观点的时候，好像他是有观点的；当他说了什么观点的时候，好像又没有观点，他说话神龙见首不见尾，不纠缠于是非对错。

最让人疑惑的是，为什么圣人不去趋吉避凶呢？我们知道，整个商王朝把趋利避害、趋吉避凶做到了极致，最后却毁在了文化相对落后的周人手上。这里可能是庄子的反思。

"夫子以为孟浪之言，而我以为妙道之行也。吾子以为奚若"，孔夫子认为圣人的话是"孟浪之言"，认为圣人说的话有点轻率过头了，而瞿鹊子认为，圣人之言是真的领会了"道"之后才说出来的话，于是就问长梧子是怎么看的。

> 长梧子曰："是黄帝之所听荧也，而丘也何足以知之！且汝亦大早计，见卵而求时夜，见弹而求鸮炙。予尝为汝妄言之，汝以妄听之。奚旁日月，挟宇宙，为其吻合，置其滑涽，以隶相尊？众人役役，圣人愚芚，参万岁而一成纯。万物尽然，而以是相蕴。予恶乎知说生之非惑邪！予恶乎知恶死之非弱丧而不知归者邪！

长梧子很直接，回答说，"是黄帝之所听荧也，而丘也何足以知之"，圣人说的这些话，即使三皇五帝听了都会觉得迷惑，更何况孔丘呢？"且汝亦大早计，见卵而求时夜，见弹而求鸮炙"，你一个小麻雀，闲得没事干了吗？一大早跑来问至人之道，就像见到了鸡蛋就想要公鸡报晓、见到弹弓就想烤猫头鹰来吃一样。不过，既然你诚心发问，我就为你姑妄言之。

"奚旁日月，挟宇宙，为其吻合，置其滑涽，以隶相尊"？这是齐一的观念，口气很大，暗扣前文至人"乘云气，骑日月，而游乎四海之外，死生无变于己"。对于至人来说，日夜不分、时空混同，与万有一体，置纷扰淆乱于度外，视尊卑贵贱如无物。

"众人役役，圣人愚芚"，众人役役于求，精彩纷呈，而圣人无所追求，看起来浑浑噩噩。"参万岁而一成纯"，就算万载过去了，圣人只要一个单纯，只要一个天人合一。

"万物尽然，而以是相蕴"，万物竞相发展自己的个性，都去争是非、争尊卑，但实际上它们彼此相分又彼此融合。

"予恶乎知说生之非惑邪"，生死果真像大家以为的那样生代表好、死代表不好吗？"予恶乎知恶死之非弱丧而不知归者邪"？有没有可能，生是流浪在外，而死则是回到了故乡呢？

紧接着讲"死生大梦"。

> "丽之姬，艾封人之子也。晋国之始得之也，涕泣沾襟。及其至于王所，与王同筐床，食刍豢，而后悔其泣也。予恶乎知夫死者不悔其始之蕲生乎？

"丽之姬"是丽戎国的一位美人，她是艾家庄庄主的女儿。

丽戎国跟晋国交战，丽姬被晋国掳去，她走的时候哭得十分伤心。等到了晋国，晋王看上她了，就把她娶了做自己的妃子。从此以后，丽姬就跟大王同卧同寝，锦衣玉食。突然有一天，回忆起过去曾经哭成那个样子，她就有些后悔了。

"予恶乎知夫死者不悔其始之蕲生乎"，常人乐生厌死，但会不会死后才知道，过去抓住"生"不放，就像丽姬那样没有必要？

> "梦饮酒者，旦而哭泣；梦哭泣者，旦而田猎。方其梦也，不知其梦也。梦之中又占其梦焉，觉而后知其梦也。且有大觉而后知此其大梦也，而愚者自以为觉，窃窃然知之。君乎！牧乎！固哉！

梦中饮酒的人，早上起来什么都没有了，泪流满面；梦里哭泣的人，早上起来发现自己其实是一位将军，该去打猎了，开心得不行。但是他们在梦里，都不知道自己是在做梦，醒来才知道现实中是另一重身份。梦与现实，到底哪一边是真实的体验呢？

"觉而后知其梦也"，连环梦都醒了之后，才知道自己是在梦中。"且有大觉而后知此其大梦也"，只有大觉之后的人，才知道生活本身如梦如幻。或许，只有真正领会了大道不可穷尽，明了梦和醒其实没有绝对的界限，才算是真正清醒的人吧。

"而愚者自以为觉"，好多傻子以为自己已经醒了，"窃窃然知之"，以为自己找到了真实的道理，于是君君、臣臣、父父、子子玩了起来。"君乎！牧乎"！"牧"，指臣子。

"丘也与汝皆梦也，予谓汝梦亦梦也。是其言也，其名为吊诡。万世之后而一遇大圣知其解者，是旦暮遇之也。"

长梧子继续说，孔丘和你（瞿鹊子）都是在梦中，而你来找我讨论，是从一个梦醒过来，又掉到另外一个连环梦里。这些情况就叫做"吊诡"，有一种说不出来的莫名其妙。

"万世之后而一遇大圣知其解者，是旦暮遇之也"，就算这个梦做了一万世，之后遇见一个真正通达的人，给你开解了这件人生最迷惑的事情，其实也就是在当下吧。这是在讲死生如梦、梦醒一如，在讲时间的相对性。

庄子的意思，关键不在于确定梦与醒谁真谁假，而是要打开你的体验之门。无论梦觉，如果能够体察到道的不可穷尽，内心彻底放下了，生命的意境就超脱了。但是我们要注意，庄子并不否认有真，他并没有说这世界没有真、全是梦，这是一个很重要的关窍。

佛家也有类似的观念，而且是在最根本的理论"无我"上。

"无我"的经典表达是这样的：当因缘和合的时候，不能说"无我"；当因缘消散的时候，不能说"有我"。所以"无我"之说并没有用认知去判定存在的有无，那是一件不可能完成的任务。佛陀的意思和庄子一样，关键不在于判定是非对错、空有人我，而在于实现内心的通达。核心是在这儿。

第二十三节　天道眼光，在万物协同中实现成长

在探讨"死生大梦"的时候，庄子告诉人们，生与死的真实情况，未必如我们设想的那样。这个世界的真实性，其实是存疑的。既然如此，试图通过从争辩中获得真实，陷入无穷的是非，更犹如痴人说梦了。

与其梦中说梦，不如好好地活一场，活得顺畅本身才是重要的。因此，庄子提出了一种实践的精神，那就是"和之以天倪，因之以蔓衍"，在万物协同中，使自己的精神和体验"振于无境"，不再自我设定终极之类的障碍。

　　既使我与若辩矣，若胜我，我不若胜，若果是也？我果非也邪？我胜若，若不吾胜，我果是也？而果非也邪？其或是也？其或非也邪？其俱是也？其俱非也邪？我与若不能相知也，则人固受其黮暗，吾谁使正？使同乎若者正之，既与若同矣，恶能正之？使同乎我者正之，既同乎我矣，恶能正之？使异乎我与若者正之，既异乎我与若矣，恶能正之？使同乎我与若者正之，既同乎我与若矣，恶能正之？然则我与若与人俱不能相知也，而待彼也邪？

我们俩在一块辩论，如果我输了，我就不对了吗？如果我胜了，难道就证明你不对了吗？是你不对，还是我不对？还是我们两个都不对？还是我们两个都对？

"我与若不能相知也，则人固受其黮闇，吾谁使正之"？如果说我们两个都不知道谁对，别人就更不知道了，又能找谁来做持平之论呢？

如果我们找一个人给我们做裁判，假设他的观点跟你是一样的，他就做不了裁判；假设他的观点跟我是一样的，他也做不了裁判；假设他的观点跟我们俩都一样，也不能做裁判；而他的观点跟我们俩都不一样的话，他就更不能做裁判了。

"然则我与若与人俱不能相知也，而待彼也邪"？你、我以及裁判三者互相都不能确定谁正确，那到底该怎么办呢？

> 化声之相待，若其不相待。和之以天倪，因之以曼衍，所以穷年也。忘年忘义，振于无竟，故寓诸无竟。何谓和之以天倪？曰：是不是，然不然。是若果是也，则是之异乎不是也，亦无辩；然若果然也，则然之异乎不然也，亦无辩。

"化声之相待，若其不相待"，化掉那些人籁的相互纠缠、相互依赖、相互是非——是非也是一种相互依赖，没有了假想敌，自己就崩了，觉得活不下去了。所以内心要化掉这些相互依赖的东西，让它们各归本位，大家都是道之所生。

具体怎么做呢？要"和之以天倪，因之以曼衍，所以穷年也"。

"天倪"，是天道的眼光，留有余地的眼光，留有缺陷的眼光，谦虚的眼光。对于世间的所有是是非非，要用天道的眼光来调和它们；同时因循自然的变化，演化自己，从而穷尽自己有限的天年。

然后，在这有限的天年当中，要"忘年忘义"，忘掉自己活着这件事，更要忘掉那些大仁小义，把自身寄寓在一种悠然不息、无穷无尽的造化当中。这样，精神就会"振于无竟"，生命力也将不断地涌现出来。

这段的意思，一是要活出和气，要和这个世界的是是非非和解；同时又要活出完全的自信。

"何谓和之以天倪"？怎么样用天道的眼光去融合它？

回答："是不是，然不然。"所谓的"不是"，是一种"是"，否定实际上是一种肯定，"不然"其实是一种"然"，各自都有各自的合理性。

"是若果是也，则是之异乎不是也，亦无辩"，如果"对"的真的是"对"的，那么它和"不对"的东西就不是一回事。既然两者的合理性建立在不同的基础上，那这两者还有什么可以争辩的呢？这就像妈妈有妈妈的立场，儿子有儿子的想法，彼此的出发点不同，还争辩什么呢？不如"和之以天倪"，妈妈随着儿子的成长不断改变、相互调适，慢慢地长成新的关系。

"然若果然也，则然之异乎不然也，亦无辩"，"然"与"不然"，两者都建立在不同的合理性上面，那就没有什么可以争辩的了。

所以，庄子告诉我们，不管是在梦境里，还是在醒觉中，对待那些是非对错，我们需要打开眼界，去观察事物的演化，尊重万物的变迁，同时还需要把它们妥当地应用起来，协调各种态度，整合各种资源，这就叫做"和之以天倪，因之以曼衍"。

第二十四节　庄周梦蝶，平行世界中的多维人生

　　总是以自我为主体、以外物为对象去观察问题，会培养出一种以自我为中心的思维模式，久而久之，"主宰"的概念就出现了。主宰的概念映射到社会，就成为帝王形象；映射到大自然，就成为造物主崇拜。这些都是"我"的杰作。

　　然而庄子讲了两个寓言，打开了我们的思路。这世界的存在和运作方式，可能远超我们的想象之外。

　　　　罔两问景曰："曩子行，今子止；曩子坐，今子起。何其无特操与？"影曰："吾有待而然者邪？吾所待又有待而然者邪？吾待蛇蚹蜩翼邪？恶识所以然？恶识所以不然？"

　　罔两，即"魍魉"。如果在太阳下观察影子，会看见影子周边有一层薄薄、淡淡的光晕，这层彩色镶边就叫做"魍魉"。"魍魉"是影子的附着物，而影子是身体的附着物。

　　魍魉对影子说："哥们，你可真不行！你看你，刚才在走，现在停下来；刚才在坐着，现在又站起来。你还有没有一点操守？完全跟着身体的节奏，你还有没有一点自尊？"

　　庄子这样说，是一下子把问题推到极端——你真的有"自性"吗？真的有独立的存在吗？我们通常认为影子的主宰是身体，身体的主宰是心灵。但心灵真的是自己的主宰吗？它难道不也是被外界各种信息牵着走的吗？那么，外界那些信息又是谁的

附着物呢?

　　世界上的所有事情，都有它的触动点，每个触动点前面又有触动点，所以庄子在这里是用一种非常巧妙的方式讲"缘起"。

　　影子就回答说："吾有待而然者邪，吾所待又有待而然者邪?"我真的依赖着什么吗? 我依赖的那个东西是不是也有所依赖呢? 难道我真的像你说的那么差，就好像是蛇身上的鳞、蝉身上的翼?

　　"恶识所以然? 恶识所以不然"? 我怎么能够肯定我的这种依赖其实不是依赖呢?

　　影子很厉害，说出了一个让人头皮发麻的事实——就算我们都在依赖当中，我们还是解释不清楚独立意识到底是怎么发生的，这也是"缘起"所解释不了的事情。有人说庄子是相对主义，但这一段的思考实在太深刻了，完全不是相对主义可以涵盖的范围。

　　下面是庄周梦蝶的故事。

　　　　昔者庄周梦为胡蝶，栩栩然胡蝶也。自喻适志与! 不知周也。俄然觉，则蘧蘧然周也。不知周之梦为胡蝶与，胡蝶之梦为周与? 周与胡蝶则必有分矣。此之谓物化。

　　庄周梦见自己变成了蝴蝶，"栩栩然"，梦境特别逼真，庄周过着蝴蝶的生活了，"自喻适志与"! 真是完美的体验。在梦里，蝴蝶完全意识不到还有庄周的存在，就像融入了一个完美的第一人称视角游戏。

　　等到突然醒过来，视角突然就切换过来了，庄周原来还是一个人。

于是他问，到底是庄周在梦中成了蝴蝶，还是蝴蝶在梦中成了庄周？

"周与胡蝶则必有分矣"，庄周与蝴蝶，既然已经出现各自的形象了，那他们之间肯定是有分别的。条件合适的话，庄周与蝴蝶都是存在的，你不能再说谁是不存在的。

最后给出一句"此之谓物化"。物是可以"齐"的，那万物之间当然也有化而相通的可能了。用今天的话来讲就是，我们没必要认为自己当下的存在就是自己唯一的存在，我们也可能在各种时空中以各种各样的形态存在着。这无关神秘主义，现代科学早就在做平行时空的研究了。

这就是庄子心中的世界，它可能是一个类似于分布式云计算的系统，其中没有绝对的主机。在这个系统里，每一个生命都是有价值的，每一个生命又都不是绝对的主体，这就是天人合一、万物互联，每一个人都可以做出自己独到的贡献。

第二十五节　生生不息，提升人生境界的五种修为

天人合一是中国传统文化的一个基石。我们的文化，最根本的思维方式就是向自然学习。

自然界有阴阳消长，日夜更替，我们的祖先就领会到物极必反的法则，教导我们要顺势应时。自然界通过生态平衡，形成了可持续发展，我们的祖先就希望在社会里也建立起生态，和而不同，无为而治。

在天人合一的观念中，天地宇宙是母体系统，而人是母体系统中的一个子系统，它的各种运作都要在母体系统中进行，所以也时刻受到天时地利的影响。比如，天时有节气，人体有生物钟，如果人硬要对着干，夜里不睡，早上不起，最后受伤的肯定是人。又比如，中医治病，就是调节人体内部的节律，而很多疾病，如果能够顺应天时，调整居住环境，也会比较容易痊愈。

如果说天地是大系统，人是小系统的话，那么社会就是人与人交往组建起来的一个公器，这个公器关系到每个人的福祉。老子说"天下神器，不可得而执之"，它也有自己的生态。如果任由一家独大，两极分化，任由强者割韭菜，神器就被"得而执之"了，各行各业就会内卷，社会就会周期性崩盘。

"天人合一"的观念非常伟大，它是中国人关于自然、社会、人生一以贯之的智慧。如果大家能重视这个观念，那么人与人、人与社会、人与自然的关系都会得到优化，社会的福祉也会明显

提升。

不过，就人类几千年的文明与社会演进来说，"天人合一"还只是一个理想的境界。尽管天人合一是大自然的本来面目，但从人的角度来看，天人合一并不是一个与生俱来的常识。这就是为什么庄子要在《齐物论》里，用海量的篇幅来讨论人类认知Bug 的原因。

人类的认知，实际上恰恰是从"天人相分"开始的。从确立了自我，割裂了自然，到区分了彼此、亲疏远近，再到各持立场，争辩是非，合作竞争，整个社会在矛盾中不断演化。

一般来讲，社会越开放，越包容，生态就越繁荣，就越容易找到解决矛盾的出路。因此，人世间真正的问题，不是对错，不是是非，而是怎么样往前走。

这就是庄子的答案："莫若以明。"争辩再多，不如明了前进的道路，找到解决问题的路径。

要达到"以明"，大致要做到以下几点：

第一，对于彼与此的分别，要做到"道枢环中"。人固然有自我，有立场，但真的要发展事业，还是要超脱出来，对事不对人，不带感情倾向地去应对所有变化，这样才能处理好问题。

第二，对于是与非的对立，要做到"休乎天钧"，把握天然的动态平衡。事情都有它自身发展的需要，企业也有生存的关窍，这个关窍，就是天然的平衡点。虽然每一次的革新和推动，都做不到绝对平均，但是坚持下去，就会形成一种向前进的动态平衡。

第三，对于进退取舍的问题，采取"寓诸庸"的态度。寓诸庸，就是无论形势如何变迁，都要善用这个形势，而不要抱住自己的目标不放，埋怨形势。世界变化得越快，这种态度其实也越重要。

第四，人类认知要有知止的态度，保持谦逊的态度，这样的话，也能给自己留有充分的余地和空间来实现成长。

最后，对于如何处世，总的思路就是"和之以天倪，因之以曼衍"，即尊重万物的本性，跟随事情成长的态势去综合、调整，不断地往前拓展生活的空间。

总结起来，就是四句话：

　　明了天人合一的本来面目，建立万物互联的系统眼光。

　　去除结果导向的精神强迫，追求生生不息的人生境界。

第二十六节　生活需处变不惊，处世需顺变应时

一、内卷时代，"养生"刻不容缓

《养生主》是《庄子·内篇》的第三篇。养生这个词，最早就出于本篇的篇名。所谓养生主，就是养生的要义。"主"，主干的意思。

现在说的养生，重在保养身体，主要指均衡营养、养护健康，展开一点，包括怡情愉性、放松休闲。庄子所说的养生，无论从内涵还是立意上，都更深刻一些。他讲的是，人应当以何种方式生活在这个世间，怎样才算是对身心真正的养护。他主张的是，秉持中道，随顺天赋，以及顺变应时的处世方式。

合道地生活，可以让生命在世间更安全、更洒脱、更长久。

今天，很多人感叹社会内卷，活得太累、太辛苦，以至于"人间值得不值得"成为一个反复被提起的话题。身形疲惫、心力交瘁的时候，不妨读一读《养生主》，借鉴一下庄子的智慧，看看庄子是怎样对待生命、面对世间裹挟这个大问题的。

战国是个兵荒马乱的时代，庄子选择了隐居。根据一些史料和《庄子》全篇来看，庄子出身于没落贵族家庭，生活资源也十分匮乏。饶是如此，庄子还是无病无灾地活到八十五岁的高龄。在"人生七十古来稀"的时代，可以说是当之无愧的养生高手。

从《庄子》全篇看，庄子并不以匮乏为苦，行文中充满着游

心于物外的思考之乐，活得自在又坦然，没有负累。

这其实很值得我们思考：人生在世，到底要追去什么？究竟是心为形役，还是形为心役？身的负累与心的需求、世俗欲求的人生与洒脱的人生，究竟能不能够兼得，能不能达到一个让人愉悦的平衡？

道家不同于佛门，道家追求的不是出世，而是造化的通达。这也就是本篇主旨——身心如何应对世间事。庄子说，要抓住生命顺畅运作的枢纽，这是对生命的梳理，而不是对世间的疏离。

二、全篇结构

《养生主》可以分成四个部分。

第一部分是全篇的总纲，开宗明义地说明养生的根本在于"缘督以为经"，也就是以中道为处世之本。

战国时代，各家各派从不同的思想路线上开出了许多救世药方，林林总总。大致梳理起来，有两条路线是比较明晰的，儒家指望用仁义名分去感化人，法家采取严刑峻法去压制人。但这两条路线都没有顺应自然的人性，偏于善恶两端的做法，不过平添了更多的虚伪、更多的恐惧，进一步激化了世间矛盾。庄子提出以中道的态度直面世间的种种，顺应趋势，通过动态平衡去消弭纷争，真正解决问题。

中道的思路，是通过顺应趋势让问题中蕴含的矛盾自然转化成动力，解决问题的同时，又促使人生更进一步。一个人，如果能以这样的态度去生活，不仅于己有益，他人亦可从中获益。无形中，自己在世间的"窄路"就宽了，这就是养生。

第二部分，庄子借"庖丁解牛"的寓言，喻人生处世要善用规律，合道而行，做到游刃有余。

庖丁，就是一位叫丁的厨师。宰牛之后，厨师需要把肉和骨头分解开来。牛的体积庞大，分解起来并不是个轻松的事情，但庖丁在这件事上却能做到得心应手，游刃有余。"游刃有余"这个成语就出自这里，形容一种极其轻松愉悦的状态。他的心得要义，就是切中肯綮，找到肌肉、韧带与骨骼之间生长到一起的结构点，顺着这个结构的空隙，把骨头和牛肉分解开。这就好比一根绳子打了结，强扯硬拽只会让绳结越来越紧；要解开缠结，正确的方式是找到打结的套路，然后反向解套。蛮力往往是徒劳无功的。

人生在世上，就像去拆解一整头牛。拆解过程中，总会遭遇一些错综复杂的局面，稍不留心，就容易伤及身心。借用庖丁解牛的游刃有余，庄子告诉我们，处世要洞察矛盾的焦点，破解其中的架构，从而把问题顺利地化解，而不是去硬碰硬。引申开来，一味用简单粗暴的方法处理复杂的矛盾，往往就会卷进与物相刃相靡的过程中，伤己伤人，磨损生命，从此再也难以活出一个真实的自我来。

第三部分，讲生命应该尊重天赋、顺应天性。这里的"天赋"，与现代所讲的带有相对优势意味的天分略有不同，它不仅是指人天生的才情，可能也是指人天生的所有。这部分包括一个故事和一个寓言。

庄子先讲了一个独脚人的故事。说别人看着独脚人，觉得很别扭，但独脚人自己完全无感，他不觉得自己是残障人士，也不觉得自己丑陋，自然也不会因此产生自卑或羞惭感。他觉得，既然天如此生我，必然有它的道理，我不要和任何人去比较，我应该顺应老天给我的这些条件，来探索自己的生活。所以，在人们异样的目光中，带着一只脚，他还是生活得很坦然舒展，甚至于他还发挥了自己的才能，当上了宋国的官员。

接下来的寓言中，庄子讲，生活在沼泽地的野鸡，每天都要自己觅食，想喝一口水都很辛苦；但它们也还是不愿意被饲养在笼子里，因为那不自由。

通过一人一物，庄子说明了什么样的生存状态是让生命更舒畅、更愉快的：只有发挥天性、尊重天赋，人才会过得愉快自在一些。

第四部分，讲生命要安时处顺。同样是一个故事和一个寓言。故事是：老子去世，大家前来吊唁，每一个人都哭得很伤心，但是真的追究起来，大家是哭得各有来头，也莫名其妙。因为这种情感表达，跟老聃自己对生死的智慧相悖而行。没有人关注该如何学习和传承老聃的智慧、老聃的处世之道，如何在自己身上实现更高的人生境界，从而让老聃以另一种形式长存于世上。

接着，庄子用了一个寓意极其深远的比喻继续这个话题。他说，柴烧尽了，火焰并不会熄灭，火焰还可以点燃更多的薪柴，也就是我们今天常说的"薪尽火传"。人的精神境界也是如此。像老聃这样逍遥洒脱的至人，肉体也是要死去的；但如果后人领会了他的道，逍遥洒脱的境界就会在后人身上呈现出来。

因此，个体的生命——回归尘土，但生命逍遥洒脱的境界却绵绵不绝，这就是精神的长生。

第二十七节　中道养生，打通生命运作的双循环

　　庄子开宗明义，讲养生的大原则、处世的总思路。

　　养生的大原则，是要有边际意识。世界是无穷无尽的，人的欲望和追求也是难以停止的；但我们的生命毕竟是有限的，故而无论何种追求，哪怕是追求知识、探索自然这样高大上的追求，心里也要舒展一点，能有所得就好。

　　处世的总思路，就是要秉持中道。生活中，是是非非层出不穷，这本来是社会的常态；但人们总喜欢根据自己的立场、好恶去强行处理、强行修剪这些问题。比如市场上，明明是公平公正的利益博弈，却偏要用道德感化的方式去替代公平，或者用严厉的规则去压制博弈的双方。这些做法，都只会把矛盾导向复杂化。久而久之，人们不仅会习惯性地以道德绑架他人，也常常不自觉地陷入自我道德强迫之中。

　　庄子建议"缘督以为经"，就是想办法把矛盾双方整合起来。

　　我们知道，人体的督脉通过整个脊柱，所过之处，五脏六腑的阳气协调了，则整个身体活力绵绵。如果督脉不通，五脏六腑之间各自为政，互相争夺气血，阴阳失调，疾病就产生了。这时候，用道德说服的方式去劝说心脏是无效的，用严刑峻法去切除肝脏，更是自寻死路。唯一正确的解决之道，还是打通督脉，形成一个气血整合的枢纽和干道。

　　　　吾生也有涯，而知也无涯。以有涯随无涯，殆已；已而

为知者，殆而已矣。

庄子的养生内涵主要是在谈人活着应该追求什么，不应该追求什么，涉及的是一个完整的人生境界。养生不只是放下工作，去呼吸新鲜空气，而是一个人如何整体处理人生的感受问题。他开篇先讲对知识的追求，"吾生也有涯，而知也无涯。以有涯随无涯，殆已"。"怠矣"，徒劳无功的意思。

最常见的一种情况是，人们会不自觉地把有限的生命，投入到对无限的知识感受和各种境界的追求当中。但世界何其大，问题是可以无穷尽地问下去的，境界是可以无穷尽地研究下去的。我们求知是永不止息的追逐吗？就算有人不吃不喝，沿着问题无休止地追下去，最后的结果是什么？是"有涯随无涯，怠已"，疲惫不堪地结束了。现在有好多读书会、讨论会，大家一边喝茶、一边讨论问题，认真自然是认真的，热闹固然也是热闹的，结果呢？好茶撑肚圆，然后也就散了。对于实际境界的认知和提升，几乎没有帮助，所以叫"怠已"。

"已而为知者，殆而已矣。"跌倒了还要爬起来，以一种坚韧不拔的态度，继续去进行思想的探索和无穷尽的聊天、无穷尽的追求，最终的结果还是"殆而已矣"。庄子这里点明了这样的追逐，最终的结果还是走向困境。现在不少引用这两句的文章，鼓励孩子们盲目学习，则殆甚矣。

为善无近名，为恶无近刑。缘督以为经，可以保身，可以全生，可以养亲，可以尽年。

这句话有种很通俗直白的解释："你行善不要求名，作恶可别搞到触犯刑罚。"也不能说它就没道理，但似乎把庄子的思想庸俗化了。

庄子这里表达的是，人生应该怎么样去面对社会的运作。他提出的态度，叫做"为善无近名，为恶无近刑"。为人处世，面对世间毁誉，别人称赞你善，你不要因此被名声蛊惑，因此去追求虚名；如果你不小心被别人评价为恶，你不要因此把这个评价作为戕伐自己的工具。这里的"为善"和"为恶"，是指一个人得到的社会评价。

基于对人性善恶判断的出发点不同，自古以来教化大致分为两种、现在职场人士也都已经运用和被运用得很熟练的方法：胡萝卜加大棒。一种是用"名位"去吸引你。听话了，前面有颗胡萝卜在等着你；一种用"刑教"去恐吓你。不听话，自然有大棒在侍候着你。

庄子说，人活在世上要坦坦荡荡，大家认为你是善，你也不要刻意主动地用它去换取名声；大家认为你是恶，你也不要让它近乎刑罚之灾，这两者你都要避免。换个立场，对教化主动的一方来说，你不要想着用名教、刑罚去调整社会认知。

那么，这个话是对谁说的呢？庄子是一个小贵族，当时的读书受教育权利是被贵族阶级垄断的，这个话自然是对贵族说的，是对有知识的士人说的。因为只有有知识的人，才会"近于名教""近于刑教"。所以我们说前面通俗直白的解释，并没有理解庄子的意思。

"缘督以为经"，"督"是初始的意思，指的是古代衣服后面两片的缝合线。缝合线是沿着脊柱，把左右两片缝合在一起。后面衍变有"中间""统率"等意思，代表了一种融合左右的立场，或者一种共用。任何事情都有阴阳、是非两面，"缘督以为经"

意味着一个人不应牢牢地抓住左右是非的一方，而是要"缘督以为经"，秉持中道的立场来行事。这跟《齐物论》里面讲的"道枢环中"是一个道理。

这里要区分两个概念：中道和普惠。

中道是不是意味着所有人在所有问题上的平等性呢？是不是就等于普惠呢？

中道和普惠是有极大区别的。我们知道，人类社会很少有普惠的东西。比如，任何金融的操作手法，都不可能是普惠的。换句话说，一种手法大家都用，那么这个手法就会失效。同理，这个世界上也没有一种生存策略可以是普适的，如果普适的话它也会失效。我们能做的，其实是立足于个性基础上"自是"的一面，想办法和自己的对立面，也就是"我非"的一面和解；或者说能够在当中找到一条"缘督以为经"的道路，然后来"保身""全生""养亲"和"尽年"。

用庄子的思路来观察世事，有些事情会意外地清晰起来。比方说学习，当下人们过度焦虑，各种学习提升热情高涨，很多人热衷 EMBA 以及各种网络学堂、各种各样的学习型组织，那么我们在各种形式的学习过程中，到底是在追求什么？

我想，大部分人是要追求一种能够帮助我成功的东西，或者能够改造我的知识。当大部分人都去这么选择的时候，这种行为就开始"普适"了。

这样的潜在预设里，隐含了两个前提：第一个，假设了这个世界上真的有普惠的理论。第二个，它能够完成我功利性的目标。但按照庄子开篇讲的道理，这件事情没那么简单。前面我们说了，当一个行为普适的时候，也就是它失效的时候，就是人们进入内卷的时候。

我想提出一个问题，即便这个世界上真的有普惠的金融理论，人们真的就能够平等地获得利润吗？真的会平等地获得利益吗？

每个人的认知状态还是不一样的。

作为个体，最重要的是要能认识到是个性和缺陷同时在成就你，它们是一体两面的东西。所谓个性，突出了这一面，也就意味着损失了那一面，所以没有圆满的个体。庄子从独脚人的故事开始，提纲挈领地提醒大家，个体存在的合法性，就是天赋他的条件，就是他的缺陷；换个角度说，正好也是他的长处。从这种理解层次上看，个体应该怎么样去保全自己呢？

《道德经》给的方略，总的来说有两条：

第一条，要尽量地留有余地，不要过于充分地展开你的个性。也就是说，对个性缺陷的一面，要有足够的认知。

第二条，人应该向着未知去开放，而不是要抱死一个态度。简而言之，对未来留有开放性和当下留有余地，这也是一体两面的事。乔帮主有句名言：Stay hungry, stay foolish。

缘督行中道，庄子把养生分出了四重境界：保身、全生、养亲、尽年。

第一重，首先要保身。生命是从身体结构开始的。有人认为，只要养心修心就足够了，因为心就能改变身体。如果我们用开放的态度去观察，会发现事实并非如此。修心并不能解决一切问题，甚至于很多心灵的问题根本就是源于身体。

假设一个人修心修得好，福报到了，碰到了一个好大夫愿意为他治病，这个人却拒绝了，他说修心可以解决一切问题，不需要大夫的帮助，那么一直让他修心就好了。过了一段时间，他又碰见了一个好大夫，然后继续拒绝下去。结果是什么？不言而喻。

这种情况跟掉到水里的人向上帝祈祷，却一次次拒绝船夫的搭救是一个道理的。你的祈祷灵验了，你的修心的功夫到了，却因为不正确的认知，把自己困住了。

天道造化生命是从自身的结构开始的，那么我们保身就要从这里开始。就现代人的情况来说，几乎所有建议都是要吃八成饱、早点睡，其实就这两条。

"保身"之后要"全生"。"生"指身和心。养心是养生之主，心灵的层面仍然是根本，最终目标追求的是心灵的逍遥自然。身体是基础，心灵是根本，这两个并不矛盾。

那么如何做到呢？

《齐物论》提到，要忘我，"吾丧我"。要忘掉什么？忘掉自我的那些贪执。

修行有了这个德行的话，身心处于良好的状态里，福分也好了，有余力了，该做些什么呢？应该"损有余以补不足"，照顾好你的亲人。如果还有余力的话，要照顾大家，这是养生的第三重境界："养亲"。

再往后推演，就是所谓的"尽年"。"忘年忘义，振于无竞"，向着未来开放，遨游于无穷无尽的境界。

有些人误会说，遨游于无穷无尽的境界，就是追求无穷无尽的境界。这个理解是不对的，本质是"殆"的做法。遨游的意思，是欣赏一下就可以了，走过去，片叶不沾身，沾上的话就是"滞于"无穷境界，而不是游于无穷境界了。

佛家有句话，叫做"犹如莲华不着水，亦如日月不住空"。莲花从水里长出来，它一点水也不沾；日月从空中运转过去，它并不会停留在哪个地方站着不动，它对虚空没有任何的爱染。

　　但人不一样，人在一棵树下待时间长了，都会对那棵树产生感情。人就是如此的多情，怎么办呢？每到毕业季，作为老师都会见到年少青春的同学们拥抱着痛哭，甚至还有抱着门哭的，觉得再也不可能回到那种年少共住一个宿舍的感觉中了。这些都是情之所至，不过也说明，生命的舒展是不容易的。

　　养生做得好，得到的是一个全方位的结果。从保身到生活的安全，从全生到生命的舒展，再到养亲——解决家族的问题，最后是尽年——受用老天赐予的生命体验。这些都是建立在一个系统的生命观和世界观基础之上的，那就是：人和客体之间是联系在一起的。

　　他人不是地狱，与其在心里千回百转，不如秉持中道，走向前，积极合作，互助共赢。

第二十八节　庖丁解牛，专业精神带来游刃有余

《养生主》的第二部分，是一个大家再熟悉不过的故事：庖丁解牛。

庖丁大约是古往今来最出名的厨子了，虽然我们不知道他长得什么样，但文中描绘他"提刀而立，为之四顾，为之踌躇满志"，这个形象异常洒脱不羁。

《齐物论》里，我们探讨过"以艺入道"，庖丁就是个以艺入道的人。文惠君夸他的技术好，他没有顺杆子爬，而是告诉君王说，自己不仅仅是技术好，实质上自己追求的是道。大凡是技术，需要提升出一层抽象境界的理论，在这个层面上与其他事情共通，才能叫做入道。丁厨子做到了。

丁厨子的道，是在结构与解构之间的。找到了结构的关节点，也就找到了解构的出发点。人们常常说，处理复杂的问题，需要找到简单的切入口。也是同样的道理，找到了解构的路径，人在其中，就好像刀入空隙，无厚入有间，复杂的局面迎刃而解，变成一堆简单问题的组合。

道的本意，就是走路，路径。这里讲的，正是路径的重要性。不管什么事情，找到了走过去的路径，就能顺利突破，不必抵死挣扎，磨损生命，这是生活的高境界。所以文惠君听了之后，一改轻率的态度，公开对众人说，自己从庖丁那里学到了养生之道。

> 庖丁为文惠君解牛，手之所触，肩之所倚，足之所履，膝之所踦，砉然响然，奏刀騞然，莫不中音。合于《桑林》之舞，乃中《经首》之会。

庖丁为文惠君去解牛，解牛不是宰杀牛，是在宰牛之后，把它的肉、骨、筋等不同的部位分解开，便于处理，这个叫解牛。

从庄子的描写看，他显然是当面看过这个事儿，描写得具体生动，临场感很强。庄子说，解牛的时候，手要抓牢，肩膀要顶住一些东西，脚要踏住一些地方，膝盖也要顶住一些部位。我们可以看出来，丁厨子是半跪在牛身上把这些肉给解开的。

"砉然响然"，形容刀子在割肉的时候发出的声音。"奏刀騞然"，也就是刀有时候突然一动，"嚯"的一声。"莫不中音"，这套动作里蕴含了某种节奏，故而举手之时，行刀的声音带出了一种韵律和美感，庄子赞扬说"合于《桑林》之舞，乃中《经首》之会"。动作的韵律就好像是《桑林》这个舞蹈，行刀的节奏就好像《经首》这个曲子一样。

《桑林》之舞源于商汤治国。商汤管理国家的时候，曾经出现过七年的干旱，每一年他都向上天祭祀。这个应该就是传统时代君王罪己诏的雏形了。他承认说这是我商汤的错误，我的老百姓没有错，请你惩罚我。到了第七年的时候还是不下雨，就有祭司建议说，干脆杀几个人去奉祭给上天，然后看看是不是上天就满意了。商汤就说，怎么能杀我的老百姓？要杀就杀我！于是命人在桑林里面架起了柴堆后，商汤就自己坐了上去。正要点火的时候，大雨倾盆而下，老天也被感动了，于是人们快乐地跳起舞来。

《经首》据说是黄帝制的乐，是《咸池》的一部分。大乐叫

《咸池》，其中有一个章节叫做《经首》，据说是黄帝在日出的时候，看见日出云起想出来的，用于给自己歌功颂德。

《庄子·外篇·天运》里提到了《咸池》，说有人在听到这个音乐之后，一开始很高兴，越听越茫然，之后非常恐惧。这是庄子对礼乐制度一个非常委婉的批评！当然，在丁厨子这里用的是正面的意思。

> 文惠君曰："嘻！善哉！技盖至此乎？"

一整套动作行云流水般，如舞似乐。文惠君就说：嘻（可能读嘿），好啊，你的技艺真好！

请大家注意，在整个《庄子》诸篇中，凡是用"嘻"的地方，都是中性的，不能完全当作褒义来解读。表达出的态度是带点随意的惊讶，就是说"没想到呀，你这个事做得还不错嘛"！你的技艺都能到这个程度了，真不错！

> 庖丁释刀对曰："臣之所好者道也，进乎技矣。始臣之解牛之时，所见无非牛者。三年之后，未尝见全牛也。方今之时，臣以神遇，而不以目视，官知止而神欲行。依乎天理，批大郤，道大窾，因其固然。技经肯綮之未尝，而况大軱乎！

庖丁非常认真，知道文惠君并没有理解自己解牛中展现出来的东西，于是非常严肃地回答说"臣之所好者道也，进乎技矣"，你不要把我解牛解得很漂亮这件事情，单纯地看成是我技术好，其实是因为我悟了道！态度上很委婉，但意思比较硬核，似乎带着点怼人的意思。

庖丁说，我刚开始解牛的时候，牛在我眼里是一个整体。我的关注点在于"相"，迷于"相"。因此，我就觉得无从下手。但我近乎道之后，我眼中就没有所谓的牛的整体了，眼中有的，是随着牛的各种关节衍生出来的一个组织结构。

破其"相"、见其结构之后，如何解牛的问题就转换成我应该怎么样破解它的组织结构。这个思路，和战争中如何执行一场具体的战役是一样的。

战争不仅仅是多场战役的组合，也不仅仅只是武力的对决。战争，同时是国内政治斗争、国与国之间政治斗争的延续。历史上，统帅级别的名将，往往会着力于让敌对将领在他的国度里失势，也就是要破解敌对将领背后的政治结构，让他后面的结构支持不了他。比如明朝末年的时候，清人破解了袁崇焕背后的政治结构，崇祯帝开始怀疑他，最后把他杀了。这样的事例，历史上还有很多。

庖丁接着说，这个时候，我对这头牛的认识也进入了一种神视的状态，就好像是调用了另一种潜在的感官。我不是用眼睛看，因为用眼睛看它就是一头牛，但当我进入心神与它交汇状态的时候，我感知的是关节、韧带、肌肉，它们之间相互盘结，形成错综复杂的力学结构。我知道了，这些就是要解的枢纽之所在。

因此，我每一刀都落在它盘结在一起的关节点上，我的刀只要稍微进去一点，轻轻拨一下，原来缠绕在一起的力的平衡就被破坏了、拨开了，故而依附于这个结构的组织部分，自然就"哗啦"一下淌下来了。

庖丁说，这个时候，我必须要让常规的感官停下来，我的精神才能够行走起来。这个能力和状态，近乎佛家的"观"。

"批大郤，道大窾，因其固然"，依照牛能够生长起来的天理，我去找它的大的缝隙，劈它大的空档，"因其固然"，遵循的都是它原来的道理，它怎么样结到一块的，我就能怎么样把它解开。

从这里来看，我们会发现后世朱熹用"天理"这个词用错了。朱熹把"天理"等同于天道，尽管他自己承认他用的"天理"是从庄子这里来的，但他把"天理"提升为天道，就证明他不懂庄子所说的"天理"。在庄子来讲，天理就是成就一事一物之理。某一种事物能够成长起来，它内在的逻辑性就是此物的天理！而且，就每个具体事物的成长轨迹而言，内在逻辑性都是不大一样的，各有各的天理。

某次笔者参加管理学座谈会，有一位专家提到管理无学。他发现，实际上找不到一套通用的理论，能够解释企业的成功，所以他就认为这个里面无学。这话有道理，但不全面。管理本来就有神遇的层面，一味要从表面现象总结出普遍规律，这本身是一种错误的方法论。

"技经肯綮之未尝，而况大軱乎"！"技"就是它的支脉，"经"就是经络，"肯"就是骨头上那些肉，"綮"就是筋筋绊绊聚集的地方。庖丁说我很少被这些东西所纠缠，更不会用蛮力去劈砍大骨头。这就是我解牛的方式，顺着天理反向去解构它。也就是说，能因结构而汇聚，自然就可以解构而分散。

和悟道的庖丁相比，笨厨子就没办法了。肉解不开怎么办？就连骨头一块劈，因为他解不开。

"良庖岁更刀，割也；族庖月更刀，折也。今臣之刀十九年矣，所解数千牛矣，而刀刃若新发于硎。彼节者有间，而刀刃者无厚，以无厚入有间，恢恢乎其于游刃必有余地矣。是以十九年而刀刃若新发于硎。虽然，每至于族，吾见其难为，怵然为戒，视为止，行为迟。动刀甚微，谍然已解，如土委地。提刀而立，为之四顾，为之踌躇满志，善刀而藏之。"

好的厨子一年要换一把刀，为什么？因为他还得割肉，刀还经常用来割筋筋绊绊，割韧带。"族庖月更刀"，普通厨子恨不得一个月换一把刀，他要用刀去劈骨头。

庖丁说，我这把刀已经用了十九年了，解过几千头牛了，现在这把刀的刀刃还像是刚刚磨出来一样。如何做到呢？

庖丁解释说：牛的骨节之间是有缝隙的，而我的刀刃那块其实是非常薄的，我运刀"以无厚入有间"，怎么可能进不去呢？只感觉在里面游刃有余。"游刃有余"的本意正是如此：刀刃有足够的空间可以活动。

熟悉道家经典的人，对"无厚入有间"的表达会有似曾相识感。老子说过一句"以无有入无间"，但这两句话在道理上还不完全一样。"无有入无间"，是指先天一气，周行不殆地运行在所有的有形事物当中。不管你密度有多高，对不起，气从里面就运行过去了。而如果没有这一气的话，就没有万物，这叫做以"无有入无间"。而"无厚入有间"这里讲的，是有形事物的事情。

庖丁说，我的刀用了十九年，都像是刚刚磨出来一样。虽然如此，每当我看到筋筋绊绊特别聚集的地方，我的态度都是非常谨慎小心的。我"怵然为戒"，还是要提醒自己、警醒自己。因为这里是要小心的地方，更要格外注意，不要在这里失手。为此，我的眼神安定，节奏舒缓，动作稳定，动刀的幅度更细微；一点一点地进，刀口一点一点地游动，不会因为这里需要格外醒觉就心情焦躁。

族庖为什么"月更刀"？因为他看到这种情况，心情开始焦躁，和焦躁相匹配的，就是动刀蛮力劈砍。但我不一样，我稳定地行动，慢慢舒展，等到"啪"的一声打开了关节点，整个牛就解开了。

"謋然已解，如土委地"，关节点被打开，原有的缠绕结构被破坏之后，牛的肉就好像松弛的土块，掉到了地上。这个时候的我，"提刀而立"，四处看一看，"为之踌躇满志"。庖丁不是拔剑四顾心茫然，而是提刀四顾，心满志得，好像再解一头也无所谓。"善刀而藏之"，好好地把这个刀收起来。

好精彩的讲述，文惠君大受启发。

善哉！吾闻庖丁之言，得养生焉。

庄子让文惠君帮我们点了下题。文惠君说：真好啊，我听了丁厨子你这番话，领会到了养生的要义呀！

为什么能从解牛中领会了养生之道呢？庖丁十九年没换刀，是很善于"养刀"啊。这个刀就是身，"以无厚入有间"的那个"无厚"，就代表着神了。

文惠君此时转变了态度，不是"嘻"而是"善哉"。我现在明白什么是养生了，明白了如何处理身心与世间的关系。

一个人要怎么样用自己这个身？要"以无厚入有间"地去用，当你想达到什么目的的时候，一定要用那个事情本身的结构反过来去解构它，它就会哗地一下脱落下来了，不要你费劲的。

如果强为，那就会伤了自己的身心。面对纷繁的事务，有限的身心，是支撑不了几次蛮砍硬劈的。

庖丁解牛，游刃有余。世界上的事情只要它是结构而起，则必有解构而散的办法。更进一步，把游刃有余当作行为处世之道，也就是我们要"神遇"到自己身处的大小结构。

这事情不能纸上谈兵，必须亲身实践，层层进步才行。

第一步，初入门的状态。庖丁眼里只有整牛的形象，所以要去分割牛肉，就只能强拉硬拽、刀劈斧砍。

第二步，勘破真相。三年解牛，具备基础经验之后，丁厨子眼中的牛，渐渐不再是一个概念化的"相"，而是一个由骨骼、韧带、肉质生长在一起的结构。到了这一步，才谈得上解牛的正确路径。

第三步，神遇的境界。丁厨子渐渐不靠眼睛的观察，而是能够以精神去感知牛的结构，在复杂的结构上细致入微地做调整，完全随着牛肉自然的生长方向，无厚入有间地打开局面。这个几乎是一种无我的状态了。

要想游刃有余，就要勘破真相。事情都有它的天理，有它内在的逻辑性。

如此，大家也可以得"养生"之道了。

第二十九节　众生平等，自我接纳才有健全生命

《养生主》的第二节，讲了庖丁解牛、游刃有余，本质上是在讲行事之道。《养生主》的第三节更进一层，讲人的生活。讲人应该爱惜自己的天赋、顺应自己的天性。人，首先应该接纳自我，然后再考虑如何完善自我、提升自我。

老天生万物，本没有高下优劣。不管容貌、性格、取向如何，每个人都是造物的一员，都有存在的价值和权利。

这一讲包括两个故事：一个讲的是独脚右师，一个讲的是沼泽里的野鸡；一个讲的是社会里的人，一个讲的是自然界的动物。这两个故事的出发点是相通的，都是在强调养生的前提：自我接纳，善用自己的天赋；保全天性，不做精神上的矮子。

> 公文轩见右师而惊曰："是何人也？恶乎介也？天与，其人与？"曰："天也，非人也。天之生是使独也，人之貌有与也。以是知其天也，非人也。

公文轩是宋国的一个智士，是一个聪明人。右师是当时的一个官名。有一天，公文轩去见右师，"而惊曰"，他一见右师，心里就大惊："是何人也？"这是个什么样的人呢？"恶乎介也"？这个人是一只脚吗？仔细看还真是一只脚。

初见独脚右师，估计公文轩内心有很多猜测："是不是你干了啥坏事，遭报应被砍的？"所以，他就问右师："天与，其人

与?"那这一只脚算是天道所为,还是人为的呢?

这其实是蛮深的一句话。我们知道,佛门希望用"因果"去解释所有问题,在我们的文化思维习惯里,也有一些固化或机械的因果论惯性。但这个事情其实非常复杂,不是简单以因果就能解释得清的。

右师应该不是第一次面对他人的这种态度,也不是第一次去回答别人的猜测。"曰:'天也,非人也。'"右师说,这个是老天干的事儿,不是人类社会的事。言外之意,这不是我的责任,我也不认为我有责任。

"天之生是使独也",老天就把他生成一个独脚,人又能怎么样?

换句话讲,老天并不认为这一只脚就是畸形,但人类社会认为这是畸形,所以人们看到他的时候就会不适应,感到无奈,感到不舒服。

"以是知其天也,非人也"。这句话很有力量。

正因为他人有这种无奈、不舒服的感觉存在,有这样的效果存在,所以这个是天道之所为,这不是人之所为。

举个例子,用现在的电脑去模拟人类未来的形象,一万年以后,人的脖子和腿变得很细长,眼睛特别大,肚子也很大。

当然,你要用今天的眼光去看未来人,会觉得很丑。但那真的是丑吗?那会儿的人,说不定还会觉得自己蛮美的,对吧?这是天道之所为,天道之演化,人必然会变成那样。

所以他这话意思就是说,看你啊,都怕成这个样子。既然让你怕成这个样子,说明这肯定是老天做的。

"泽雉十步一啄,百步一饮,不蕲畜乎樊中。神虽王,不善也。”

“泽雉”就是江湖里的野鸡，在水里生活。“泽雉十步一啄，百步一饮，不蕲畜乎樊中”，“蕲”就是祈求、期望。江湖里的野鸡，它走十步才能够吃到一个小虫子，它跑一百步才能喝到水。这种求食生活是很辛苦的，但即使这样，它从来也不想被关到笼子里。

“神虽王，不善也”，在笼子里享受着像国王一样的待遇，还是不好。“不善也”，还是不好。

这里前后两个故事，从行文上不太能联系得上。因此，就《养生主》这一篇，有学者认为经过了篡改和删节。而篡改和删节的人，可能就是郭象，也就是历史上大家认为解《庄子》解得最好的那一位。郭象的很多解读，都是朝向自我协调、内在消化问题的角度，与庄子行道的角度有根本的不同。

如果说把独脚人比作野鸡，也可以说庄子在比喻社会的普遍认可对个人的心灵自由未必是好事。右师也可以认为，我这样活得挺好的，你们也别给我再加一只脚，以平衡你们的认知。

索尼影业曾拍过一部电影叫《双子的星空》，讲述了一对连体兄弟的故事。因为连体，哥哥和弟弟各占一只手一只脚，他们在生活和恋爱等各方面发生了很多矛盾。最后有一天，弟弟因心脏衰竭而亡。这个时候，就必须做手术把弟弟切割掉，让哥哥活下来。

手术后，哥哥只剩一只脚和一只手。在片尾，哥哥说：“我并不欣赏我现在的自由。我终于明白了我愿意跟我的兄弟就这样连体地生活在一起。我这一辈子再也没有幸福了。”

也就是说，他现在回想起来，过去他们两个人的生活，那就是他的幸福之所在，就是他生命意义之所在。

这一讲的两个故事，不管是否有后人的删改，它们的内涵都让人心里有一种非常复杂的滋味。有时候我会想，庄子讲的很多事情，可能是太接近真相、过于刺激，所以他不得已，才采用寓言的方式。

从自然界来看，每一个物种的生存策略是不同的。狗和猫甚至演化出与人类社会共处的不同策略，而且都很成功。狗展现忠诚，让人有温暖的满足感；猫的个性高冷，外貌却是萌哒哒，让人见之而心生愉悦。

当然，这种演化已不全然是自然演变，而是加入了人为的选择干涉。按照动物学家的研究，在人类的照顾下，猫和狗可以活到十几岁；如果是在野外，它们可能只有三五年的寿命。这种人与动物的互涉，对动物而言究竟是好是坏，很难给出一个简单的答案。

达尔文说过，自然选择的方式是复杂的，也是有效的。一点点微小的变异累积起来，改变了整个种群，但是这样的改变非常稳定。而人为选择带有人类的好恶，它的方式简单直接，对物种带来的改变看起来是巨大的，但其实是短暂、不稳定、不真实的。

与之相仿，人也会面临同样的问题。坐在宝马车里笑，还是坐在自行车后座哭？在大城市里苦拼辉煌，还是回小地方安享生活？这真是不容易回答的问题！

第三十节　薪尽火传，生命是一种精神传承

　　《养生主》的第四部分，讲的是秦失与老聃弟子的对话。老聃就是老子。在神话传说当中，老子被尊崇为太上老君。在《庄子》里，他是一位至人。他对生命的态度，是安时处顺，但同时他也是长生的。他的长生，是以一种精神传承的方式烙印在天地之间。

　　秦失是老聃的朋友，在老聃去世后，他前往拜祭老聃。老聃弟子看到他没有嚎啕大哭，感到不解。于是秦失就批评他们，对他们解说了老聃安时处顺、精神长存的长生之道。

　　　　老聃死，秦失吊之，三号而出。弟子曰："非夫子之友
　　邪？"曰："然。""然则吊焉若此，可乎？"

　　"老聃死，秦失吊之"，老子过世了，秦失去吊唁。秦失也是一位至人，一位很有修行的人。"三号而出"，只是在里面哭了三声就出来了。

　　老聃的弟子就问了：这什么意思？您是夫子的好朋友吗？秦失一字以回之："然。"是。

　　"然则吊焉若此，可乎"？老聃的弟子说，您既然是夫子的好朋友，吊唁这么草率，不大合适吧？

　　老聃的弟子认为，秦失在里面哭了三声就出门，这非常不尊重老子。就质问他：你这样做可以吗？符合于礼吗？

曰："然。始也，吾以为（有）至人也，而今非也。向吾入而吊焉，有老者哭之，如哭其子；少者哭之，如哭其母。彼其所以会之，必有不蕲言而言，不蕲哭而哭者。是遁天背情，忘其所受，古者谓之遁天之刑。适来，夫子时也；适去，夫子顺也。安时而处顺，哀乐不能入也，古者谓是帝之县解。"

秦失又是一字以回之："然。"

然后他直截了当地说："始也，吾以为（有）至人也，而今非也。"一开始，我还认为你们这些弟子当中有至人，结果不是那回事。

"向吾入而吊焉，有老者哭之，如哭其子；少者哭之，如哭其母"。我进去吊唁的时候，看见有老年人在哭老聃，就好像死了儿子；有年轻人在哭老聃，就好像死了亲娘。

"彼其所以会之，必有不蕲言而言，不蕲哭而哭者"。他们在这儿哭，哭成这个样子，实际上这是不必要的。他没必要说得那么夸张，但他非要说得很夸张；他没必要这样哭，但他非要哭成这样。

"是遁天背情"，这不是违背天理、违背常情吗？这里头肯定有什么妄念。换句话说，你们这些人肯定把老子当成什么了——当成了不老仙丹了。现在老子一死，你们一下子失了精神支柱，哭得不行了。

"忘其所受"，忘了自己的本分，忘了老聃过去给你们的教育。

老聃到底教给你们的是什么？难道就是人不会死吗？

"古者谓之遁天之刑"，你们其实不就想逃脱这个死吗？你为什么哭成那样？原先你们认为老聃是有道之人、至人，是不会死的。现在他死了，你们想逃脱生死刑罚的愿望也就落空了！

庄子对生死的看法是非常豁达的。他认为活着是受刑——天道之刑，受天道的刑罚；死是刑罚的结束。作家莫言有一本小说叫《生死疲劳》。佛家也有类似的看法，认为活着本身是很累的，令人烦恼的。

"适来，夫子时也；适去，夫子顺也"。夫子是指老子。秦失就对老子的弟子说，你想想，要来的时候，夫子是顺时而来，他没有说我不来；要去的时候，夫子顺时而去，没有说我不死。他没有为生死的问题哀哀泣泣，为活着而高兴，为死而难过，夫子他是安时处顺的呀！

在古人来讲，做到老聃这样，就是人生的最高境界，叫"帝之县解"，这是解了天帝在你身上的倒悬的刑罚。县，悬挂的意思。

关于这个境界，有一个典故，即佛家说的"解脱如解倒悬"。人活着，就好像是两只脚倒挂着，解脱就好像落地了，所以叫做"如解倒悬"。佛经"解倒悬"这一翻译方式，显然是引自庄子。

> 指穷于为薪，火传也，不知其尽也。

"指穷于为薪，火传也，不知其尽也"，你们这些老聃的弟子，不要把生命看得那么庸俗！生命就好像是柴火，终有一天会烧光的。但是这个火苗可以一直传下去，点燃另外一堆火，重新传下去，这叫"薪尽火传"。

有一种观点，把这句话解释为轮回。比如庄学大家流沙河，他认为此处薪火代表灵魂。若仅从解释的角度看，也说得通，但从原文的角度看，则未必。"灵魂转世"说是从印度传过来的，那时的中国还没有这个说法。

实则，我认为庄子这段想表达的意思，更接近于佛家的"法身常住"。

佛入涅槃的时候，学生问他："您就这样走了，我们怎么办？"佛说："法身常住。"什么是"法身常住"？佛陀的看法是，当我所说的这些方法，你们认真实践、执行了，就会产生跟我同样的境界。你们喜欢我，到底喜欢我什么？不就是喜欢我这么一种境界吗？所谓我的存在，不就是这么一种清净无染、又通达无边的境界的存在吗？难道你们是喜欢我的肉体吗？当你们认真践行我所说的，你们也能展现出我这样的境界，那不就是我又活了吗？这就叫"法身常住"。

柏拉图也有类似的说法。柏拉图认为，人们生孩子，相当于是用肉体的方式寻找永恒、寻找不朽。但还有一种达到不朽的方法，就是把思想和境界传流下去。古代雅典流行男人之间的爱情，且成为一种社会普遍承认的风俗，柏拉图用哲学方式为他们做了很有意思的解读。

老子说："知人者智，自知者明。胜人者有力，自胜者强。知足者富强，强行者有志。不失其所者久，死而不亡者寿。"这是人生的八重境界。首先是知人，然后是自知，此后是胜人，然后能自胜，再往后是能够知足，还能持之以恒、不失本位。最高的境界就是领悟了道的境界，他的思维方式会传流下去。人是死了，但是精神境界没有散灭，这叫做"死而不亡"。

到了后世，人们认为这种人应该被供奉起来，他的灵魂会变成神，会有他的香火。换句话说，当我们照他的思维方式思考的时候，我们的精神能量会有一部分贡献给他，去支持他在另外一个神界的生存，这是神灵说的一个基础。

"聪明正直，死而为神"，说的也是这个意思。如果他的精神使我们受惠了，我们的生命力也会支持他在那个世界里以神灵的方式生活着。

通观全篇，庄子在养生这件事上点出了三个核心：

第一个，以中道去养身养心。最关键的是不能为善恶观念所累，就是说要活得悠然一点、自如一点。

第二个，矛盾有所来必有所解。解的时候要顺道而为，就是说不要拿命去跟世界硬拼。

第三个，生命总体的态度和追求，应该是安时处顺、薪尽火传。这是第四节的主要内容和核心。柴薪总是有限的，强撑无益，真正值得做的，是把真实的精神传流下去。

这一部分，看起来是秦失在教训老聃的弟子，实际上是在讲老聃安时处顺、薪尽火传的生命态度。活的时候好好生活，走的时候轻轻放手，这是古人真正感人的智慧。

生死是天道，到了要走的时候，硬要抓住，不让他走，除了给他带来莫大的痛苦之外，还能有什么呢？不顾他们的意愿，硬要那些已经耗竭了的人活着，实际上也是一种可怕的强迫症。

这种生命态度，在各种医学科技高度发达的今天，似乎有意想不到的启发意义。

第三十一节　把生命从粽子还原成种子

在《庄子·内篇》中，《养生主》篇幅最小，它讲的是养生的要义。

到底什么是养生，其实很难说明白。如何养生的争论从未停止，乃至于"要不要养生"，都成了某种代际区分的标记。有些人会说，开始重视养生了，就意味着你老了。

比如"油腻中年"这个形象，手里永远拿着一个保温杯；杯子里呢，泡着参须、枸杞和决明子。笔者在做大学教师之后，手里也不知不觉地拿上了保温杯。而且我发现，几乎所有的大学教师都有咽炎，包里都放着一个保温杯。做老师的，无论学问多高、名声多大，讲台是离不开的，开讲最少两个小时，不喝点水是不可能的。

对于被"油腻中年"误伤这件事，我一直想替当老师的讨回一个公道，于是就自己注册了 B 站的账户。但真的在 B 站生存了一段时间之后，我发现，那些我们心心念念的带有自嘲式的标签，年轻人根本不曾在意，他们的标签三天一换。他们在丰富的文化资源中游刃有余，各种影视、综艺、自媒体、产品评测、二次元、自嗨、自黑，完全没有时间来嘲笑我们这些"老人家"了。

人家都懒得笑话我们了，我们该怎么做？

我们要做的，是不要去折腾他们，自己打开自己，去看看这个世界究竟发生了什么。那么多精彩的地方！那么多精彩的生活！为什么要困在过去的各种自我评价中呢？心情打开了，算不算是一种养生？

说完了"老人家"的事情，再来说年轻人的事情。

有一次，我在课堂上讲《理想国》。课后一个女同学对我说："老师，您讲的这些经典都是很好的，可是我们做不到。我们要遵守的东西太多了。从小学校里要求我们很多东西；长大了接触了国学，我们觉得要遵守；现在学了西方经典，也有好东西，还是要遵守。但我们就是这样一个人，您看着办吧！"

我对这个学生解释说，关键是学里面的思路，学以致用，而不是学那些规矩和条条框框。这个学生说了声"我明白了"，就离开了。我也不知道她是否真的明白。课后我琢磨，现在的年轻人，面临的要求还真是不少：见人要有礼貌、要听话、要挺拔、要和气、要有斗志、要有同情心、要不顾一切竞争、心灵要有温度、跳绳要快、要会凝神静气、要刚猛强韧、要心细如发、要996、要早睡、要快快跑别吃草……如此等等等等，真是令人震惊，真不知道哪来这么多正确的要求。

一个学生说："小时候，我是一颗稻种。长大了，成了一个粽子。"

我说，粽子成长了，只能成为老粽子，毕竟它不是种子。所以，一个人要真的走出自己的路，可能还是要学会把粽叶都扒开，还原成一颗种子。还原成种子，看明白自己天赋的格局，看明白自己真正想要什么，然后再去完善自我、提升自我。这是当下教育特别缺乏的一种观念。

所以，自我接纳，也接纳别人，是一种养生。

庄子说的养生，是广义上的养生，他实际上是在说人生态度和处世之道。中国传统文化强调的处世，大多是说中庸、平衡。

但庄子是真正进了一步，他说的处世是结构与解构，要在纷繁复杂的社会中游刃有余。

社会不可能不提出要求，公司不可能不提出业绩目标。如果管理不能做到无为，各个部门还会重重叠叠地提出要求。很多时候，职能部门提出要求，是为了用自己的忙碌来撇清责任。但当这些重重叠叠的内容堆积到具体执行人面前，他们就好比扛着猪队友的一身泥泞前行。这个时候，怎样排除重重干扰，把自己工作的主线维持住，就成了现代人最重要的能力了。

原先我认为，现代人最重要的能力，是核心竞争力和形势应变的能力。现在想来，可能还要加上一条，就是如何避开猪队友和猪队友所带来的各种负累的能力。

有时候想想，也感到无可奈何。丁厨子为文惠君解牛，至少没有一堆部门负责人站在旁边纠正他的动作。如果放到今天的职场环境下，庖丁的日子未必好过。且不说丁厨子全身扑上去的动作是否有碍企业风貌，就说他最关键的技术神遇，完全靠心神去小心翼翼地解开最关键的部位，估计管理人员就要责难他为什么走神，为什么不提前在表格里说明一下了。

现代社会，教条主义是所有人的毒药。年轻人无可奈何地躺平了，旁边是举着鞭子、拿着表格的监工，比干活的人还多。不根除了这个毒药，养生是养不起来的。

安时处顺的道理不再多说，其前提是还原成一颗种子。这颗种子按照天性成长，所有的叶子欣欣然伸展开，又飒飒然回归土地。这其实是个超越于哲学之上的大问题。生死之间，本没有必要搞得那样极端的痛苦。人类文明在这个问题上需要谦逊一点，我们自己也需要活得明白一些。

第三十二节　处世的难点，是如何与权力打交道

一、学会与权力相处

《人间世》这一篇，讲的是如何与权力相处。所谓的"权力"可以是上司、领导层，也可以是普遍意义的上位者。

很多人把《人间世》误读成"人世间"，认为是在描绘世间百态，其实不然。"间"（jiàn），是介入、行走的意思。人行走于世间，想要按自己的想法做一些事情，免不了与权力和体制打交道，实际也是在推动一次次微小范围的社会变革。

年轻人初入社会，常常会碰得头破血流，究其原因，大都是因为他们没有发现：自己的每一个好建议，只是看起来好，真正执行起来，都会触动既有格局。

人生在世，年华易逝，最需要学会的，就是适应社会规则，逐步提升自己的地位，同时还要控制风险。这种智慧，在中国传统文化里是最丰富的；当然，如果学滥了，可能也容易走向厚黑学，把路走偏。

庄子的思路很好，也很直白。处世的关键，是学会与领导打交道。这其中，最考验人的就是与暴君打交道——既要对得住职责，又要保全身家，尤其还要保全自己独立的精神世界。

虽然庄子这个说法是针对战国时期的乱世，但是拿到现代来讲也很有参考意义：它启发我们，在内卷化的时代如何与人格不

稳定的上司打交道。

所以，学习《人间世》，我们应排除两个误会：一个是文字上的，把人间世错会成了"人世间"；另一个是文意上的，把人间世看成是常规的处世思路。其实，上一篇《养生主》是在讲为人处世的基本原则；而这一篇《人间世》则更加深入，它主要聚焦在权力层面。

二、本篇结构

《人间世》的结构，可以分为两个大的部分：第一部分，讲如何与上位者相处；第二部分，讲无用之用，实际上是趋吉避凶的眼光。

第一部分，包括三个故事：

第一个故事，是颜回与孔子的对话。卫国的国君十分暴虐，颜回想要用圣人的大义去劝谏和教导他，临走前来向孔子请教。颜回设想了很多种与暴君相处的安全方案，但都被孔子否定了。

孔子一针见血地指出，颜回的问题在于深度的自我催眠：你拼命地想要用拯救天下苍生的愿景来美化自己，实际上是在遮掩内心追求名声的真实情况。

孔子评价说，颜回的那些方案，比如用美德做伪装、用知识做诱饵、用圣人祖先的话做盾牌，都只是演技而已。在上位者眼里，这些都是雕虫小技、昭然若揭。他们高兴了，可以许诺高官厚禄来诱惑你，你这个修为肯定顶不住；不高兴了，随时找个借口干掉你，你也逃不掉。

那么，怎样才是与上位者的相处之道呢？孔子教导颜回说，根本在于做好"心斋"，这是一种自我修行。具体的技术我们留到正文再说。

　　第二个故事，是叶公子高与孔子的对话。子高受楚王的派遣出使齐国。楚王可能对想要办的事情期望值太高了，而齐王也不是好相与的主，导致子高陷入了两难境地：完不成任务会遭到楚王的责难；强行推进任务恐怕又要遭受齐王的折辱，基本是面临着一个两头不是人的局面。

　　孔子分析说，子高的问题在于站错了位，把自己代入进去了。明知道君王的期望值过高，还在心里莫名地较劲儿非要办成。这样发展到最后，必然会强人所难。但不要忘了，你强人所难的对象是大权在握的国君。解决问题的办法，是为臣的应该懂得为臣之道，客观地在两位国君间传递信息。如果领导有问题，也只有领导自己才能解决，底下人还是少操一些心为好。

　　第三个故事，是颜阖与蘧伯玉的对话。颜阖受命给卫灵公的太子做老师。这位太子很聪明，能一眼看出别人的过失，却从来不会自我反思。颜阖很担忧：真心教他的话，恐怕会被太子记仇；不真心教他的话，又对不住江山社稷。

　　蘧伯玉分析，颜阖的问题，是对教育抱有幻想。蘧伯玉告诫颜阖，千万不要幻想用教育去改变一个人的本性，而是应该跟随着他的性格流向予以疏导。

　　以上三个故事，颜回是用道德暗示掩盖自己；叶公子高是站错位、操错心；颜阖则是对教育存有幻想。三个人的问题，都是是非之心太重，而在是非之心前头的自我之心、功利之心则被深深地掩盖起来了，甚至连自己都骗过去了。这就好像一边念念有词地说“我为你好”，一边走到猛虎面前，举起手里带刺的鞭子……

　　《人间世》第二个部分，转换了一个角度，剖析了“有用无用"的惯性思维。这一部分看起来有些消极，甚至有些吊诡，实际上却包含着深刻的辩证法思想。仔细琢磨起来，非常有启发性。

这一部分包括四个故事：

第一个故事，是木匠与神树之间的一段交往。木匠和树之间是生死对头，木匠欣赏树，简直就是树的灾难。但故事里的这棵神树长得极其巨大，却完全不成材，还找了一个社神的身份来做庇护。所以，木匠对神树提不起半点兴趣。神树甚至还敢于托梦给木匠，把木匠给数落了一顿。

第二个故事，是南伯子綦给弟子们讲吉凶。子綦用一棵不成材的大树做例子，告诉弟子们：人类的吉祥，往往是万物的大不祥。人类看到长得漂亮的牛和猪，感觉找到祭品了，那么牛和猪的死期也就不远了。

这个故事太深刻了。不要说人世间那些老实又能干的人一个个恨不得活活累死，就说人类给自己打造出来的那些有用的工具，如果没有以人为本的前置思路，有哪样能让人变得更安闲呢？

第三个故事，讲一个叫做支离疏的天生残障人士，在乱世征兵的时候，健全的年轻人都上阵拼死，他却在后方自力更生、安闲生活。

第四个故事，讲楚狂人用歌谣劝诫孔子：要看清楚形势，不要在乱世中执着于自己主张的复古观念。

最后庄子总结道："人皆知有用之用，而莫知无用之用也。"人不要总执着于自我的有用感和存在感，真正的大智慧是：分形势，通取舍，知进退。有时候，偏执地抱持着一点点存在感，是会让自己非常难受的。至于说，究竟是做大潮内卷下纷纷破散的泡沫，还是悠游于江湖之间，做一朵小小的自由浪花，庄子自己的选择是很明了的。

第三十三节　劝谏他人，先要看清自己

《人间世》这一篇的故事主角大都是孔子，庄子借孔子的口来谈人应该如何在社会上行走。

本节是第一个故事，颜回问于孔子。颜回赤手空拳，想去劝说卫国的暴君，临行前来向孔子告别，于是师生俩展开了一场长时间的对话。

颜回是孔子著名的弟子，元代以后尊他为"复圣"。颜回的德性特别好，"一箪食，一瓢饮，在陋巷，人不堪其忧，回也不改其乐"。虽然颜回生活得非常贫困，但是他始终在追求知识和真理，一直跟着孔子学习，而且过得很快乐。

孔子经常夸奖颜回，称他"敏于事而慎于言"，意思是他看起来有点木讷，但其实非常聪明。他是能够举一反十的人，比通常所说的"举一反三"还要机敏。

颜回拜孔子为师，刚开始的时候，同学们都弄不清楚他是聪明还是笨。差不多一年之后，孔子才回过味，然后学生们也回过味：原来他是这么聪明的一个人！

颜回对孔子的评价是"仰之弥高，钻之弥坚，瞻之在前，忽焉在后"。他觉得越是思考老师的言论，越是觉得老师高大；越是深入去分析老师的言论，越是觉得深不可测；想想老师好像在前面，再看看好像又在后面。这似乎表明，他并没有抓住老师的主要思路。

颜回见仲尼，请行。曰："奚之？"曰："将之卫。"曰："奚为焉？"曰："回闻卫君，其年壮，其行独；轻用其国，而不见其过；轻用民死，死者以国，量乎泽若蕉，民其无如矣。回尝闻之夫子曰：'治国去之，乱国就之，医门多疾。'愿以所闻思其则，庶几其国有瘳乎！"

"请行"，意思是要告别，想去一个地方，来问老师行不行。

孔子就问，你想去哪里？"奚之"的"之"通"至"，即去哪里。颜回说，我想去卫国。

孔子问：你为什么去卫国呢？

颜回说，我听说卫国的国君刚刚继位，正值壮年，身强气盛，刚愎自用。"轻用其国，而不见其过；轻用民死，死者以国"，卫君完全根据自己的主观意志随意地处理国家的事务，却从来不会省察自己的过错。他经常役使老百姓，老百姓满城满城的人死去，数量就像湖边长的野草一样，人命简直如草芥一般！

颜回继续说，我曾经听夫子说过，"治国去之，乱国就之"，如果看见一个国家治理得很好，应该离开她；如果看见一个国家杂乱无章，就应该为了老百姓的幸福去帮助治理这个国家。所谓"医门多疾"，良医门前患者多。我听了夫子您的教导，觉得特别有道理，想以身作则来做这个事。或许我去了之后能够劝说卫君，帮助卫国恢复正常，让老百姓过上正常生活。

仲尼曰："嘻！若殆往而刑耳！夫道不欲杂，杂则多，多则扰，扰则忧，忧而不救。古之至人，先存诸己而后存诸人。所存于己者未定，何暇至于暴人之所行！"

孔子的回答很直接："嘻！你这是去找牢坐吗？"

"若殆往而刑耳"，"若"就是你，"殆"就是似乎、恐怕。你恐怕是去找牢坐吧！

"夫道不欲杂，杂则多，多则扰"，行道之人内心不能够繁杂，不能有私心杂念。颜回你觉得卫国国君是错的，前去劝诫的念头已经像野草一样疯长，斩也斩不断了。但行道之人内心不能这样，因为这会使得各种各样的私心杂念都冒出头来。

"多则扰，扰则忧"，颜回你每天都在这个问题上泥足深陷，无法自拔。

"古之至人，先存诸己而后存诸人"，古代那些真正明了大道的人，他们首先把自己调整好了，然后再去帮助别人。

"所存于己者未定，何暇至于暴人之所行"，颜回你现在满心焦急的样子，能去做良医吗？治病救人的大夫，如果满心着急地去做手术，是会出问题的。

上面这一段，孔子批评了颜回——火急火燎的心态并不是行道之人该有的样子。颜回刚刚甚至还搬出孔子自己讲的话，"治国去之，乱国就之"，想让老师也无话可说。但是作为老师，孔子还是实打实地驳回了颜回的话：你现在心态不行。

接着，孔子继续深入分析。

> 且若亦知夫德之所荡，而知之所为出乎哉？德荡乎名，知出乎争。名也者，相轧也；知也者，争之器也。二者凶器，非所以尽行也。

"德之所荡"，意思是德性摇荡。人一旦有一个不能放下的目标，就会迷失本性，失去判断力。听说股票高手都会警告他的学生们，人如果突然有了"梭哈"的想法，就千万不要做交易了。原因就是，一旦人有了全赌进去的想法，说明已经利令智昏了。

"知之所为"，意思是人想用自己的智谋有所作为的时候。孔子问，迷失本性，智计百出，到底是为了什么呢？

"德荡乎名"，如果一个人德性上出现摇荡，在那个时代，主要是为求名。还以梭哈的想法为例，梭哈其实并不能保证利益最大化，只是自己证明给自己看——我能做到！这也是一种变相的"名"。

"知出乎争"，人一旦想用智慧来办事情，也就是心计上来的时候，实际是在想争夺利益。

"名也者，相轧也"，这个世界，求名的人在一块必然是相互倾轧的，这里的道理就像是水涨船高、你高我低。所以，求名的游戏是个零和博弈。

"知也者，争之器也"，心计是大家都拿在手上去争夺利益的工具。

"二者凶器，非所以尽行也"，这两者都是凶器，颜回你现在拿着这两个凶器去劝说一个暴君，想要让他改变主意，并不是在行道啊！

虽然目的可能是好的，但如果你的行为方式和思维方式是"不道"的，又如何用这个"不道"去规劝另外一个"不道"呢？根本做不到！

颜回与孔子的对话，这一节刚开了个头。这段对话很长，寓意很深，而且对现实的职场也非常有参考意义，有些地方可能触及痛点。

颜回一介书生，突然要找一个君王，去劝谏甚至教化人家，这是件极其冒失与唐突的事情。这就像老虎没有招你惹你，你却突然想着要去训虎，而且还要搞联欢演出！这种事情，戏码上都少见。

颜回有大义的立场，很容易让大众感情上倒向他。所以，如果孔子不把这件事点穿了，我们可能根本不会去想，颜回他自身的德性是不是稳固，能力是不是匹配。

这就有点儿像初入职场的人，业绩没啥亮点，意见却很尖锐，这种习惯多少带点儿自我催眠，觉得"我比他们高明，而且我还比他们更高尚"。

诚然，哪个地方问题都是一大堆。但实事求是地讲，与其在没有真正了解的情况下评头论足，不如回过头来，着力搞好自身的修为。

第三十四节　直人快语，为何常常孤立无援

上一节的故事里，我们着实为颜回捏了一把汗。如果他临行前不去见孔子，后果可能不堪设想。为什么颜回临行前要去见孔子呢？笔者认为可能有几重考虑：

其一，尊师重道。孔子的学生出仕，大多要与孔子告别，这是礼节性的。颜回对孔子的感情很深，临行前去告别，仪式上会更隆重一些。

其二，寻求支持。颜回一介书生，如果没有孔夫子的光环加持，基本上没有入世的切入点。孔夫子有不少学生在各国做高官，像子贡甚至在鲁国、卫国做到相国的高位，所以颜回要想迅速接近君王，这些同学的资源是很有效的路径。

其三，寻求认同和表扬。颜回去见孔子的时候，可能自己都没有意识到这一点。这种求表扬的心态，在学习中是无害的，甚至是有益的。但同时也说明，颜回的学问尚未自成一家。孔夫子正是看明白这一点，才直接点醒他的。

孔夫子对颜回的点醒，在第一节中，是"先存诸己而后存诸人"，想帮助别人，首先自己的修为要彻底通透。自己的内心修为没有笃定，就想去纠正别人的德性，结果恐怕不一定好。

那么，如果自己的修为不通透，但人设比较招人同情，比如说，只是简简单单一个老实人、厚道人，去提一些尖锐意见，效果会怎么样？会不会比较容易得到谅解、取得一定的成效？这一节，孔夫子就要回答这个问题。

　　且德厚信矼，未达人气，名闻不争，未达人心。而强以仁义绳墨之言炫暴人之前者，是以人恶其有美也，命之曰菑人。菑人者，人必反菑之，若殆为人菑夫？

　　"且德厚信矼，未达人气"，如果一个人德性特别深厚，信用特别好，那么他一般不会有太高的人气。因此，想依靠厚道、老实来达成劝诫君王的目的，对不起，此路不通，因为没有人气支持。

　　"名闻不争，未达人心"，如果人不去争功名利禄，那么他的很多想法也不会被大家了解。孔子这句话意味很深：指望依靠美德来办这个事也不可能，因为如果真正按照美德的标准来行事的话，不会得到人心大势。一个普通、没有名位的人，无法得到普遍性力量的支持。

　　"而强以仁义绳墨之言炫暴人之前者"，颜回这样一个有德性，但没有人气支持、也没名望的人，去跟一个统治者、一个暴君去说仁义，而且要用仁义去规范他，结果会是什么样？你颜回有什么资格这么做？不是孔子批评你没资格，而是暴君认为你没资格。

　　而且你还告诉暴君你这么有美德，用你的美德去呛声他的恶行，他在你面前感到特别难受。"是以人恶其有美也"，这个美德就是你颜回的错，因为你是在恶心别人。

　　"命之曰菑人"，统治者会认为你是个"菑人"，即不吉利的人。

　　"菑人者，人必反菑之，若殆为人菑夫"，让别人觉得不吉利、恶心的人，"人必反菑之"，别人就要给你带来灾难。不具备条件却硬要表现，统治者就会找你麻烦。

> 且苟为悦贤而恶不肖，恶用而求有以异？若唯无诏，王公必将乘人而斗其捷。

接着，孔子再说一重理由。

如果卫君"悦贤而恶不肖"，他有自知之明，喜欢贤人而不喜欢佞臣，还需要你到他面前标新立异吗？需要你这么一个民间的普通书生到他面前去说他治国错了吗？他周围自然会有很多贤达、有适当身份和名望的人帮助他。

"若唯无诏，王公必将乘人而斗其捷"，孔子名声大，君王请孔子讲课，即使有几句难听的话，君王也得耐着性子听一听。现在，你颜回没有受到邀请，主动跑上门去教训人家，相当于专门去踢人家的场子，人家必然要找人来跟你斗，或者挑你的毛病，这叫做"乘人而斗其捷"。

> 而目将荧之，而色将平之，口将营之，容将形之，心且成之。是以火救火，以水救水，名之曰益多。顺始无穷，若殆以不信厚言，必死于暴人之前矣！

碰到这种情况，颜回你的目光会闪烁不定，神色却强作平稳，嘴里不断地说着各种掩饰自己的话，别扭得连容貌都变形了，心里还一直着急要怎么样说服卫君。

最后的结果就是"以火救火，以水救水"，只能助长卫君的暴虐。他会杀了你，"顺始无穷"，从此开了他杀好人的先例，好多坏事也会接踵而至、一发不可收拾。

"若殆以不信厚言，必死于暴人之前矣"，所以即使你的劝谏很深刻，如果得不到暴君的信任，结局也必定很难看。

对话到了这里，孔夫子直接指出来，人们在感情上，会倾向于名人的看法。一个老实厚道的人设，突然跳出来提尖锐意见，很容易被反向定位，最后孤立无援。

职场上也是这样，有些人会莫名其妙地说自己很直、讲义气，然后不分场合、不分情况地发表意见，完全不顾别人的脸面。这些人是不是真的直男？我们没法分辨真假，但较劲的状态，大家看得一清二楚。

面对上位者，糊里糊涂地头铁地顶上去，上位者稍稍还击，就可以把他打懵。这种情绪发作的劝谏，是毫无用处的。那种糊涂和慌乱，只会让上位者品尝到痛打头铁小白憨憨的爽脆劲儿，更加看不起普通人，更加刚愎自用。

第三十五节　意见领袖，为何招来打压排挤

这一节庄子说的是关于意见领袖的问题。所谓意见领袖，就是那些善于刺激大众心理的痛点、能够影响大众看法、把握话语权的人。在古代，主要是一些以道德扬名的人。

前面，孔子分析了一件让人汗毛倒竖的人之常情：在是非争执中，德与名可能都是凶器，如果理解了这件事，也就理解了人情世故本质的一面。

孔子给出了一个两难判断：

一方面，如果你的德性是真实的，就很难出名。一个无名小卒，突然拿着道德准则去要求上级，很容易被认为是出了幺蛾子。另一方面，万一你出名了，实际上也就具备了竞争名位的力量，这时候，上位者确实会表现出尊重；但同时，你的言行也会对他的政策构成压力。而你不在其位，不一定清楚地知道邦国的真实处境，所以你的意见，很可能只是从理想主义出发。同时因为具有道德上的影响力，很多人都会支持你，这就会给上位者的实际决策构成障碍。

这个时候，你的存在，就成了上位者必须考虑的问题。

所以德与名，不管它本身是不是好，是不是真的，在社会关系当中，都可以变成竞争杀敌的利器。手握利器，杀心自起。你可能没有这个想法，但别人不得不防范到这一点。这是一个悖论，但这种情况时时刻刻都发生着，这就是很多时候上下关系变得复杂的一个重要原因。

面对德与名的威胁，上位者通常要放大招。这一节，就是讲放大招的悲剧。

　　且昔者桀杀关龙逢，纣杀王子比干，是皆修其身以下伛拊人之民，以下拂其上者也，故其君因其修以挤之。是好名者也。

庄子讲了两个典故。第一个是"桀杀关龙逢"。夏桀是夏朝最后一个皇帝，关龙逢是夏桀的大臣。关龙逢非常忠于夏桀，忠于国家。夏桀耽于享乐，据说他盖了一个酒池子，里面可以泛舟行船。

一次，关龙逢拿了一份地图去找夏桀，告诉他，现在国家各地都在暴乱，情况很糟糕。夏桀本来正在欢乐，突然被指摘，心里非常不高兴，所以没有搭理他。然而关龙逢就一直等，杵在那里不动。夏桀问他什么意思，难道是准备把皇宫当成自己的家吗？关龙逢不回答，就被夏桀投入大牢，最后死于牢中。

第二个典故是"纣杀王子比干"。比干是纣王的叔叔，也是当时的首席执政官。纣王不理政务，成天耽于淫乐，于是比干去劝他，连劝了三天。纣王是一个暴脾气的人，忍了三天，最后跟他叔叔进行了一场非常激烈的辩论。纣王说不过叔叔，恼羞成怒，干脆蛮不讲理地胁迫比干说，你不是认为自己特别聪明、是圣贤吗？传说聪明的人心有七窍，咱们挖出来看看。

辩论到这个地步，二人的矛盾已经到了没法调和的程度。最后纣王祭出杀招——因为臣子要挑战自己，所以就把臣子处死。

庄子不动声色地说了两个充满杀机的故事。

"是皆修其身以下伛拊人之民"，这里的"人"是君王。整句话的意思是，这些名人大臣都是在修自己的德性，用非常谦卑的姿态去获得民心。这种事情本身就为君王所忌——大臣得了人心，君王算什么呢？

大臣得了好的名声，君王杀他，可能都会让他得更大的名声，甚至到了杀都不好杀的地步，心里更是难受！

"以下拂其上者也"，有名声的大臣会携着民心去改变君王，强迫君王按照自己的意志办事。君王看到大臣有这样的德性，只好把他排挤掉。"杀"是一个极端的行为，很多时候这种人是被默默地排挤掉的。

"是好名者也"，孔子评论关龙逢和比干，都是好名的人。他们并不是想造反，而是想要话语权。名的本质是话语权——他们认为自己是对的，所以要站在道德高点，夺得话语权。

庄子接着举例子。

> 昔者尧攻丛、枝、胥敖，禹攻有扈，国为虚厉，身为刑戮，其用兵不止，其求实无已。

尧攻打三苗、禹攻打有扈的时候，国家内部空虚，像遭受了灾害，老百姓死伤无数；但他们还坚持打仗，这是为什么呢？无非是为求实利、求好处、求利益。

"其求实无已"，他们追求实际利益没有尽头、没有满足。

> 是皆求名实者也，而独不闻之乎？名实者，圣人之所不能胜也，而况若乎！虽然，若必有以也，尝以语我来！

"是皆求名实者也"，关龙逢、比干是求名，尧、禹这两位圣王是求实。

"名实者，圣人之所不能胜也，而况若乎"，名实这两大诱惑，连圣王、圣贤都不能避免，何况你颜回？

"虽然，若必有以也，尝以语我来"，虽然这样说，但你肯定有你的理由和方案，你不妨跟我说说。

孔夫子实际上点出了颜回对社会的多重误判：

第一层误判，以为自己是为别人好的，别人就会接受自己的意见。但实际上别人对事情有自己的判断，我们的判断未必高于当事人的判断。

第二层误判，以为自己讲大义，别人就会尊重自己的意见。实际上，很多人根本就没有大义的意识，他们只看着眼前的利益。而且我们自己所说的大义，也可能是一种空洞、难以落实的理想和教条。

第三层误判，是潜意识里，把说服别人当成自己的成功，甚至认定坚持不懈就能获得成功。试想，如果上位者人格有问题，这么做无疑是自取死路；如果上位者人格修养很好，这么做不是欺之以方吗？

所谓触及灵魂容易，触及利益难。这里孔子的看法是一种深刻的洞察：有些人真心地推崇德与名；有些人用德与名来实现自己的存在感；有些人，尤其是上位者，他要追求的是他认为的邦国利益最大化。个人的道德追求，与君王心中的邦国实际利益狭路相逢，可商量的余地其实不大。

那么，颜回究竟明白了没有呢？

第三十六节　外圆内方，是影响领导者的正确姿势吗

　　这一节的主题，是要讨论外圆内方的正人君子，究竟能不能感化人格缺陷型领导、能不能给自己加分。

　　前面孔子已经分析了，一个人预设自己是正确的，莫名其妙地到处要教导人，本身就是非常令人厌烦的。书生意气，到处指点江山可以；但竟然头铁地、冒冒失失地去劝谏君王，简直就是送上门去找不痛快。至于用美德和名气这两项武器武装自己的办法，孔子也不看好，因为这是在与君王争夺话语权，会引发深层次的忌惮和排挤。

　　听到这里，颜回还不服气，他提出了两个方案，总体上，就是外圆内方、不急不躁，用传统经典来说话，感动君王走上正道。这些方案，基本上是一个君子能做的让步的极限了，也足可见颜回的苦心。

　　那么，孔子是怎么评价这些方案的呢？

　　　　颜回曰："端而虚，勉而一，则可乎？"

　　　　曰："恶，恶可！夫以阳为充，孔扬，采色不定，常人之所不违。因案人之所感，以求容于其心，名之曰日渐之德不成，而况大德乎！将执而不化，外合而内不訾，其庸讵可乎！"

　　颜回说：我有个方案，去了之后"端而虚"，即态度特别端

正和谦卑，并且"勉而一"，即非常专心地只管好自己这么一点点事，可不可以？

孔子说：不可以，不可能，你这是在装！

"夫以阳"，"阳"，假装之意。其实你内心是"孔扬"的，你内心实际非常着急，所以如果做伪装的话，就会"采色不定"，在君王面前的表现会很不稳定。因为你内心是有想法的，而且这个想法非常坚强，所以你是伪装不了的，连常人都能看得出来，更不要说君王了。

"因案人之所感，以求容于其心"，如果你做得好，顺着君王的想法和感觉去做，然后求得君王的包容，或许可以让他能偶尔听从你一两句话。这有什么效果呢？可能连枕边风都不如。

"名之曰日渐之德不成"，你每天灌输一两句话，或者抓住机会说一两句有良心的话，是不会成功的。我们去培养孩子小的德性，都不能靠这样的方式达到，更何况君王呢？孔子说得非常到位，你不要指望趁着人家高兴的时候说两句话，就能够点醒人家——那是多少年的习性了！

我们教育孩子吃饭不浪费，都得多说几次，甚至得打几下，更何况是君王呢？他手上握着那么大的权力，他有那么大的自信，你还想通过春风化雨的方式影响他吗？不可能的！

"将执而不化，外合而内不訾"，当然了，君王虽然执而不化，但心情好的时候，他也会赞扬你的说法，只是内心不同意。这个情况你虽然不会死，但也是在白费时间。

> 然则我内直而外曲，成而上比。内直者，与天为徒。与天为徒者，知天子之与己皆天之所子。而独以己言蕲乎而人善之，蕲乎而人不善之邪？若然者，人谓之童子，是之谓与

天为徒。外曲者，与人之为徒也。擎跽曲拳，人臣之礼也，人皆为之，吾敢不为邪？为人之所为者，人亦无疵焉，是之谓与人为徒。成而上比者，与古为徒，其言虽教，谪之实也；古之有也，非吾有也。若然者，虽直而不病，是之谓与古为徒。若是则可乎？

颜回又说了个方案："内直而外曲，成而上比"，我外圆内方、身心分离行不行？

颜回也真是用心良苦。他说，我"内直而外曲"，我内心非常刚正，但先表现出处处迎合大王的样子；并且"成而上比"，凡事用上古的史实来说明问题。

颜回深入剖析："内直者，与天为徒"，我内心正直，就会符合天的德性。只要秉持与天同行的初心，我就知道天子和我都是天之所生，我内心跟他是平等的，我并不在乎他听了我的话高不高兴；我也不再像刚才那样想着对君王进行道德教化，而是从天道的视角与他平等相待。如果我能这么做的话，就可以叫做赤子之心了，人们能看得出来，自然也都会支持我。

"外曲者，与人之为徒也"，我"外曲"就代表我服从当下的礼仪，能跟大家打成一片。大家都对大王磕头顶礼（"擎跽曲拳"就是磕头顶礼的意思），人臣之礼，我可以做得比大家还好。我随大溜做这些事情，难道君王能够从我这儿挑出瑕疵吗？

于是乎我就可以"成而上比"，用过去的那些教训和史实，来和君王说道理。这就是"与古为徒"了。我虽然说了一些教育他的话，但说的都是过去的一些实际情况，"古之有也"，并不是我的创造。如果能做到这样，我虽然说了很直接的话，但君王也没有办法来刁难我。

我与天道同行、与世人同行、与古人同行，三方面都做到了，这样行不行？

　　仲尼曰："恶，恶可！大多政，法而不谍，虽固亦无罪。虽然，止是耳矣，夫胡可以及化！犹师心者也。"

颜回设计了一个非常复杂的局：内行天道，外行人道，最后手里拿着个工具——古之道。天道、人道、古之道全用上了。

孔子说："恶可！"怎么可能！

"大多政，法而不谍"，一个暴君，他需要纠正的地方太多了，你能举出那么多例子吗？他的问题不是一两个，而是整体性的，你要劝谏的太多了，哪有那个机会？

虽然按照你的方案行事，不会得罪他、不会获罪，但也只是吹吹耳边风而已，怎么可能使君王的思想发生改变？他还是会"师心者也"，还是会照着他过去的习惯去办事。

像颜回这么设计的人，历史上比比皆是，最后都起不了任何作用。如果这种人能起作用，王朝就不会毁灭了。

所以孔子一语道破："大多政，法而不谍。"这是个系统性的工作，不是用史实教育他一下就能完成的。如果放在后世，可以说如果看《资治通鉴》能把皇上给看成明君，那从《资治通鉴》出来之后，就不会有昏君了。更何况你还不是司马光呢？你只是颜回，没有身份、没有名声、没有地位、没有人气、不得人心，甚至连一身像样的衣服都没有……

师徒二人的对话到此，来到了一个分水岭。此时，颜回把自己焦躁的心态平复了下来，只好求问孔子：我到底应该怎么办？孔子对他的回答是：首先你要把自己的心打扫干净，是谓"心斋"。

第三十七节　心斋，扫除自己对社会的固有认知

整个《人间世》，都是从臣子的眼光和角度，讲如何行道来保全自己。本节是《人间世》最核心的内容："心斋。"

前文中，孔子明确指出，名和实都是凶器，贤人爱名，圣人爱实。那些贤达的大臣们非常亲民，因为他们得到老百姓的拥护，喜欢用老百姓的意见去改变君王，因此经常会被君王狠狠地收拾；而圣人们，比如说尧、禹，他们也躲不开要争夺领地、扩大实力这样的想法。

行文至此，庄子很委婉地点明了主题：当人性被抬高到权力的层面时，下属应该怎样与他们相处？这是老子没有讲的内容，老子讲的是君王怎么样对待臣子。譬如，君王怎么样应对臣子的种种变化，君王怎么面对贵族，君王怎么样保护民众等等。而庄子这个角度是非常奇特的。

历史上对《人间世》评价不一，有些学者认为它的思想有一点机巧，好像在走骑墙路线；但像章太炎这样的大哲学家，对庄子的说法深为赞许，认为这是最高妙的为臣之道。

> 颜回曰："吾无以进矣，敢问其方。"
> 仲尼曰："斋，吾将语若！有心而为之，其易邪？易之者，暤天不宜。"

颜回在自己的道理和方案都被孔子否定之后，他没有办法，

只能请老师指点迷津了：您认为怎么样才是对的？

孔子说："斋，吾将语若！"

古代帝王祭祀之前，要求睡在简陋的屋子里面，吃着非常简单的饭菜，心思放平之后，再去跟神灵交流，这叫做"斋"。孔子说，你要先把自己的心意放平了，如果怀有某种偏执去做事，实际是不容易成功的。这个世界上大家都在"有心"做事——都想实现自己的目的，但经过激烈竞争之后，还剩几家屹立不倒呢？

如果按照自己的想法和目的去做事，就能够做成，那是"暤天不宜"。"暤"同"昊"。"暤天不宜"，即天道不容的事儿。这句话很深刻：天道不轻许成功！

人们都把成功当成是自己心意的达成，如果众生都能达成自己的心意，这个世界会变成什么样？苏东坡有诗云"若使人人祷辄遂，造物应须日千变"，所以天道不会轻易让人达成心意。

> 颜回曰："回之家贫，唯不饮酒不茹荤者数月矣。如此，则可以为斋乎？"曰："是祭祀之斋，非心斋也。"

接着，颜回反问道：老师您说要斋戒，我觉得我做得很好了。您知道我家里很穷，平常几个月都喝不到酒，也吃不上肉，我这样可以叫做"斋"了吧？

孔子回答说，你这个情况，应该叫做"祭祀之斋"，并不是"心斋"。

颜回问这个话，大概是庄子编排出来的，是在揶揄他——你看我又穷又高风亮节，难道这样都不够格吗？读者诸君可以仔细品一下其中的味道。

回曰："敢问心斋。"

仲尼曰："若一志，无听之以耳而听之以心，无听之以心而听之以气！听止于耳，心止于符。气也者，虚而待物者也。唯道集虚。虚者，心斋也。"

颜回说，敢问老师，什么叫"心斋"呢？

孔子说，你要专心致志，"无听之以耳而听之以心，无听之以心而听之以气"。把你的心意变得很有诚意，心诚才能谈下一步。

诚意是一种内在的期待，是完全没有理由、没有功利性的。

在这种天然的诚意之下，注意了，不要用耳目感官去搜索信息，就能把天然的东西恢复出来。感官搜索信息的时候，都奔着它喜欢的方向走。耳朵喜欢听到悦耳的声音，眼睛喜欢看到缤纷的色彩。因此，我们不能跟着感官走，而是要问问自己的本心到底要什么、本心到底喜欢什么。

回到本心之后，要把本心也放下。"无听之以心而听之以气"，意思是把心意虚无下来，用气去感应一切。

气是整个宇宙间的一般等价物，它可以演化出所有东西——中国人讲元气生出一切有形的东西，所以要放下本心，去感应元气的周流变化。

孔子接着说："听止于耳，心止于符。"如果靠耳朵去听，那么你的信息量非常有限，只是一些有形的声音；如果靠心去听，就会停留在思想和形象上。"符"，即形象，是心意造作出来的各种各样的境界。

"心止于符"，心意造作出来的，永远是具体的形象和情境。比方有一种境界，让人感觉异常愉悦，或感觉一无所有，或感觉空无边处，亦或是充满慈心慈爱，都只是一种感觉或情绪，是具体而有形象的。

所以，心去造作的时候，造出来的永远是它能理解的东西。换句话说，心如果是造物主的话，它只能造有形的东西。所以心进不了一般等价物的循环体系，进不了底层代码。

谁能沟通底层代码呢？只有底层代码本身！必须"听之以气"，如果与气合一的话，那么很快就能够领会到整个世间大致的波动和气运。这可能是道家最高的境界了吧！

庄子接着说："气也者，虚而待物者也。"

"气"是什么东西？是一片虚无。它可以"待物"，它不是主动的，类似纯然被动的存在，等待着所有有形的东西在它那里运作。"万物负阴而抱阳，充气以为和"，气能够激活物的灵性。

"唯道集虚"，"道"是比"气"更底层的存在，它更加难以描述。"道"能够让一切虚无混沌的东西运作起来；而这些虚无混沌的东西，最后又回归于"道"——"道"是总的枢纽，但"道"又好像是不存在的。

这是道家的无上妙诀。庄子很有意思，他借孔子的口把它说了出来。

"虚者，心斋也"，所以心斋不是正面的追求，而是一种反向的运作。我们要尽量把内心的成见扫掉：首先放下感官的追求，然后放下心灵的"外驰"（心灵总是奔走驰骋在各种形象当中），最后让"气"来洗刷自己。

众所周知，中国传统文化"内圣外王"的核心观念，最早是在《庄子》中提出来的。现在看来，庄子的"心斋"，就是"内圣"的具体修行方法。

无论"心斋"的目标是不是要做到"内圣"，它在技术上对身心的洞察和调整，都是让人惊叹的。这种技术路径，能让人实现自我训练，逐步把感官从它喜爱的目标上撒手，心灵从它执着的情境中放下。

虚己待物，跳出自我的框框，洞察世间的形势变迁。回顾起来，实际上是对《齐物论》里认知漏洞、天人相分的修复方案。

虚己待物，意味着自我是放下的、身心是安闲的，这件事并不容易。人的心思，就像是猴子的手臂，在树上攀援惯了，觉得不抓个什么目标，反而就没法适应了。其实真的下到地上，解放了双手，虚己待物，随时可以做任何事，有什么不好呢？

说句玩笑话：学习"心斋"，就像是猴子从树上下来、进化成人一样。

第三十八节 虚室生白，心境如何影响人生的运道

所谓心斋，就是保持澄澈透明的心境。庄子告诉我们，越是在纷繁复杂的环境中，越是要保持澄明的心境。这样，才能浮游于时代的激流之上，不被巨浪吞没。

孔夫子教导了颜回心斋的修行技术。他说，你要把心意专一起来，从被耳目牵着走的情况中摆脱出来，回归到心灵的自我觉知；然后，再从心灵的图景中超脱出来，去接受天地元气的洗礼。把身心调整到与天地元气相合的状态，"虚而待物"，就能放下自我的执着，从而洞察万物的变迁。

以上是心斋的技术路径，即怎么做心斋。以下是心斋的境界，即心斋修成之后的心境是什么样的，当中还列举了孔夫子游于俗世樊笼的心得体会。

> 颜回曰："回之未始得使，实自回也；得使之也，未始有回也。可谓虚乎？"

颜回说，老师，我在没有得到您批准去卫国之前，自我观念是很重的；现在您把正确的方法告诉了我，也批准我去了，我却不觉得有颜回这个人存在了。四下里找颜回，可颜回在哪里呢？

原先颜回是个具体的存在——很会学习，也很尊敬老师；有自己的追求，也有自己的真爱。现在这些东西都放下了，您觉得

我算是合格了吗？

> 夫子曰："尽矣！吾语若！若能入游其樊而无感其名，
> 入则鸣，不入则止，无门无毒，一宅而寓于不得已，则
> 几矣。"

孔子立刻对他进行肯定，说"尽矣"，到了。颜回是多聪明的人啊！这么至高无上的技术，话语之间颜回就得到了。

孔子继续说，我再具体地说说以后你需要的一些技巧，避免你出错。你到君王家去劝诫他，就相当于自己跑到老虎的笼子里去。跟老虎相处危险性很大，你可千万不要被名位所迷惑。注意啊！第一不要被君王的威严所迷惑，第二也不要被君王对你的许诺所迷惑。

上位者要测试一个新人的时候，一般都会跟他谈职位问题。这时候，如果下属的心思不稳，情绪就会流露在脸上，上位者就会观察出来。君王对此更是擅长，因为他天天想的就是如何玩弄权术。所以，当君王跟你谈名位的时候，千万要淡然一点啊！

"入则鸣，不入则止"，如果他非常积极地迎合你，表示愿意接触，夸你颜回不错，你就说几句；如果他听不下去，觉得跟你不对付，你就立刻住口。

"无门无毒"，你不要拉帮结派，也不要打压别人。去了之后，你必须是个单纯的人。因为你是远道而去，要劝说像猛虎一样的暴君，你一旦拉帮结派，会被所有的人看在眼里。不要指望靠站队来保全自己，要保持洁身自好的状态。拉帮结派，是君王最厌恶的。所以，即使有人来拉拢你，也不要参加。

"一宅而寓于不得已"，你把自己清空，做好心斋的功夫，任

何事情都是不得已而为之，随机应变而不做预谋。比如，情况已经糟糕到连君王自己都有感觉了，你才跟他说两句；如果君王完全没感觉到问题，就不必多讲。

"寓于不得已"，事情永远是君王要我干的，而不是我要干的，把做事情的主动权交给君王。"则几矣"，这样就差不多了。

接下来，孔子用一大段话，要求颜回以平常心为道，接受常识。

> 绝迹易，无行地难。为人使易以伪，为天使难以伪。闻以有翼飞者矣，未闻以无翼飞者也；闻以有知知者矣，未闻以无知知者也。

"绝迹易，无行地难"，一个人要隐藏自己容易，但是要隐藏行迹可不容易。你在君王面前找一个布帘子躲起来很容易；但跟他接触之后，你的种种轨迹和心态变化，要想隐藏起来可不容易。

"为人使易以伪，为天使难以伪"，为人所差使，当了别人的属下，很容易变得虚伪；但是如果是老天差使你，你就很难变得虚伪。这是常识，你要接受。

"闻以有知知者矣，未闻以无知知者也"，我听说过有翅膀能飞，没听说过没翅膀就能飞的；我听过有知识的人他能够把握问题的关键，没听说过完全没知识的人就能够无缘由地开悟。

孔子这里说的全部是常识。一个为道之人，要接受常识——猛虎就是猛虎，不会因为你跟它相处得好，它就改变猛虎的本性了。

颜回本来的心态是：我具有美德，我是为他好，他就会接受我的意见。现在孔子给他拧过来了——你为他好跟他没关系，你的美德也跟他没关系，关键是你跟他相处的方式是不是合乎于道。如果合乎于道，"万物尊道而贵德"，你们就是同根生，他不会害你的；相反，你跟他比美德的高低、教训他，他一旦意识到你是有所图谋，任何暴君都会立刻进行反击。

　　像唐太宗那样纳谏如流的君王，历史上寥寥无几。古人说伴君如伴虎，后面庄子会进一步阐述这个问题。

　　　　瞻彼阕者，虚室生白，吉祥止止。夫且不止，是之谓坐驰，夫徇耳目内通而外于心知，鬼神将来舍，而况人乎！是万物之化也，禹、舜之所纽也，伏戏、几蘧之所行终，而况散焉者乎！

　　"瞻彼阕者，虚室生白"，这里把心斋修成的境界说清楚了——如果你能够接受天道的常识，把自己的内心扫干净，没有什么额外的期待，尤其是对自己没有额外的期待，那么你的内心就会像一间窗明几净的屋子一样，通透明亮。"吉祥止止"，这间屋子里面充满了吉祥的气息。

　　"夫且不止，是之谓坐驰"，即使这个气息好像还在运动，那也是意识在自在地遨游。这种状态就称之为"坐驰"——身体安坐不动，而心意游于无穷。

　　"夫且不止，是之谓坐驰"，这句话历史上一般往反面解——如果你停不下来的话，看似挺安静，其实心已经乱了。这种解释也未尝不可，只是笔者认为这跟后文并不连贯，显得比较突兀。庄子是提倡精神与天地相往来的，如果内心没有贪执，心意在外面飞驰又有什么关系呢？

"夫徇耳目内通而外于心知，鬼神将来舍"，如果你的耳目能够体察到内心的明净，开发出内在的空间，将心灵关于外部世界的知识隔离出去，这时鬼神都会来依附你、保护你。换句话说，天底下最隐性的信息都会聚集到你这里，信息面一下子就打开了。

"而况人乎"？鬼神是最灵动不羁的存在，它们都愿意依附于你，得到暂时的安宁，更何况人呢？

猛虎在你这里能得到安宁，它怎么会伤害让它安宁的东西呢？它甚至不知道自己为什么会安宁下来，所以也不会猜测它。这种自然又纯粹的安宁，不会让人产生新的猜测——怀疑自己是不是被药物给催眠了，它不会另起疑心。

"是万物之化也，禹、舜之所纽也，伏戏、几蘧之所行终"，以上所说的，就是万物造化的道理，就是大禹和大舜做事的枢纽，是他们的方法论的基础，也是伏羲和几蘧做事的方法和思路。几蘧也是传说中的圣王。圣王们这么做，成就了盛大的事业；我们普通人这么做，可以保全我们自己。

有关"虚室生白"的问题，还可以再做些讨论。"虚室生白"作为一个境界，在方仙家、内丹家中影响很大，很多人都引用这句话来说明修行的层次。

有些内丹家说，所谓"虚室生白"，就是入静到了很深的程度时，会在眉心附近发生闪电一样的光芒，闭着眼也能看到，所以叫做"虚室生白"。有些人甚至把这种光叫做"性光"，那么"虚室生白"就等于"明心见性"了。

这些都是个性化的静坐体验，笔者想强调的是，"虚室生白"的本来含义，其实还是"虚其心"的意思。庄子把心灵比作一个屋子，只有把充斥在屋子里的各种垃圾和闲摆设都清理出去，大自然的光芒才能透射进来，心里头才能澄澈、才能透明。

传统文化中的修为，是一件技术性很强的事情。有些朋友可能觉得概念怎么借用都没关系，但实际上，概念的张冠李戴，会影响技术的系统表达和理解，进而影响技术的发展。

我们经常会听到这样的话，说道家的心斋、佛家的禅定、心学的良知，甚至西式的祈祷都是一个意思。这话不妥！它们可能都能帮助人，但各自的技术路径、追求的目标，还是有实质性区别的。

第三十九节 左右为难，为何还要安之若命

　　《人间世》的前六节，都在讲颜回问于孔子的故事。接下来，庄子又讲了一个叶公子高问于孔子的故事。这个故事的主题，涉及诸侯国之间的"外交"活动。转换到今天，可以视作有关于组织间的合作与竞争。在这其中，负责协调关系的中间人，该如何保持分寸，既完成职责，又保全自己，是一件非常讲究的事情。

　　叶公子高，姓沈名诸梁，字子高，是楚庄王的玄孙。因为封于叶地，也就是今天的河南叶县，所以称叶公。子高的名气很大，读者朋友应该都听说过"叶公好龙"的故事。按今天的考证，叶公好龙是从叶公治水的史实中编排出来的。

　　叶公子高出使齐国，发生在楚昭王时期。此时吴国来犯，楚国节节战败，就派遣子高去齐国求援。楚昭王的心情很迫切，但决策方向错误——齐国太精明，并不是个可以信赖的主。子高一方面忧心国家，一方面又担忧自己夹在中间难以做人，所以来向孔子请教。

　　叶公子高将使于齐，问于仲尼曰："王使诸梁也甚重，齐之待使者，盖将甚敬而不急。匹夫犹未可动，而况诸侯乎！吾甚栗之。子常语诸梁也曰：'凡事若小若大，寡不道以欢成。'事若不成，则必有人道之患；事若成，则必有阴阳之患。若成若不成而后无患者，唯有德者能之。吾食也执粗而不臧，爨无欲清之人。今吾朝受命而夕饮冰，我其内热

与！吾未至乎事之情而既有阴阳之患矣！事若不成，必有人
道之患，是两也。为人臣者不足以任之，子其有以语我来！"

叶公子高是个厚道人，平时想的就是过过小日子，但这一次
情况紧急，他被派出使齐国，去完成君王指派的目标，于是赶紧
过来向孔子请教。

叶公说："王使诸梁也甚重，齐之待使者，盖将甚敬而不急。"
我们的君王还是挺看重我的，派遣我出使齐国，但齐国的外交风
格您是知道的，特别有手腕——他们对所有使者都很优待，毕恭
毕敬，但就是不办事，一拖再拖，最后再将他们打发回去。

叶公继续说，像我这样的人，"匹夫犹未可动，而况诸侯乎"！
我劝说普通人做事都劝不动，更何况叫我去游说诸侯！我很着
急。夫子您以前教导过我，凡事不管是小是大，很少有不行道就
能够做得很愉快的。而且，事情如果做不成，会有"人道之患"，
君王会来责备你；如果勉强做成了，"必有阴阳之患"，即身体会
阴阳失调，会生病的。

叶公说的这个情况确实存在。很多时候，事情做成了，身体
垮了；做不成，又会遭到批评。

"若成若不成而后无患者，唯有德者能之"，不管做成做不
成，都没有后患，有没有这样的方法？夫子您是说过的——有德
者才能做到。

叶公的意思是，夫子您还是教教我这方面的方法吧！

为了强调自己的困境，叶公又说：夫子您看，"吾食也执粗
而不臧，爨无欲清之人"，我吃饭都只吃一些粗粮。"不臧"，不
吃那些很精细的东西；做饭也是自己做，甚至洗碗都是我跟我夫
人一块洗。这个历史上确有记载，叶公夫妇特别优待下人，洗碗

都自己洗。

"今吾朝受命而夕饮冰，我其内热与"，早上接受了命令，我晚上就开始吃冰块了，真是急火攻心呀。我还没有做事，就有"阴阳之患"了；如果事情做不成，还将有"人道之患"。这两患相加，我该如何是好？我为人臣的能力不够，不足以胜任这样的大事，夫子您快教教我吧！

看得出来，叶公确实是个老实人。

> 仲尼曰："天下有大戒二：其一命也，其一义也。子之爱亲，命也，不可解于心；臣之事君，义也，无适而非君也，无所逃于天地之间。是之谓大戒。是以夫事其亲者，不择地而安之，孝之至也；夫事其君者，不择事而安之，忠之盛也；自事其心者，哀乐不易施乎前，知其不可奈何而安之若命，德之至也。为人臣子者，固有所不得已。行事之情而忘其身，何暇至于悦生而恶死！夫子其行可矣！"

孔子劝叶公把心态放平，首先要接受现实。

孔子说，天下有两件事是必须做的：第一是"命"，第二是"义"。

什么叫"命"呢？子女对待父母的感情就叫做"命"。比如，想要忘掉自己的母亲，可能实现吗？即使母亲做了不对的事情，子女还是会牵挂她；即使母亲伤害了子女，子女也不愿意伤害她——伤害母亲等于自我伤害。

什么叫"义"呢？臣子帮助君王做事就叫做"义"，这是本分。环看天下，哪里有不受君王管控的地方呢？归隐山间或许可以，但你能够丢下你的亲族不管吗？

　　"无所逃于天地之间"，天地之间没有一个地方能够躲避"命"和"义"的。生而为人，在世间行走，就逃不出社会关系。因此"命"和"义"这两者叫"大戒"，人只能选择一个相对妥善的处理方法。

　　侍奉父母，要"不择地而安之"，做儿女的应该随时随地善待父母。我们不能选好了时间地点，才愿意侍奉父母；也不能等挣了一个亿之后，再去供养父母。这种延后的心理，会使人的内心长时间处于不安定的状态。应该是有能力了就做一点，尽力而为。

　　侍奉君王，则应该"不择事而安之"，不能挑挑拣拣、拈轻怕重。君王分派任务的时候，不能只接受好的任命，而推掉不好的差事，这个叫做忠于职守。

　　看到这里，读者诸君是不是觉得孔子在宣扬儒家的"君君、臣臣、父父、子子"？其实不然，这段话是摆事实——因为世间的规则就是如此，如果做不到，就会被规则碾压。

　　孔子说，侍奉自己内心的人，"哀乐不易施乎前"，不会被哀乐中痛苦的情绪影响自己的心情。把"命"和"义"安排好的同时，也要把自己的内心安排好，要做到"知其不可奈何而安之若命"。

　　"安之若命"这个成语就出自《庄子》。人还是要接受自己的命运。生在战国时期的中土大地，也是庄子无法选择的啊！如果生在同时期的古希腊或许会好一些，可以在城邦里到处游说和辩论。反观今日世界，也是一个巨变的时代，躲是躲不过的，还需要自己踏实地去应对才好。

　　"德之至也"，能够做到以上这些，就是一个人德性的高度体现了。

所以"为人臣子者，故有所不得已"。你要注意的是，把对身家性命的顾虑放下一点，不要太过贪生怕死，这样的话，至少这趟差事你就可以去做了。

庄子绕了半天，其实就一个意思——你不去行吗？

所以，庄子祖上肯定是贵族出身，只有贵族会这样说话——全是旁敲侧击，从不正面硬扛。他一个故事绕过来，再一个故事绕过去，真是知识水平越高，越是意在言外。

关于"叶公好龙"的主角叶公子高，有必要多说一些，给子高正个名。

春秋末期人才辈出，叶公子高其实是当时相当杰出的政治家和军事家。他在叶地主持修建的水利工程东西二陂，是历史上最早的大型水利工程，比都江堰还要早两百年左右。据叶家的族谱记载，在子高的居所中，悬挂着巨大的水利施工图，施工图上渠网密布。古代称引水为引龙，所以外面渐渐误传为子高喜欢龙，再进一步，就有文人墨客编排出叶公好龙的故事。

楚惠王在位期间，因为令尹子西沽名钓誉，引狼入室，非要把对楚王室有成见、报复心又很强的白公熊胜请回来做安置，最终导致了公元前479年的白公胜之乱。子西被白公胜杀害，楚惠王则仓皇逃出。最后，还是子高率军打败了白公胜，迎回楚惠王，平定了楚国的内乱。子高的作为，完全就是力挽狂澜。此后子高身兼令尹和司马二职，军政大权一把抓，帮助楚国度过了春秋末年的艰难时日。四年之后，子高功成身退，回到叶地安度晚年。

从这些经历来看，叶公子高的一生，几乎可以说是一个理想的君子的典型。

子高和孔子的关系不错，不过观点有些相左。有一次和孔子探讨什么是正直，子高说，父亲偷了羊，儿子去告发，这种做法就叫做正直。孔子则认为，父亲偷了羊，儿子替父亲隐瞒，这才是正直。两人都没有说服对方。那么，亲爱的读者朋友，你是同意子高，还是同意孔子？

第四十节　乘物游心，高管不要代入老板角色

　　规劝叶公子高认清形势之后，孔子还是要帮子高分析一下具体的方法。

　　叶公子高和颜回不一样，颜回是一个书生，在社会上是一个素人，没有根基，也没有地位。颜回的烦恼有点儿虚无缥缈，虽然说起来大义凛然，但如果真的不顺利，随时可以抽身走人。子高是楚王室成员，而且是重臣，他的根基在楚国。他不是人参精，可以拔了根须随时跑路，所以楚王安排的事情，事态紧急，他必须妥善处理。

　　孔子劝导子高说，环境越是紧迫复杂，老板越是着急，高管就越是要平实、谨守本位。千万不要代入领导的角色，更不可以因为自己的情绪失控，人为地加戏。我们知道，在组织间的交往中，如果高管煽动情绪，一来二往，事情很容易点爆。这样做可能一时间风生水起，但双方领导一旦反应过来，那结果就不可预料了。

　　所以，是平实地做一棵常青树，还是做点爆关系的火鸟，这是每一个高管必须做的选择。

　　丘请复以所闻：凡交近则必相靡以信，远则必忠之以言，言必或传之。夫传两喜两怒之言，天下之难者也。夫两喜必多溢美之言，两怒必多溢恶之言。凡溢之类妄，妄则其信之也莫，莫则传言者殃。故法言曰："传其常情，无传其

溢言，则几乎全。"

　　孔子说，我再告诉你一些我知道的外交技巧："凡交近则必相靡以信。"凡是交情很近的，他们之间互相信任，话说得过一点也没问题；"远则必忠之以言，言必或传之"，如果交情远或者地域远，他们之间就必须靠使者传话。

　　"夫传两喜两怒之言，天下之难者也"，对使者来说，最难的任务是传递比较极端的言辞——把特别高兴的话，或者特别愤怒的话互相传递。"夫两喜必多溢美之言，两怒必多溢恶之言"，互相传话的时候，如果双方高兴，必然多"溢美"之辞；如果双方愤怒，必然有"溢恶"之辞，这些言辞都会带来负面效果。

　　"凡溢之类妄"，凡是"溢美"或"溢恶"之辞，都夸大了君主的实际想法。

　　比如君王兴奋地说：既然对方如此厚道，我马上割地五十里。这种"溢美"之辞不能传达，一旦传达过去，对方就会索要；如果难以兑现，就只好降罪于使者。

　　"溢恶"之辞也是同样道理。如果君王一时激动，宣称要攻打对方，使者也不能传。因为这样的言辞，会让对方紧张，并迁怒于来使。虽然传递了真话，使者却要遭殃。

　　"妄则其信之也莫，莫则传言者殃"，因为极端的言辞听起来很虚妄，对方君主对使者的信任就会降至冰点，最坏的结果就是"先斩来使"。

　　比如，使者传"溢恶"之辞，对方君主为了表示不信，为了表示自己与遣使的君主同声同气，会先把来使给斩了；然后再派自己的使节告诉对方，此人传了一些您的恶言恶语，为表诚意，我已经替您把他斩了。传"溢美"之辞的结果可能相对好一些，但也免不了被自家君王惩治。所以在外交上有一个法则：永远只传达平实的语言，而剔除过度的谈锋。当然，这并不是要改变领导的原意，而是只传达平实的部分，保留情绪化的部分，这样几乎就可以保全自己了。

> 且以巧斗力者，始乎阳，常卒乎阴，泰至则多奇巧；以礼饮酒者，始乎治，常卒乎乱，泰至则多奇乐。凡事亦然：始乎谅，常卒乎鄙；其作始也简，其将毕也必巨。

接着，孔子突然爆出名言："且以巧斗力者，始乎阳，常卒乎阴"，设计一个巧妙的办法来完成艰巨的任务，出发点可能是很正面的，但最后往往会变得越来越龌龊。

"泰至则多奇巧"，到最后，会演变出各种脑洞大开、失去底线的阴谋诡计。哪怕是因为礼乐的需要在一起喝酒，一开始还客客气气的，最后也会一塌糊涂。比如兄弟见面，喝酒应该说有了一个正常的理由，但喝到情绪上来了，就会出现互相逼酒、闹酒的情况。

"泰至则多奇乐"，到了高潮阶段，会特别可乐，可以说是丑态尽露、洋相百出。"奇乐"这个词，带有贬义。

"凡事亦然"，世界上大多数事情都是这样。

"始乎谅，常卒乎鄙"，一开始交往的时候，出于一种相互体谅的心态，彼此不把原则讲清楚，结果越往后发展，双方的想法越粗鄙。很多事情，即使是以最简洁的方式开始，最后也变得异常复杂。这似乎是一个普遍的规律：事物有朝着极端化发展的倾向。比如现在的大众传媒，已经变得十分混杂——如果没有一些刺激眼球的内容，甚至都传播不出去。

> 言者，风波也；行者，实丧也。夫风波易以动，实丧易
> 以危。故忿设无由，巧言偏辞。兽死不择音，气息茀然，于
> 是并生心厉。克核大至，则必有不肖之心应之，而不知其然
> 也。苟为不知其然也，孰知其所终！

孔子紧接着讲："言者，风波也；行者，实丧也。夫风波易
以动，实丧易以危。故忿设无由，巧言偏辞"，使者在君王之间
传递言辞，会鼓起风波；君王按照使者的言论做事，则会引发得
失。"实"是得，"丧"是失。所有的风波，都容易挑起人心的异
动；而所有的得失，都容易诱发进一步危险的举措。所以如果君
王没有理由地发怒了，就是因为"巧言偏辞"。

这一句又是名言，"巧言偏辞"会把人往沟里带。君王心里
对得失看得最清楚，即使一时没反应过来，等回过味来的时候，
他也会知道是因为受了谁的刺激，才被带到沟里的。被卖了还帮
人数钱的君王寥寥无几，尤其是"战国无弱主"，那个年代很少
有不开窍的君王。

接下来一段似乎是站在君王的角度来说理。

"兽死不择音，气息茀然，于是并生心厉"，野兽被人逼到了
绝境的时候，它嚎叫的声音是非常犀利的，它的气息是非常粗暴
的，并且心里会生出极大的怨恨。

"克核大至，则必有不肖之心应之，而不知其然也"，对任何
人批评得太过分、骂得太狠，他必然的反应就是转过头来对付
你。更何况是如猛兽一般的君王，他的"不肖之心"被逼出来的
时候，可能连自己也不知道什么原因，这就是一种天然的反应。

画人画面，画骨又画心。逼迫别人赤裸裸地面对你，就属于
"克核大至"。"大"通"太"，太过。

孔子接着说，"苟为不知其然也，孰知其所终"，做这种连原因都不知道的事，怎么能知道结果呢？在君王面前，竟然做无法判断风险的事，是不是太草率了？

　　故法言曰："无迁令，无劝成，过度益也。"迁令劝成殆事，美成在久，恶成不及改，可不慎与！

所以，"法言曰：'无迁令，无劝成，过度益也。'"过去老话说，不要随意改变说过的话，不要勉强别人去做自己力不从心的事，这些都是过头的事。

"迁令劝成殆事，美成在久，恶成不及改，可不慎与"，孔子的意思是说，不要把事情朝着自己预设的方向推动，而应该如实地传递君王通常的想法，然后再把齐国实际的回答，用比较温和的方式传递回来，同时剔除对方那些刺激人的方式和做派。这样任务就完成了，何必把自己代入进去呢？

至于有没有完成君王的期待，则不须太过担心，最关键的是要让君王安心——即前文所说：侍奉君王不能拈轻怕重，外交辞令不能传"溢美""溢恶"之辞，不以"巧言偏辞"带偏节奏，以及不对君王的心"克核太至"，等等。

现实一点来讲，如果子高总是轻描淡写地就能把事情了结，别人却"克核太至"，时间长了子高就上位了。历史上有很多这样的不倒翁，大都是采取这种随顺又不作恶的态度。所谓百年君臣，秘诀就是不把人刺激得太厉害。

　　且夫乘物以游心，托不得已以养中，至矣。何作为报也！莫若为致命，此其难者。

"且夫乘物以游心，托不得已以养中"，对待任何事物，内心大可自由自在地遨游其中；而对于不得已的事情，譬如君王的命令，则以一个中道的原则来处事。中道，是一种既忠实于君王、又不过分强求的方式。

"至矣"，这就是为臣之道的极致了。孔子并没有讲要想尽一切办法去实现君王的愿望。下文还会具体讨论，为什么不能够铆足了劲实现君王的愿望。

"何作为报也！莫若为致命，此其难者"，怎么样报答君王？就是老老实实替君王办事，把事请还原成本来的面目，这有什么难的呢？

"叶公子高问于孔子"的故事就到这里。

在这一节里，孔夫子告诉我们一个很容易被忽略的常识——在组织间博弈的时候，由于相互揣摩、相互怀疑、彼此诛心，事情很容易极端化。实际上，就算是亲朋好友之间，哪怕只是听岔了话，都会引发误会，更何况组织之间呢？

人心就是这样，总是希望事情朝着热闹的方向发展，吃一个天大的瓜，谁能说自己心里没有这种蠢蠢欲动的感觉？

孔夫子提出一个很值得玩味的词："克核大至"，就是逼得太狠。群众吃瓜，领导可以一笑置之；如果负责沟通工作的高管情绪高亢，把一时的矛盾渲染成了大瓜，那其实就是把两边的领导人都给逼到了墙角。

不在其位，不谋其政。高管代入领导的角色，又加入了自己的情绪，实质上是按照自己的价值观，对领导进行诱导和逼迫。而领导面对的，是整个组织的生死存亡，他要对整体负责。这个时候，如何处置这个三极管一样的属下呢？

忠于职守、谨守本位，自古以来就是为臣之道的基本点。孔夫子说："乘物以游心，托不得已以养中。"看起来有些消极，其实这是一种于人于己都留有余地、洒脱的人生态度。

臣子游心，则君王安心。事情呢，还是理性、妥善地往前推进为好。

第四十一节　家族传承，顾问何必螳臂当车

这一节讲的是颜阖问蘧伯玉的故事。

颜阖是鲁国人，与孔子是同时代的人，属于口碑很好、可以托孤的那种名臣。

蘧伯玉是几代卫国君王的重臣，是一位著名的贤人，也是孔子一生的挚友。孔子有两次系统性的授徒教书，都是蘧伯玉为他提供的讲堂。孔庙祭奠的时候，也将蘧伯玉供奉在历代先贤之首位，位列孔庙陪祀东庑第一位。

颜阖受卫国君主的委托，给太子当老师。颜阖担忧，管教太严未来会遭到报复，放任自流又对不住君王和国家，所以辗转反侧，左右为难。

这个主题转换到今天，有点像是家族传承里的教育问题。

家族传承是在今天的隐性热点话题。颜阖问蘧伯玉的故事说明：作为一个大家族的家主，家里如果有熊孩子，必须亲手管教。指望几个老一辈教导他，找几个顾问辅佐他，根本就不是办法。试想，熊孩子未来会上位，掌握权力和资源，要面对复杂的博弈局面，他们个性中的偏执必然被放大，这个时候，但凡明智一点的人，谁会跟他们对着干呢？难道还指望有颜回那样的人，从千里之外赶过来劝谏他吗？

在这个故事中，颜阖就是那位被家主寄予厚望的老顾问。他实在没有办法了，只好找卫国的政坛常青树蘧伯玉求教。那么，蘧伯玉究竟开出了什么药方呢？

颜阖将傅卫灵公大子，而问于蘧伯玉曰："有人于此，其德天杀。与之为无方，则危吾国；与之为有方，则危吾身。其知适足以知人之过，而不知其所以过。若然者，吾奈之何？"

颜阖去给卫灵公的太子教书，他感到非常不好把握。卫灵公是个厉害的角色，而颜阖看来是个老实人，领导指派他去教自己的儿子，这个事情是无法推辞的。颜阖发现情况有些不对，所以跑来问蘧伯玉。蘧伯玉是卫国的重臣，也是朝堂上的不倒翁。

"有人于此，其德天杀。与之为无方，则危吾国；与之为有方，则危吾身。"颜阖说，有一个人，他天生的德性就是喜欢杀戮，很残暴。我如果随顺他，不严加管教，我自身不会有危险，但是这样对国家不好，我心里过不去；如果我教导有方，把他的性子强扭过来，那么等他继位了，很可能会对我大大不利。

"若然者，吾奈之何"，颜阖继续说，太子这个人，"其知适足以知人之过，而不知其所以过"。作为君王，最重要的品德是能看到自己的过错；如果只盯着臣子的过错，那么臣子皆是"亡国之臣"。君王如果能看到问题的症结，至少可以做工作转圜，事情就可以变通过去。但太子恰恰不具备这样的品德，所以他以后会变成最坏的君王。我作为老师应该怎么办呢？

蘧伯玉曰："善哉问乎！戒之慎之，正汝身也哉！形莫若就，心莫若和。虽然，之二者有患。就不欲入，和不欲出。形就而入，且为颠为灭，为崩为蹶。心和而出，且为声为名，为妖为孽。彼且为婴儿，亦与之为婴儿；彼且为无町畦，亦与之为无町畦；彼且为无崖，亦与之为无崖。达之，入于无疵。"

蘧伯玉说，"善哉问乎"，这个问题问得好！先秦经典常用"善哉"这个词，后来佛经翻译的时候也加以引用，成了常用语。

"戒之慎之，正汝身也哉"，你要注意，一定要端正自己的立场啊。"形莫若就，心莫若和"，你在行为上最好迁就他，而心里尽量要想办法帮他中和，通过态度、情绪各方面，对他残暴的个性施加潜移默化的影响。这个是常规，也是本分，是作为老师必须做的。

"虽然，之二者有患"，但是，即使你两者都做得很好，还免不了有后患。也许将来他领会到，老师做了那么多事，原来都是在对自己潜移默化；领会到坏事做得不太得心应手，心里隐隐约约有内疚感，原来是老师当初给自己的暗示。他的聪明，足以看到老师的过失，但是看不到老师为什么这么做，所以他就要对付老师了。

蘧伯玉指出，这个时候就要"就不欲入，和不欲出"，迁就他，但不要跟他完全地搅和在一块；潜移默化，但不要显露任何痕迹。这就要对照前文"听之以气""化之以气"的方式方法了。

"形就而入，且为颠为灭，为崩为蹶"，如果在行动上跟他完全混在一块，很快就会被反对他的人所攻击。正直的大臣很多，下手也很重。而且太子也保不住你，他肯定会"弃车保帅"。"心和而出，且为声为名，为妖为孽"，而如果对他潜移默化时露出了痕迹，他会认为你是以声望和美德来胁迫他，因此他会把你视作妖孽。这个时候，清流大臣们可能也会出来反对你，你将无法自证。所以必须做到不留痕迹。

让人无法评价你是忠臣还是奸臣，才算是成功的。这话老滑头，但是确实有些道理。宫廷斗争中，大臣是非常重要的元素，奸臣和忠臣下手都很重。颜阖你一个老实人，还是别搅和进去为好。

"彼且为婴儿，亦与之为婴儿；彼且为无町畦，亦与之为无町畦；彼且为无崖，亦与之为无崖"，如果他的状态像婴儿一样，你也要像婴儿一样；如果他表现得好像对你没有芥蒂，完全对你开放，你也表现得好像对他开放；如果他表现得无拘无束，你也表现得无拘无束。"达之，入于无疵"，你就像他的影子一样，如果能做到这样，就叫做没有瑕疵了。

> 汝不知夫螳螂乎？怒其臂以当车辙，不知其不胜任也，是其才之美者也。戒之，慎之！积伐尔美者以犯之，几矣。

这里又出成语了，叫做"螳臂当车"。"汝不知夫螳螂乎？怒其臂以当车辙"，蘧伯玉说，你见过螳螂吗？螳螂会挥动着自己的双臂，想要挡住前进的车轮。"不知其不胜任也，是其才之美者也"，虽然螳螂完全没有这个能力，但它会认为自己很有美德。这是在讽刺清流士大夫，也是在告诫颜阖，即使看到太子行为不端，也不要置气。

"戒之，慎之！积伐尔美者以犯之，几矣"，千万要注意啊！如果你持续夸耀自己的美德，去冒犯君王，那就近乎死地了。

> 汝不知夫养虎者乎？不敢以生物与之，为其杀之之怒也；不敢以全物与之，为其决之之怒也。时其饥饱，达其怒心。虎之与人异类而媚养己者，顺也；故其杀者，逆也。

蘧伯玉继续做比喻，你见过养老虎的人吗？"不敢以生物与之，为其杀之之怒也"，养虎之人从来不敢用活物去喂老虎，怕激起老虎的杀心；"不敢以全物与之，为其决之之怒也"，也不敢用全鸡或全猪喂它，怕它撕扯的时候，本性中掠夺的意识慢慢暴露出来。"时其饥饱，达其怒心"，养虎讲究按时投喂，并对它的情绪进行精确管理。"虎之与人异类而媚养己者，顺也；故其杀者，逆也"，时间久了，虎也媚人，它会跑过来用它的大脑袋蹭你。虎媚人，因为它觉得在人这里自在；一旦人让它不自在了，它就会伤人。所以根本的态度是必须摸准它的本性，顺着它，同时不能让它极端化。

　　夫爱马者，以筐盛矢，以蜃盛溺。适有蚊虻仆缘，而拊之不时，则缺衔毁首碎胸。意有所至而爱有所亡，可不慎邪！

蘧伯玉还是在做比喻："夫爱马者，以筐盛矢，以蜃盛溺"，特别爱马的人，会跟在马后面用箩筐接马粪，用大海螺接马尿，生怕把马弄脏了。"适有蚊虻仆缘，而拊之不时，则缺衔毁首碎胸"，突然有蚊子过来叮马，他不注意随手拍了一下，结果马就蹦起来，把身上的配饰都给撕碎了。

人对马这么好，甚至打蚊子也是为它好，但是只要刺激到它，马就会尥蹶子。因为马正活在自己的境界当中，即所谓的"意有所至而爱有所亡"，所以不能强行把它拽出来。庄子这句名言，对人性的刻画简直是入木三分！

术数上有一句话叫"贪生忘克"，正当一个人怒不可遏、想要处罚别人的时候，最好的办法是让他爱的人转移他的注意力，这样他就不会很重地处罚别人了。所谓"贪生"，"生"就是他爱的这一边。

当领导发脾气的时候，把他最爱的小孩抱过来，下属就逃过一劫。因为他不愿意为下属的事情而破坏慈爱的情绪，所以下手就会轻得多。而蘧伯玉说的是相反的情况，如果君王正专注在一件事情上，大臣去骚扰他，那么他平常的爱意就流失不见了，因此叫做"意有所至而爱有所亡"。

每个人都是这样，当专注在自己的事情上时，都不希望被别人骚扰。面对如此人性，尤其是被权力高高捧起的君王之心，庄子的办法是既不骚扰，也不助长，让它慢慢地柔和下来。因为助长君王的心性，会把事情推向极端，而骚扰他则容易逼他尥蹶子。

有人把这段文字解释为"爱之深，祸之也深"，其实不然。结合"意有所至而爱有所亡"这句名言就可以明白，庄子是在讲与君王的相处之道。

颜阖问蘧伯玉这一段，庄子说了一个寓言——螳臂当车。这个词现在一般是用于贬义了，大致意思是违背时代潮流。但是在庄子的本意中，它其实是一个很中性的话，甚至还带着一点点同情和无可奈何。

君王与臣子的关系、老板与高管的关系，总体上还是上位者占有主动权。所以中国传统文化特别强调，上位者要注意自我修为和方式方法。只有上位者理顺局面，下属才好办事，整个组织的气才能顺起来、转起来。

庄子不是不知道这一点，但《人间世》关注的是为臣之道，所以举出了三个典型的例子，来说明身为人臣应该有的真实觉悟和处世智慧。

　　这三个例子选得很巧妙：颜回是白身、素人；叶公子高是贵族、重臣；颜阖是知识型官员，受到君王的信赖。但他们三人又各有各的思维误区，这个误区总结起来就是：人往往是先界定了理想的结果，然后倒过来把自己逼上梁山，最后不得不采取出格的手段。究其原因，还是从自我出发、想当然地判定比较多，缺乏系统性演化的眼光。

　　所以，孔子和蘧伯玉开出的药方，并不是要他们放弃本心，而是要他们打开眼界、看清局势，根据朝政的演化而同步演化，不即不离，做好自己的那一点良心工作。

第四十二节　神树自晦，生存与角色扮演的故事

《人间世》的上半部分，主题是如何与权力相处，讲乘物游心，入世而不迷失自我。从本节开始，进入《人间世》下半部分，主题转换成无用之用，讲如何隐世的问题。转换到现代，也可以启发我们在内卷化时期的处世之道。

庄子先讲了一位姓石的大木匠和一棵神树之间的故事。这棵神树长得极其巨大，但是它又完全不成材。在庄子看来，不成材这一点特别重要——可以保护树不被木匠看上、不被砍伐。同时，这棵树还长得遮天蔽日，所以人们就把它当成神树来祭拜，它也欣然扮演了这个角色，因为这样就可以避免被当做废柴砍掉。

在这个故事里，石木匠白天给了神树不大好听的评价，夜里神树入梦，与石木匠展开了一段饶有深意的对话。

> 匠石之齐，至于曲辕，见栎社树。其大蔽数千牛，絜之百围，其高临山十仞而后有枝，其可以为舟者旁十数。观者如市，匠伯不顾，遂行不辍。弟子厌观之，走及匠石，曰："自吾执斧斤以随夫子，未尝见材如此其美也。先生不肯视，行不辍，何邪？"

石木匠去齐国，走到曲辕这个地方。曲辕是庄子臆造的一个地名，应该是附会曲阜。他见到一棵大栎树，被作为社树供奉。

所谓社树，就是庙前面的神树。

这棵树非常大，"其大蔽数千牛，絜之百围"，树荫下面能够待几千头牛，树干粗得百人都围不过来。"其高临山十仞而后有枝"，它高得像山一样。主干离地"十仞"才开始分支。十仞，一仞大概是八尺，一尺二十三厘米，仅树干就有几十米高。再往上分支散叶，大到能够造独木舟的树枝，就有数十枝。

各地来朝拜神树的人，就像集市上的人一样川流不息。但石木匠连看都不看，就继续往前走。他的学生都看呆了，"厌观之"，缓过神来，才发现原来师父已经走远了。

弟子赶上去找石木匠，说："自吾执斧斤以随夫子，未尝见材如此其美也。先生不肯视，行不辍，何邪?"从我们拿着斧子跟随老师您学木工起，从来没见过这么漂亮的材料，但是老师您却看都不肯看它，直接走过去了，这是为什么呢?

> 曰："已矣，勿言之矣! 散木也，以为舟则沉，以为棺椁则速腐，以为器则速毁，以为门户则液樠，以为柱则蠹。是不材之木也，无所可用，故能若是之寿。"

石木匠说：别提了，这是"散木"。

"散木"与"文木"相对，"文木"是可以用来做各种各样器物的木头，"散木"则是散乱无用的木头。

石木匠解释说，这些"散木"用来做船，船会沉；用来做棺材，棺材很快就会腐烂；用来做器皿，器皿容易开裂；用来做门，门会溢出油脂；用来做顶梁柱，柱子会生蛀虫。

石木匠闷闷不乐地补了一句："是不材之木也，无所可用，故能若是之寿。"这种树是不材之木，没有可用的地方。但它的好处是可以长寿，因为没有人去砍伐它。

　　　匠石归，栎社见梦曰："汝将恶乎比予哉？若将比予于
　　文木邪？夫柤梨橘柚，果蓏之属，实熟则剥，剥则辱；大枝
　　折，小枝泄。此以其能苦其生者也，故不终其天年而中道
　　夭，自掊击于世俗者也。物莫不若是。且予求无所可用久
　　矣，几死，乃今得之，为予大用。使予也而有用，且得有此
　　大也邪？且也若与予也，皆物也，奈何哉其相物也？而几死
　　之散人，又恶知散木！"

　　后来，石木匠带着徒弟们回去了。到夜里，大栎树托梦，来
和木匠理论，说："汝将恶乎比予哉？若将比予于文木邪？"你把
我跟谁比？你竟然把我跟文木比，这不是在羞辱我吗？

　　"夫柤梨橘柚，果蓏之属，实熟则剥，剥则辱"，你看那些山
楂、梨子、橘子、柚子，还有那些瓜果、蔬菜（"蓏"是草本植
物的果实），它们一旦结了果子就被人摘去，这不是受辱吗？"大
枝折，小枝泄"，而那些成材的树，大的枝子被折了，小的枝子
还没长大就枯死了。

　　为什么这些植物会遭遇如此悲惨的命运？"此以其能苦其生
者也，故不终其天年而中道夭，自掊击于世俗者"，正是因为它
们能生出各种各样的好东西，所以根本不能尽天年就早夭了，这
简直是自己送上门来让社会毒打。

　　社树说，"且予求无所可用久矣，几死，乃今得之，为予大
用"，我追求这种无所可用"久矣"。我一直在追求能够长生久视
的真理，现在终于找到了——不要让自己有用，不要让别人来用
自己。这对我来说算是得到大用了。

反过来想想，"使予也而有用，且得有此大也邪"？假使让我变得像你说的那种有用的话，我还能得到这种大用吗？我还能活得这么松快、这么开心吗？

紧接着，大栎树发飙地说："且也若与予也，皆物也，奈何哉其相物也？"再说了，你我都为道所生，都是芸芸万物其中之一，为什么你要把我看作是砍伐的对象？你有什么资格对大自然万物随意采用和裁剪呢？要知道你可是伤了别人的性命！

"而几死之散人，又恶知散木"！你就是个要死的"散人"，你还能理解"散木"吗？！

大栎树这话意味很深。木匠是个成心之人，被人类的价值观迷惑住了，不能通达于道，所以叫"几死"。如果人能通达于道，那么就可以"得生"。庄子前面讲的内容，很多都是如何放下成心，变得虚怀若谷，然后获得生机，"悠悠于天地之间"。

神树的意思是，木匠你就是"散人"，天天看到树就评价能砍哪棵、不能砍哪棵。你就是最没用的那种人，所以你没资格评价我"散木"。

　　匠石觉而诊其梦。弟子曰："趣取无用，则为社何邪？"曰："密！若无言！彼亦直寄焉，以为不知己者诟厉也。不为社者，且几有翦乎！且也彼其所保与众异，而以义喻之，不亦远乎！"

石木匠醒过来，跟徒弟们讲了夜间的梦。弟子不服气，因为师傅被树神说得无言以对，于是帮腔说："趣取无用，则为社何邪？"既然这个大树它追求无用，为什么还要做社树呢？

这段话其实是庄子在自辩。庄子寓意说要做无用之人，别人就会问他为什么还要当一个漆园小吏呢？

石木匠说，嘘，闭嘴！"彼亦直寄焉，以为不知己者诟厉也"，人家只是暂寄于庙堂。所谓"直寄社稷"，就是把自己嵌在社稷当中，这也是没有办法的事；然而无知的人，还是会网罗罪名去诟病它。大栎树的无用即是大用，它对任何人无利也无害，而那些有用之人呢，可能天天在害人、天天想着给工作增加规定动作，把年轻人折磨得要死要活。

石木匠继续说："不为社者，且几有翦乎！且也彼其所保与众异，而以义喻之，不亦远乎！"试想，它如果不做社树的话，可能枝叶早就让人给剪光了，而且它要保住的无非是命。众生各自都要保自己的命，这是它的本分，也是它本来就有的权利，你们为什么又要用大义去谴责它呢？

大家攻击社树的逻辑无非是：如果是真的逍遥，就应该连命都不要了。用这种理由去谴责大树，不是强盗逻辑吗？难道你自己不爱惜自己的生命吗？

这一节，神树的故事简直就是内卷化下生存策略的一个范例。

有人说，内卷化是一场所有人与所有人的战争，这话并不准确。实际上，内卷化是一种无限制的索取，所有人在向所有人索取，各种莫名其妙的要求纷至沓来，淹没了做事的主线，也埋没了生活的热情。这个时候，如果一个人真的敞开了让别人用，必然会锁死自己未来的道路。

对年轻人来说，一定要学会在各种意见、各种推荐、各种诱惑、各种道德强迫面前躺平，一分一秒也不要浪费给他们。另一方面，又要抓牢人生的主线，踏踏实实地往前走，每走一步，都要留下资历、留下印记。

有时候，差评恰恰说明你的 Cosplay 做得成功，如果真的天天追着好评走，一辈子也不会有开心的时候。这就是大隐隐于市，不争论，不辩解，无视评论，只是对得住自己的良心，走好自己的路。

第四十三节　树成材则被伐，祸福之间的换位思考

读《庄子》需要理解一个前提：庄子是针对中国古代社会的具体情况发表看法，因此不能把他讲的故事做纯粹形而上学的理解。

在庄子的时代，各种素质不等的权力机制横行于世，个体的处境，就像他借孔子的口所说，既没法放下对父母的爱，也没法逃离君主的安排。因此，庄子在谈论人性、谈论心灵超脱的同时，也非常关注现实上的自我保全。

这一节，庄子继续讲"不材有寿"的故事，不过主角换成了南伯子綦，一位庄子笔下的至人。

> 南伯子綦游乎商之丘，见大木焉有异，结驷千乘，隐将庇其所藾。子綦曰："此何木也哉？此必有异材夫！"仰而视其细枝，则拳曲而不可以为栋梁；俯而视其大根，则轴解而不可以为棺椁；舐其叶，则口烂而为伤；嗅之，则使人狂酲，三日而不已。子綦曰："此果不材之木也，以至于此其大也。嗟乎神人，以此不材！"

南伯子綦，应该是《齐物论》中南郭子綦的变称。他来到商之丘这个地方，见到有棵大树长得跟别的树不一样，底下可以乘凉，可以庇护住一千辆车。子綦说，这是什么树呢？这真是"异

材"！看它的细枝子，"拳曲"在一块不能做栋梁；再看它根干部分，就算把它解开，也做不了棺材；谁要是舔一舔它的叶子，嘴巴会溃烂，因为叶子上有毒；而如果闻一闻的话，人会大醉，三天不醒。

子綦在庄子故事中的定位是至人。至人对这棵大树的评价是"此果不材之木也"——这果然是不好用的木头；但正因如此，才可以称之为大——这是它的大优势。哎呀，这才叫神人啊，它因为无用而过得逍遥自在啊！

这话引人感慨。人世间的事情有时候说不清楚，得到了这个，接着就得去做那个；得到了那个，然后就得去做更多的，永远休息不下来。至于最后到底得到什么，谁知道呢？天知道。

我们不妨假设两种生活：一种是一辈子安安稳稳的，内心很愉快、很安静，没有什么大的享受，也没有什么大的灾祸，就是平平安安、快乐地过一辈子；另一种，在职场风云中拼搏，获得存在感，但每天也处在焦虑当中，偶尔享受片刻的闲暇与温情。这两种生活，我们会选择哪一种？

这是个开放式的问题，并没有对错之分。

三国时，刘备去请诸葛亮，诸葛亮出门时，对童子说："把家里的田看好，地种好，树都管好，过几年我就回来。"有人评价说，此真神人也。这与庄子的说法颇为类似——诸葛亮不是奔着名利去的，他只是没办法了，出去先办点事，最终还是想回来好好过日子的。

然而诸葛亮最后的结果是以身殉国，即使点了七七四十九盏北斗长明灯，也没有续得了命。如果查诸葛亮后代的情况，他的儿子和很多家族成员也都殉职了。

一辈子是过得忙忙碌碌、风风光光，还是渺无名望、安安稳稳，如果可以选择的话，各位愿意过哪一种人生？

> 宋有荆氏者，宜楸、柏、桑。其拱把而上者，求狙猴之
> 杙者斩之；三围四围，求高明之丽者斩之；七围八围，贵人
> 富商之家求樿傍者斩之。故未终其天年，而中道之夭于斧
> 斤，此材之患也。故解之以牛之白颡者与豚之亢鼻者，与人
> 有痔病者不可以适河。此皆巫祝以知矣，所以为不祥也。此
> 乃神人之所以为大祥也。

庄子说，有时候，不祥是为大祥。

"宋有荆氏者，宜楸、柏、桑"，宋国有荆氏居住的地方，这
里的水土适宜种植楸树、柏树和桑树，因此好多人都来这里求
"材"若渴。

"其拱把而上者，求狙猴之杙者斩之"，哪怕是有像手腕一样
粗的木材，都会有驯猴的人来砍伐，因为它特别适合做拴猴子的
桩。"三围四围，求高明之丽者斩之"，如果是有三四围粗的树，
会有人把它砍走去做栋梁。"七围八围，贵人富商之家求樿傍者
斩之"，更不用说那些七八围粗的大树，富贵人家会来求它的树
心，用来做棺椁。古人找最大的木材，是用来做棺材的，即"求
樿傍"。

这些树木都没有享尽天年，而中途夭折在斧头之下，这就是
"有材之患"——谁让它们是有用之材呢？

庄子继续举例。"故解之以牛之白颡者与豚之亢鼻者，与人
有痔病者不可以适河"。那些长着白额的牛，鼻子又长又翘的猪，
还有害了痔疮的人，是不可以扔到河里祭河神的。因为主持祭河
仪式的"巫祝"（也就是祭司）认为这些是不祥的征兆。

祭司们觉得他们很不祥，不能拿来做祭品；但是对于这些猪、牛和人来说，却是大吉祥。所以世间所认为的不祥，往往是神人所认为的大祥。

第四十四节　楚狂人对孔子的忠告：认真你就输了

　　庄子讲的无用，是用德性上看起来的不足来保全自己。用今天的话来讲，能者多劳，固然是一种美德，但如果毫不设防，也很容易成为一个工具人，失去自己的人生主线。

　　本节包括两个故事：第一个故事，讲一位叫做支离疏的先天残障人士，为什么能在乱世中得以生存；第二个故事，讲楚狂人对孔子的劝诫。劝他放下用伦理道德来扭转社会行进方向的执念。

　　这两个故事，一个讲忘却身形的残缺，一个劝说放下心灵的执求，与常规上讲的追求完美的观念背道而驰，所以看起来很不合理；但仔细思索起来，其实也蕴含着非常冷静的人生哲学。

　　　　支离疏者，颐隐于脐，肩高于顶，会撮指天，五管在上，两髀为胁。挫针治繲，足以糊口；鼓筴播精，足以食十人。上征武士，则支离攘臂而游于其间；上有大役，则支离以有常疾不受功；上与病者粟，则受三钟与十束薪。夫支离其形者，犹足以养其身，终其天年，又况支离其德者乎？

　　有一位叫支离疏的先天残障人士，"颐隐于脐，肩高于顶，会撮指天，五管在上，两髀为胁"，他的头往下耷拉到肚脐，以至于肩膀都高过头顶；他后脑上的头发向上竖起，五脏的穴道也都是朝上的；他的大腿跟肋骨长在一块，整个人是佝偻着的。

笔者老家以前有这样的一个人，叫"来巴子"，大概就是庄子形容的那个模样。他特别善于潜水，当地如果有人溺水而逝，都是来巴子去把尸体给捞上来。某种意义上他是一个有大德的人，总做别人不愿意做的事情。当然他也可能只是为了一瓶酒，也可能只是为了一顿饭。

"挫针治繲，足以糊口；鼓笼播精，足以食十人"，支离疏会自己磨针，会缝制衣服，足以养活自己；他还会播撒种子、筛选谷物，以他的劳动能力可以养活十个人。他是残障人士，可是他还是努力地工作和生活。

"上征武士，则支离攘臂而游于其间"，官府来征兵的时候，他甩着手，在人群中开心地走来走去，因为没人会把他派上战场送死。"上有大役，则支离以有常疾不受功"，官府如果有大的差遣和徭役，也不会征用他，因为他被认为是一个病人。"上与病者粟，则受三钟与十束薪"，如果君上突然大发慈悲，要帮扶弱势群体的时候，就会发给他三钟小米和十捆柴禾，他还能捞点好处。

庄子后面的评价略带悲凉："支离其形者"尚可以养活自己，终其天年，更何况能够"支离其德"的人呢？换句话说，如果身体有缺陷的人都可以活下来，更何况品德上有缺陷的人呢？那些让自己显得很荒诞的人，不也正是为了活下去，或者说为了活得好一点吗？人要活得好一点不容易啊！庄子这段话是针对当时的社会形势来讲的。

古人把统治者叫做"人牧"。所谓"牧"，就是给人们设置一个生活习惯，而老百姓只能被动接受。"被牧"的普罗大众，能求得平安就很好了。试想，在这些情况下，人生到底有没有解脱的途径？或者说，有没有一个比较好的状态，是相对自由、相对自在的？这是庄子在整个内七篇试图回答的问题。

> 孔子适楚，楚狂接舆游其门曰："凤兮凤兮，何尔德之衰也！来世不可待，往世不可追也。天下有道，圣人成焉；天下无道，圣人生焉。方今之时，仅免刑焉。福轻乎羽，莫之知载；祸重乎地，莫之知避。已乎已乎，临人以德！殆乎殆乎，画地而趋！迷阳迷阳，无伤吾行！吾行郤曲，无伤吾足。"

庄子接着讲孔子去楚国的故事。楚国有一个至人叫接舆，关于他的传说很多，有人说他是神仙，也有人说他是大智者。有一天，接舆从孔子门口经过，唱了一首歌来讽喻和提醒孔子。

"凤兮凤兮，何尔德之衰也"！内心有凤凰之志的人啊——孔子一向自喻为凤——你的德性衰败到什么程度了？这是当头棒喝：孔子啊，你内在的真性已经被伤害成什么样子了？

"来世不可待，往事不可追也"，你所期待、符合你价值观的礼乐盛世，不可能到来；你所喜爱、念念不忘的周公之治，也回不去了。

"天下有道，圣人成焉；天下无道，圣人生焉"，如果天下整体运行在生生不息的大道之上，那么圣人就辅助它、成就它。如果天下运行在无道的轨迹上，即使圣人降世，"仅免刑焉"，也仅仅是能免遭刑罚之灾罢了。

这段话隐含的意思是，一个时代的好坏，背后是有大的气运在流转承托的，不是某几个人可以改变的。

"福轻乎羽，莫之知载；祸重乎地，莫之知避"，上天赐予你的福分，就像羽毛一样轻，不费力气都能拿起来，你却不愿意去承载它；而你的祸患就像大地一样沉重，即便如此，你都不知道躲避它。你的境况真是四面楚歌啊！

接舆这是在批评孔子，竟然拿着自己的一套伦理管理学，到处去游说人间的帝王。君王讲求的是如何生存、运行和发展，而孔子讲的是如何把内部摆平。用一套自认为很优雅的仪轨，去规劝他们，祸福岂不是显而易见？

"已乎已乎，临人以德"，停下吧，这无异于拿着道德大棒去威吓别人。

"殆乎殆乎，画地而趋"，要完了，这简直是画地为牢——你与其说是去规范君王，不如说是在束缚自己。

"迷阳迷阳，无伤吾行"，荆棘啊，不要妨碍我的行程，我宁可绕着走，也不要伤了我的脚。抓住天道的福分，就像绕开荆棘、接住羽毛一样容易，然而你却偏偏要往荆棘里闯呀。

> 山木，自寇也；膏火，自煎也。桂可食，故伐之；漆可用，故割之。人皆知有用之用，而莫知无用之用也。

最后，庄子做了一个总结。

"山木，自寇也"，山上的大树因成材而遭遇劫掠，实乃开门揖盗。

"膏火，自煎也"，灯里的油膏因易燃而忍受煎熬，岂非引火上身？

"桂可食，故伐之"，桂树的皮，香气浓郁，厨师就扒下它做成香料。

"漆可用，故割之"，漆树的脂，光泽柔和，工匠割它获取油漆。

"人皆知有用之用，而莫知无用之用也"，大家都知道对人有用可以换取好处，却不知道于人无益更能够保全自己。

有人说，当下是一个消费型社会，不但要求人们相互竞争着去争夺资源，还要创造出需求来，推动人们去消费，把手里的钱花出去。商家呢，也纷纷叫嚣着要为高净值人群服务。所以，现代社会人的生活实况，就像一台机器，白天黑夜不停地转，白天想着如何竞争，晚上看直播买各种无用的东西。

说起来，我们也知道这是生活在浮躁和焦虑之中，但真要停下来，又会发生严重的失落。这种情况在几十万年的人类进化史上，是绝无仅有的。

能刺激出来的，都是欲望，不可能有什么真实的愿景和有效的事业路径。刺激得多了，人也就麻木了。对于年轻人来讲，情况就更糟糕一些：刺激得再多，可以获得的资源也不可能变多，所以很多人干脆躺倒不干了。

从消费主义到躺平主义，不过短短几十年时间。消费主义带来的，不只是时间的浪费。

所以，庄子说的无用之用，不是什么混世，也不是无所事事，而是说要想尽一切办法，哪怕是装糊涂，也不要浪费生命去迎合各种观念束缚。要做到这一点，就必须先看清自己，把心里头那些潜在的魅惑都打扫干净，免得别人抛个糖丸，就本能地上去扑咬，跑得屁颠屁颠的。

第四十五节　警惕成功学，创造流畅的人生体验

《人间世》的核心内容是心斋。所谓心斋，就是无论外界多么纷乱喧嚣，内心都要保有一个澄明透彻的状态。

庄子讲心斋，描述了一个技术过程。

第一，从"听之以耳"升华到"听之以心"。

人的七情六欲、认知上对外部世界的追逐以及人的好奇心，譬如立志要走遍西藏、规划每天看一本书等等，这些追求暂且先放下，回过头来聆听自己的内心，从观外物回到观内心。

如今大量的培训课程，如 EMBA 等等，大家诉说的，都是过去的成功经验。而心斋的第一步，就是把对这种经验的追求放下，回过头自我体察，看清楚内心的运作规律——这边有人喊打麻将，乐呵呵就来了；那边喊追求更高境界，急吼吼地又去了，这究竟是什么情况？

第二，从"听之以心"升华到"听之以气"。

看清楚自己的心之后，要继续升华——把看清楚自己的心也放下，变成"听之以气"，以大自然之中周流遍布的元气作为感官。这便从追随内心，升级为追随天地间的大气运。

内心不能免于成见，因此追随内心不一定是好事。但追随内心在庄子看来，是必然要经过的阶段。一定要看清楚自己的内心之后，才会去"听之以气"；看清楚自己的内心的局限性之后，才会有开放自家心地的意识。

人想挣钱本身没错——钱是社会的一般等价物，它的流动，

代表的是社会方向。所以追求金钱，意味着驾驭了社会的气运。而按庄子的看法，整个宇宙之间的更为一般的一般等价物是元气，如果能够游于气的话，就可以驾驭整个世间的气运，就可以避过人世间的大难；而如果只是游在金钱上——金钱是系统内的造物，系统崩的时候，它自然也就失效了。

这样说可能有些功利，如果能游于气的话，就能够体察整个社会的大的变迁。

听之以气，则能扫去成心，虚以待物。人内心的趋向和爱好就是把柄，是其他力量能够驱动人、迷惑人的要点所在，或者说就是人一辈子最大的破绽。虚以待物，随顺趋势，成心自然也就渐渐消退了。

佛家有一个问题特别有启发：既然众生本来都具佛性，为什么会产生第一念的无明而突然迷惑？佛学的解释叫"觉明为碍"，人突然觉察到自己是通透的，这便是最大的障碍。因为当感到自己很通透的时候，人的倾向性就出来了，破绽也随之而来。所以超出是非之后，就可以解脱于祸福——不再追着福走，祸也就没有了。

中国人有两种态度：一种态度，是像庄子这样虚以待物的态度——不追求福，祸就不会追来；另一种态度，所谓阴阳家的态度，算出每一次祸福转换的时间点，然后跳到另一条轨道上，进行新一轮的追逐。

阴阳家也明白，追求福会带来祸，因此会在祸患来临的前夕，算一下新的生机在什么地方，然后一个华丽的转身，躲避过去。所谓"大道五十，天衍四九，人遁其一"，靠着自己精准的把握，岂不是可以由福到福、由乐到乐？然而，这种思路忽略了每一次的转换就像一次赌博，这个世界上，并不存在次次赌赢的人。

第三，就到了最高境界，庄子说"唯道集虚"。气仍然不是最虚而灵之的存在，最虚而灵之的是道，只有道的运作，能够使气周流不息。因此，人得气的目的也不是为了得气本身，而是为了集虚、为了悟道。

虚静即是心斋，吉祥永驻。这就是庄子《人世间》讲的最吉祥的事情。

本篇另一个值得注意的主题，是"无用之用"

某种意义上，现代社会要追求单一标准的功利性成功，这本身不是什么错误；但当功利成为宏大话语、成为主流语境的时候，那些甘于平凡、乐于奉献，或者一辈子没啥追求、做好本位就是过好小日子的人算什么呢？他们从来都是大多数，他们兢兢业业地工作、生活着，却实际上被排挤到了边缘。

笔者想说的是，成功学从来就是忽悠，它和成功毫无关系。

所谓成功人士，除了那些天资奇好或者含着金钥匙出生的，谁不是一步一个脚印地走过去的呢？所谓逢山开路、遇河搭桥，实际上我们只有专注在问题本身，才有可能成就一番事业。而这些成就了事业的人士，又有几个敢于躺在过去的功劳簿上，不去兢兢业业、如履薄冰地做好对于未来的研究和决策呢？

所以，要大多数人按照对成功的想象去设想当下的人生，是一种因果倒置的谬论；而劝慰大家活在当下，尽量放松，不去未雨绸缪，也只是一种鸡汤而已。人生的路是走出来的，事业是干出来的。活在预设中，或者是活在当下，都不是一种可靠的人生态度。

笔者认为，这就是庄子无用之用给我们的启发。我们本来没有病，但是各种话语偏偏要给大多数人开出所谓有用的药方，这其实是一种近乎咒骂、负能量的价值观打击。因此对于那些萦绕在身边的各种卖弄风骚的陈词滥调，必须坚决予以摒弃。必要时，也可以学学庄子，放个烟幕弹让他们自己云山雾罩，然后我们还是把主要精力腾出来，实事求是地考察自己的能力和环境，选对方向去追求卓越，踏踏实实地走好自己的路。

第四十六节　忘形忘情，精神饱满的自在人生

一、修德与人设的不同

《德充符》是《庄子·内篇》的第五篇。对于"德充符"，通常的解释是一个人内在的德性充沛，就会具备强大、潜移默化的人格魅力。另一种解释说"德充于内，符应于外"，一个真正有德性的人，社会也会善待他，意识到他的价值。

这个主题放到今天就是，我们现代人要不要追求内在的德性？

如果内在的德性好了，能不能应对社会的复杂性、更好地生存？

回答这个问题，必须先对"德"字稍作解读。在常规的观念中，"德"基本上就是讲道德、有规矩、守本分，但在道家的观念中，"德"并不是一种道德的评价，而是生命对道的体悟和落实。

每个生命诞生下来，都会有适应自然的基本能力，会有自己的生存方式，这就是天赋的德性。如果这个生命有智慧，能够主动体悟大自然的运行规律，然后应用到生活、工作中，促进自己的发展，这就是提升了自己的德性。

中国传统文化的核心是修身，而这个修身，其实就是修德。老子也曾说："修之于身，其德乃真。"例如，随着科学技术的发

展，人类对大自然的理解变得深刻，有了生态平衡的观念，这可以说是一种悟道。再进一步，如果能够落实到行为方式上，保护生态，尊重自然，那就是整个人类的德性上升了。基于德性的上升，人类的可持续发展也就更有保障。

修德的前提是悟道，是探索大自然。过去，传统文化中有过一些故步自封的观念，拒绝科学，拒绝对大自然的探索，那样其实是丢失了修德的前提条件。没有悟道，就没有修德；没有修德，就没有发展。

道家说的"德"，既是思想上的真正觉悟，又是思维方式、行为方式的落实。至于那些众说纷纭的道德形象、朋友圈里各种软文的主角，大多是制造出来的"人设"。

笔者的一位老友曾有个犀利的比喻："人设就像是纸裤衩，五颜六色，但是怕风怕雨。"

影星金城武在一次接受访谈时说："我肯定不是你们认识的那个人。"这话几乎是要戳穿窗户纸了。不过他还是留了一点点余地，让大家自己去想。

在《庄子·内篇》七篇当中，《德充符》是最特别的一篇——它的主角全部是残障人士。这些人或是先天性畸形，或是后天遭受刑罚缺失了形体。这样的形象，与今天"颜值即正义"的观念有点儿格格不入。

在生活中，常人的观念几乎是固态的，他们也几乎没有跳出来看自己的机会。但很多人在遭遇变故后就会明白，很多曾经很重要的坚持、很多似乎必须面对的东西、很多放不下的担子，其实就像五颜六色的"纸裤衩"，经不住推敲。

庄子说，人们真正需要的，是内在精神的饱满；真正期待的，是内在精神的连接。所以，庄子以形象缺损的主角来谈论德性，大概也是这个意思。可能正是这些特殊经历，让这些残障人士对生命有更为清晰的认识，也更加有平等的生活精神。实际上，从天道视角来看待，万物都是平等的，并不存在残障、畸形的问题。甚至于，在人类看来是畸形的进化突变，从天道演化来说，可能正好是未来的一个方向。

二、本篇结构

《德充符》一篇，包含着五个平行的故事，讲述几位身有残障的至人的故事。他们自己忘形忘情，同时很好地影响到周边的人，让他们也有所解脱。

第一个故事，讲的是鲁国兀者王骀。兀者，是被刑罚砍掉了脚的人。王骀从事教育工作，他的学生和孔子一样多。孔子解说了王骀的"不言之教"，并说有一句名言："人莫鉴于流水而鉴于止水，唯止能止众止。"这句话是理解《德充符》的总纲。一个人的内心能够澄澈，就会成为众人的镜子和参考。这就是"德充于内，符应于外"的根本原因。

第二个故事，讲申徒嘉与郑子产的对话。申徒嘉也是被刑罚砍掉了脚的人，而郑子产是郑国的相国，两人都曾在伯昏无人的门下学道。子产自恃身份，不愿意和申徒嘉一起出入。申徒嘉为此批评了郑子产，告诉他，求道之人应该忘形忘情，以精神相交。

第三个故事，是叔山无趾与孔子、老聃的对话。叔山无趾遭受刑罚也被砍去了脚趾，他用脚后跟走路去见孔子。孔子告诉他，自己是培养君子的，也就是后备干部，不能接受他这种有"前科"的人士。叔山无趾批评孔子后离开了，他对老聃说，孔子的心灵并没有真的解放，他是受了天刑之人。

第四个故事，讲的是几位先天残障人士的故事。其中一位叫哀骀它，他的相貌丑陋，还总是哭丧着脸，但人们都愿意和他相处。鲁哀公想要拜他为相，他却逃走了。孔子宽慰鲁哀公说，哀骀它是至人，他已经勘破了死生存亡、穷达贫富、贤愚毁誉，这样的人内心既是放松的，又是饱满的，所以具有强大的人格魅力。

最后一个故事，是庄子和惠子就"有情无情"问题进行的一场辩论。惠子问，人如果无情了，还能称之为人吗？说来好笑，人就是这样，为世情所困，放不下各种纠结，还叹息人生苦短、无可躲避；真要让他忘情，丢掉那些困苦，又跑回来死死抓住不放。这大概就是人生共有的斯德哥尔摩症吧！

第四十七节　不言之教，洞察世间变迁的枢纽

《德充符》的开篇，讲的是鲁国兀者王骀的故事。一个身体残缺、所谓有"前科"的人士，在鲁国从事教育工作，竟与孔子两分天下，可以说是成就斐然。

然而，王骀的教育方法与孔子完全不同。孔子的教育，是君子的教育，是一种培养后备干部的教育，一方面要激发人内在的正面情感，另一方面又必须满足君王的管理需要。它对待人性的态度，多少是带有驯服意识的。王骀的教育，则是无为的"不言之教"。人们以王骀的状态作为参照，自己醒悟自己的问题，各自寻找多元化的出路。这是一种尊重人性、从人性本身出发，参悟天道、参悟自身的教育，在道家看来，是理想的文化传承方式。

《德充符》这一篇，探讨的是真德的养成。实际上也是对儒家教化进行的某种人性深度的反思。

鲁有兀者王骀，从之游者与仲尼相若。

夏、商、周多酷刑。这个故事的背景，是鲁国有一位被刑罚砍了脚的人叫王骀，跟随他学习的人，和跟随孔子学习的人数差不多。这说明王骀的教育水平很高。

常季问于仲尼曰："王骀，兀者也。从之游者与夫子中

分鲁。立不教，坐不议；虚而往，实而归。固有不言之教，
无形而心成者邪？是何人也？"

　　常季是鲁国的贤人，传说他也是孔子的学生。常季问孔子，
王骀是一位受了刖足之刑的人，但是在鲁国，跟他学习的人可以
说与夫子两分天下。他说，我去观察了这个人，王骀"立不教，
坐不议"，他站着不刻意教导什么理念，坐着也不议论谁的短长。
　　大家知道，要提升一个人的传播效果，一个是"教"，"教"
就是投喂鸡汤，告诉人们怎么样才能获得幸福；一个是"议"，
通过抨击来引发人的愤怒。王骀"立不教，坐不议"，人们还能
"虚而往，实而归"，心里一无所有地去，很充实地归来，实在是
太难能可贵了。常季很困惑，难道这个世界上真的有"不言之
教"、有"无形而心成者"么？
　　"不言之教"是老子的说法，就是不表现在言语和政令上的
一种教化，使人的心调整到常态。常季问，真的有这么一种不着
行迹的教导能使人的心灵成长吗？这种人是什么人呢？

　　　　仲尼曰："夫子，圣人也，丘也直后而未往耳。丘将以
　　　为师，而况不若丘者乎！奚假鲁国！丘将引天下而与从之。"

　　孔子说："王夫子是个圣人，要不是抽不出时间，我早就去
拜访他了。连我都想拜他为师，更何况那些不如我孔丘的呢？不
要说鲁国了，如果天下人愿意，我要带领天下人都去向他学习。"
　　请注意，这是庄子以孔子为背景编的故事。

　　　　常季曰："彼兀者也，而王先生，其与庸亦远矣。若然

者，其用心也独若之何？"

常季说，王骀是一位受了刑罚的人，他现在竟然在教学上跃居于先生之上。"王先生"，是说让先生从心里头觉得佩服。如此，那些平庸学者们跟他的距离就更远了。"若然者，其用心也独若之何"？既然如此，那他的教育、他的心态到底有什么独特的地方，能够让您对他如此地敬佩？

> 仲尼曰："死生亦大矣，而不得与之变，虽天地覆坠，亦将不与之遗。审乎无假而不与物迁，命物之化而守其宗也。"

孔子说，"死生亦大矣"，生和死是天底下的大事。而像死、生这样的大事，都不足以改变王骀的心态，他都能够淡然处之，很自然地对待生死这件事；就算是天地翻覆，他的心也不为所动。

"审乎无假而不与物迁，命物之化而守其宗也"，王骀能够观察无假无待的道，"假"就是"待""凭借"。"有待"出自《逍遥游》中的"犹有所待"，指有所依赖。他能够体悟到，无所依赖的大道是不与万物迁化的。一方面，他看到大道运行的永恒性——大道运行万物，但是并不被万物所运作；大道使万物有生死，但大道自己没有生死。另一方面，他又能"命物之化而守其宗也"，安之若命，面对万物的生生死死，守住其中的根本。

万物生死无常，道人应该守住什么？从这里看，得道之人并不是永生，而是守住了生死的枢纽。这包括两个层面：一是领会大道的绝对性，领会它的绝对变化；二是守住生死的根本，而不是去对抗大道。想要让生命像大道那样永存不灭，是不成立的。无论悟道与否，万物都是第二性的，不是第一性的。

常季曰："何谓也？"

仲尼曰："自其异者视之，肝胆胡越也；自其同者视之，万物皆一也。夫若然者，且不知耳目之所宜，而游心乎德之和；物视其所一，而不见其所丧，视丧其足犹遗土也。"

常季曰："何谓也？"那请夫子解释一下，这种境界到底是什么情况？

孔子说，如果我们抓住事物不相同的那一面，就好像"肝"与"胆"、"胡"与"越"一样远离了。"胡越"，胡地和越地，胡地在北边，越地在南边。

有人喜欢与快递员、服务生抠细节、辩对错，按规则，他们可能是有道理的，但真的是这样吗？下雪天配送迟到真的是他们的错吗？如果凡事死抠的话，"肝"与"胆"都不是一体的，"一家人"都不是"一家人"了。概念无穷无尽，你只要朝那个方向想，越想它越分裂；但如果你从它统一的那面看，万物其实是一体的。

佛门有一本重要的著作《金狮子章》，大意是说如果你认为一根毛是长在狮子身上的，你可以说它是狮子毛；但如果你认为狮子是从毛上长出来的，你也可以说它是个毛狮子。当年法藏法师在大殿上对武则天讲《金狮子章》，把武则天讲得糊里糊涂。武则天说："卿真是国师啊！"于是，就封法藏法师为国师了。

主体还是客体，是人做的划分。

"夫若然者，且不知耳目之所宜，而游心乎德之和"，如果做到万物齐一，他对耳目的喜好甚至都不关心。人的耳朵愿意听好听的声音，眼睛喜欢看好看的色彩，而他游心于和气——天地之气的和谐之中。王骀明白万物"齐一"，"脚"也是个万物，丢掉脚和从腿上掉了一块土一样，所以不觉得有什么丢失了。

　　这个故事非常理想化，大家可能会反问：砍了一只脚怎么能忍？确实不能忍，但想明白了，人还总有一死呢。至人明白万物一体，生命也是元气大海的一部分，死去也不过是另一种回归，因而也就不那么受制于那只脚的有无了吧！

第四十八节　鉴之于水，人生不必处处争先

　　王骀的不言之教，为什么会让人们心生向往，这是本节要解释的。若用今天的话回答，是"日久见人心"。很多人第一印象可能都是外貌党，但真遇到安身立命的大问题，还是会倾向于向通达的人求教。

　　那人生究竟有没有一个可以安心的状态，有没有一个可供参照的境界？庄子借孔子的口说："人莫鉴于流水而鉴于止水。唯止能止众止。"悟道之人，就像是静水流深，给人们提供一面镜子，让众人知道"生活可以如此"，不必一定投入到无穷追逐的焦虑当中。

　　　　常季曰："彼为己，以其知得其心，以其心得其常心。物何为最之哉？"

　　常季说，王骀这个人，他修为他自己。他的智慧好，并内省自己的心。正因为他洞察了自己的心，所以就得了常心——明白了心灵的普遍状态，明白了心物之间的关系。但为什么王骀明白了心灵的常态，其他人就会追随他呢？

　　　　仲尼曰："人莫鉴于流水而鉴于止水。唯止能止众止。"

　　这是个大问题，为什么人们会天然地倾向于追随有道之人？

这个问题若解释清楚了，古代的圣王能够聚贤、得人心的原因也就清楚了。

儒家的解释，是这些圣王特别仁爱；而道家的解释，是说他们的心灵得了常心。"人莫鉴于流水而鉴于止水"，人们不会对着流水照镜子，都是找水面平静的地方来反观自我，所以"唯止能止众止"。其实，人们的内心都在寻找这种平安和宁静。而只有在有道之人这儿，才能找到真正平静的参照物。

人的本性到底想要什么？要钱？要地位？还是要情感？回归本质，无非"安宁"二字。如果必须得到一个大美女或者大帅哥才能安宁，那正好说明，要的不是美女帅哥，而是安宁。仔细想想，如果必须挣到5个亿才能安宁，那钱也只是个工具，真正要的，还是安宁。

这种究竟的安宁，没有自他之别，甚至连自我也不可得，佛家把它叫做"寂静""甘露"。这种安宁是可以体验的。"一切众生皆有佛性"，就是说，本性安宁这个愿望其实是对的，但在追求的过程中却迷失了初心。

一旦有人超越这种迷失，他人自然会感觉到，知道在他那里有了真正的参照系。

> 受命于地，唯松柏独也正，在冬夏青青；受命于天，唯舜独也正，幸能正生，以正众生。

紧接着孔子举了个例子，他说"受命于地，唯松柏独也正，在冬夏青青"，接受地的气运的，只有松柏得了正命，它们在冬天夏天都是翠绿的；受命于天，得了天的大运的，唯有舜得了正命。

"幸能正生，以正众生"，幸亏他得了正命，所以能帮助众生去正他们的命。所谓"幸"，说明一个时代真正悟道的人不多，除了他的努力，也是时代的大运加持到他身上了。"以正众生"，有了他的标杆，众生就可以他为鉴，完善自己的生命。

有些人可以自悟，但更多的人需要先找到镜子，然后才能找到自己。

> 夫保始之征，不惧之实，勇士一人，雄入于九军。将求名而能自要者而犹若是，而况官天地、府万物、直寓六骸、象耳目、一知之所知而心未尝死者乎！彼且择日而登假，人则从是也。彼且何肯以物为事乎！

"夫保始之征，不惧之实"，一个人要想得到好的结果，从一开始就要努力，要勇敢地走上自我修为的道路。这是孔子在鼓励常季。

"勇士一人，雄入于九军。将求名而能自要者而犹若是"，孔子说，哪怕只是人间的勇士，他们为了求名这一念，都可以一个人冲到敌军大部队中去厮杀。他们都能达到这样的水平，更何况那些真正得道的人？这句是说，求名并非是人的本心，大家尚且还特别仰慕这些勇士，更何况像一面镜子照出人间真相的有道之人呢？大家当然愿意跟他去照了。

"而况官天地、府万物、直寓六骸、象耳目"，讲的是得道之人的境界。"官天地"就是说他得天地之造化，像天地当中的管理员一样府藏万物、调理万物。他的精神寄居在肉体里面，"六骸"对他来说就像个旅店，手、足、耳、目之类，也只是他的一个表象罢了。

"一知之所知而心未尝死者乎"！他的心灵开放到什么程度？他知道自己不可能完全了解"道"，但正因为如此，他的心灵真正开放了，这就是"一知之所知"。他知道人的领悟能力和认知能力是有极限的，完全地合道是不可能的，而他的心却活起来了，因为他明白造化从何而起了，造化正是从破缺当中而起的，即所谓"大成若缺"。

"反者道之动，弱者道之用"，大道不是圆满的，它是反向运作的，有这个缺口，它的运作无穷无尽，人的认知怎么能够与道绝对同步呢？

这就是悟道——终于放下认知强迫症了，于是心活了，理智终于自知了。道是这样运作，心就顺应着这样运作，这是基于自然法则的真正依赖，也可说是真正的无所依赖，再也不会被工具锁死自己的内心了。

"彼且择日而登假，人则从是也"，如果这个人挑一个日子飞升了，人们都愿意跟着他乘风而去。"登假"，"物化""尘化"的意思。

就这样，庄子通过孔子的话，传达出一个基本的人生道理，那就是人活在世上，并不是一堆杂乱无章的噪音，听风就是雨，到处追逐，毫无自己存在的主线。人生也可以是一首和谐的交响曲。

按照庄子的看法，在这个世界上，确实有那么一些人能看清世间的法则，与造化为友，活得自在洒脱。我们也完全可以向他们学习，觅得自己的安宁。

第四十九节　以道相交，朋友间最可贵的是什么

在王骀的故事之后，庄子又讲了一个故事：兀者申徒嘉与郑国宰相郑子产，两人都拜在伯昏无人的门下学道。郑子产自负身份，不愿意与有"前科"的同学申徒嘉同时出现在公众面前。

放到今天，这个故事是讲人与人交往的人格平等问题。依庄子看，判定一个人有文化，不在于知识水平、地位财富，而在于内心对万物平等对待。据说现在参加同学聚会都很有压力，连学生会干部聚餐都恨不得摆座签、排座次。在庄子看来，这应该是一种很没有文化的表现吧。

西方文化是上帝的文化，上帝面前人人平等；中国文化是求道的文化，在大道面前人人平等。端得越高，离道越远，离大自然的滋养就越远。

> 申徒嘉，兀者也，而与郑子产同师于伯昏无人。子产谓申徒嘉曰："我先出则子止，子先出则我止。"

"申徒嘉"，在文中是指受了刑罚被砍了脚的人，他可能是庄子虚构的人物。"子产"，郑国宰相，按考他比孔子大几岁。孔子提倡礼乐之教，郑子产则关注法律制度，两个人对治国的看法有区别，但是彼此欣赏。

"伯昏无人"也是庄子虚构的人物。故事里申徒嘉和郑子产都拜伯昏无人为师。

有一天，郑子产对申徒嘉说："我们两个就不要同进同出了。我如果要出去的话，你就停一下再出去；你如果先出去的话，我就在后面停一下。咱们俩不要一块出现在大家面前。"

> 其明日，又与合堂同席而坐。子产谓申徒嘉曰："我先出则子止，子先出则我止。今我将出，子可以止乎，其未邪？且子见执政而不违，子齐执政乎？"

第二天，两个人又同在课堂上坐着，子产对申徒嘉说："我先出去，你就停一会儿再出去；如果你先出去，我就停一会儿再出去。我现在要出去，你就应该停下来，为什么你要跟我一同出去呢？我可是郑国的宰相，难道你也是郑国的宰相吗？你怎么可以跟我同进同出！"

这话算是挑明了。此前他对申徒嘉提的要求加了掩饰，假装谁先谁后无所谓，现在相当于指着鼻子骂了："你一个刑满释放人员，有什么资格和我走在一起！"

> 申徒嘉曰："先生之门，固有执政焉如此哉？子而说子之执政，而后人者也？闻之曰：'鉴明则尘垢不止，止则不明也。久与贤人处则无过。'今子之所取大者，先生也，而犹出言若是，不亦过乎？"

申徒嘉回答说，伯昏无人老师门下，还有做执政官做到你这个样子的人吗？你对官场的热爱竟然到了这个程度！你以为你的同学都不如你，必须走在你后面吗？我听老师说过，"鉴明则尘垢不止，止则不明也"。如果镜子是明亮的，说明它上面没有尘垢，如果沾染了尘垢，它就不透亮了；同样的，如果我们经常跟贤人相处，自己也会免于过失。你今天是跟着伯昏无人老师学习的呀，而你的价值观竟然错乱到这个程度，你不觉得自己太过分吗？

这里，申徒嘉还比较委婉。这话的意思就是说，我们都跟着一位达到"至人"境界的老师学习，按说一面明亮的镜子照久了，你的过失自然会变少。怎么我们俩一直都跟着老师，你还说这样的话呢？

> 子产曰："子即若是矣，犹与尧争善，计子之德不足以自反邪？"

郑子产回应道，"子即若是矣，犹与尧争善"，你真会说话，你已经受了刖足之刑，身体残缺不全了，还想跟"圣尧"争个你对我错吗？"计子之德不足以自反邪"？你想想自己的德性，这还不足以让你反省吗？

> 申徒嘉曰："自状其过以不当亡者众；不状其过以不当存者寡。知不可奈何而安之若命，唯有德者能之。游于羿之彀中，然而不中者，命也。人以其全足笑吾不全足者多矣，我怫然而怒，而适先生之所，则废然而反。不知先生之洗我以善邪？吾与夫子游十九年矣，而未尝知吾兀者也。今子与我游于形骸之内，而子索我于形骸之外，不亦过乎？"

申徒嘉说：知道自己有过失，但还想保全自己的人多的是；明白自己没有过错，但运气不好，因为暴政遭受了刑罚，还能够坦然生活的人少之又少。"知不可奈何而安之若命，唯有德者能之"，那些遭受了命运不公，虽无可奈何却安之若命的，只能是有德之人呀！

接下来暗讽当时糟糕的社会环境，"游于羿之彀中，然而不中者，命也"。言下之意，你并不知道我曾身处怎样险恶的环境。邦国严刑峻法、动辄得咎的情况，给百姓带来多少无妄之灾，你作为宰相，难道真的不知道吗！

"人以其全足笑吾不全足者多矣，我怫然而怒"，众人当中，因为自己保全了而笑我没有脚的人多了，我心里充满着愤怒和委屈，生活在黑暗之中。"而适先生之所，则废然而反"，后来，我来到伯昏无人老师这里，才明白我错了，我不应该为此惩罚我自己。"不知先生之洗我以善邪"？难道你不知道吗，是先生用善德把我的心洗干净了。

"吾与夫子游十九年矣，而未尝知吾兀者也"，我与伯昏无人老师相处十九年，自己都忘了我是个丢了脚的人，老师也从来不觉得我是没有脚的人。"今子与我游于形骸之内，而子索我于形骸之外"，现在我们一起在老师门下求道，追求内在的精神豁达，而你呢，却要求我的形体完整，不要有任何可能影响你执政官虚荣心的形迹，不是太过分了吗！

子产蹴然改容更貌曰："子无乃称！"

子产这个时候非常吃惊，马上就很严肃地说："您不要再说了，我意识到自己错了。"

申徒嘉的话真是让人深思。"朋友"是一种"游于形骸之内"的精神的彼此连接，而人们却常常自恃身份、人设，"索朋友于形骸之外"，要求朋友光鲜亮丽，期望地位对等。也有人说，人的层次是不一样的，回不到过去了，云云。这究竟是实情还是矫情呢？依笔者看，还有一种可能性，那就是这些人内在的生命力枯萎了，被锁死在所谓的高级生活之中难以挣脱了吧！

第五十节　天刑难解，人们为何如此迷恋人设

这一节讲一个很时髦的话题：如何面对人设。这两年，随着明星形象的坍塌，人设作为新名词也越来越为大家熟悉。但实际上，对人设的探讨古已有之。

《德充符》这一篇，庄子一连讲了三位兀者的故事，他们都因遭受刑罚而被砍去脚。第一位是王骀。他以不言之教来教化别人，在鲁国的影响力与孔子两分天下。第二位是申徒嘉。他用大道面前人人平等的思想，批评了郑子产自恃身价、忸怩作态的行为。第三位，就是这一节的主角——叔山无趾。

叔山无趾来见孔子，孔子误以为他来参加自己的后备干部培训班，重新谋个前程，就对他说，自己的教育是不收有前科的人的。

庄子不动声色地把孔子与伯昏无人做了个对比。申徒嘉跟随伯昏无人学习了十九年，伯昏无人都没注意到申徒嘉的脚有问题，而叔山无趾慕名到孔子那里求教，孔子竟然一眼盯上他的脚是受过刑的，拒绝他入学。

这个故事里面，最有趣的部分，是叔山无趾与老子谈论名闻的问题。名闻，就是名气、影响力，用今天的话讲，就是人设。叔山无趾认为孔子所树立起来的热心求学问道、诲人不倦的人设，都只是一种传播效果，孔子自己于道并无实际体会。对于追求大道的人来说，这些人设只是无用的负担。沉迷在人设之中，忘却了真正应该去追求什么，实际上也是老天给予的一种刑罚。

> 鲁有兀者叔山无趾，踵见仲尼。仲尼曰："子不谨，前既犯患若是矣。虽今来，何及矣！"

鲁国有一位被砍了脚的人，叫叔山无趾，他受的刑罚是砍掉了脚趾头。他颠着脚后跟，估计拄着拐杖了，来见孔子。

一见面，孔子就说，"子不谨"，你不谨慎，不注意你的行为。"前既犯患若是矣"，以前犯了这样大的过错，身体受刑，已经难以挽回了。"虽今来，何及矣"！虽然现在反省了，来找我学习，又有什么用啊！孔子的意思，我这里可是培养高级人才的，社会不会接受你这种受过刑的人的，你已经笃定没前途了，来了也是白搭。

> 无趾曰："吾唯不知务而轻用吾身，吾是以亡足。今吾来也，犹有尊足者存，吾是以务全之也。夫天无不覆，地无不载，吾以夫子为天地，安知夫子之犹若是也！"

后文的意思很明显，无趾还真不是奔着"学而优则仕"来的。被孔子劈头盖脸这么一说，他很错愕，干脆顺着孔子的话说："吾唯不知务而轻用吾身，吾是以亡足。"过去我因为不识时务，不明白世间的运作规则，做了一些轻率的事情，因此把脚趾头给丢了。我今天来跟您学习，是因为我还有比脚更重要的追求，"犹有尊足者存"，我想保全那个更重要的东西。身体确实伤残了，但我希望自己的心灵是健全的，这对我来说更重要。

他说："夫天无不覆，地无不载。"有劣迹的人，地就不承载了吗？有坏人的地方天就不下雨了吗？"吾以夫子为天地，安知夫子之犹若是也"！我以前认为夫子和天地的德性一样，有教无类，众生平等，没有好恶之分，谁知道夫子竟然是这样的人啊！

孔子曰："丘则陋矣。夫子胡不入乎，请讲以所闻！"无趾出。孔子曰："弟子勉之！夫无趾，兀者也，犹务学以复补前行之恶，而况全德之人乎！"

孔子听了这话，马上意识到自己太冒失了，对面这个人比自己要通透得多，赶快把话往回拽："丘则陋矣"，哎呀，孔丘我太差劲了！"夫子胡不入乎，请讲以所闻"！马上改称叔山为老师，并且邀请说，叔山老师您请进，给学生们讲几句吧。

"无趾出"，无趾就走了。说几句当然也无不可，但现场气氛实在是有点儿尴尬，无趾还是早早离开比较好一点。

孔子感叹说，弟子们，你们要好好勉力学习，你看一个受刑罚失去脚趾的人，"犹务学以复补前行之恶"，还想用学习弥补过去的恶行；"而况全德之人乎"，更何况身心健全的人呢？

从这里看，这时孔子是真的没有悟道，竟然把身体健康、表现正常的学生们就称作"全德之人"，他完全没有搞明白无趾到底在追求什么。

无趾语老聃曰："孔丘之于至人，其未邪？彼何宾宾以学子为？彼且蕲以諔诡幻怪之名闻，不知至人之以是为己桎梏邪？"

无趾接着去见老聃，他对老聃说：孔丘到了至人的境界吗？我看恐怕没有吧！

"彼何宾宾以学子为"？他干嘛要彬彬有礼地向您求教呢？完

全没有必要呀，他根本没有心灵解脱的意识，他追求的都是"诐诡幻怪之名闻"，也就是能够吸引流量的名声呀！这话暗示说，孔子来向您求教，恐怕主要还是为了扩大自己的影响力吧。

这就把所谓的名闻说清楚了。名闻的特点就是"诐诡幻怪"。比方通过各种新闻剪辑，把一个大富翁塑造出特别节约的形象来。我们想想不觉得奇怪吗：大富翁每天忙得跟陀螺一样，恨不得一天48个小时成那样，为啥还要在穿 T 恤上费脑子呢？再说了，他穿几千块一件的 T 恤，又有什么好惊讶的呢？

笔者也看过一些塑造慈禧太后人设的软文，一篇说她一年要用 1 万只香蕉、20 吨苹果，奢侈无比；另一篇则说慈禧太后很节约，虽然按清宫规矩每天必须给她做 108 道菜，但她自己只吃四菜一汤的小灶，最爱吃的是小馒头蘸豆腐乳——那 108 道菜都拿宫外卖了，一道菜能卖 50 两银子，可以贴补宫中开支。讲来讲去，都是"诐诡幻怪"。

名闻的塑造，关键是要能迎合人心，还要能刺激到人的心理，所以反差一定要强烈，形象一定得端正。这一段评价说孔子在追求的就是一种高大上的人设。

无趾对这个情况是有些惊讶的，他说，难道孔子"不知至人之以是为己桎梏邪"？孔子竟然不知道至人都明白名闻是对自己的束缚吗？桎梏，是约束手脚的刑具。

老聃曰："胡不直使彼以死生为一条，以可不可为一贯者，解其桎梏，其可乎？"
无趾曰："天刑之，安可解！"

老子说，你为什么不干脆跟他讲"死生如一"，"以可不可为一贯者"呢？死生一体两面，都是生命存在的方式；是否得到认可，也只是是非的演化而已，没有必要太执着。你为什么不直接跟他说这个道理、解开他的桎梏？

孔子最大的桎梏是什么？或许就是是非观太强了，强到无视时代的演变。孔子的坚持，给很多人带来了希望，同时可能也使世界变得更加复杂了。

"其可乎"？老聃问，这样行吗？要不就这样做吧？带着一种建议的口吻。

无趾回答说："天刑之，安可解！"这是老天对他的刑罚，人怎么可能代替老天赦免他呢？

这是在扣前面的话，一个人的明白不是追求知识和营造人设就可以的，真正需要的是内心的空明。但这种空明，又是和天地运转的运道是有关系的。某种意义上，一个时代没有几个人能靠自己明白，所以，孔子不明白，那是天道给他的刑罚、天道给他的一个限定。天道如何造化人，这是人力没有办法的，想解也解不开。这是无趾的结论。无趾说话也是非常到位的。

这一节有一个词很重要，显然应该成为成语，但是从来也没有得到真正的重视：就是用"诡诡幻怪"来形容名闻这件事。

名闻，其实就是今天的人设。对于人设，古人也是有一套成熟的养成思路的。比如，对于幼年时就知道砸缸救人或者称象的"童星"，古人的做法，一般都是要收敛着些、压着一点，绝不会逢人便夸，免得乱了心性，也过度抬高外界的期望值，造成"伤仲永"现象。到了青年时期，出门游学，就要多多交游各地的才子、拜访名师，这个时候，不妨性情挥洒一点，并不主张一味平稳。这些其实都是为了养望，也就是在文人的小圈子里获得大家的评价和认可。到了中年为官，写文章、说话就讲究温柔敦厚、宽和大度；但同时，又要绵里藏针，立场坚定，显得有品格。这是为了彼此呼应，同时也不要人为地惹祸。

古人养望，是温开水的做法。今天的传播型社会，人设是真正做到了"谲诡幻怪"：团队打造、品牌策略，甚至放个绯闻都是事先安排好的。但不管如何，一切都是为了掌控变现的节奏。在这一点上，其实古今的思路也有相通之处。

第五十一节　全德之人，坦荡是最珍贵的人品

《德充符》第五节的主题，是"才全而德不形"。

所谓才全，就是一个人面对世界、社会、生命的流变，内心充满和气，总是以生机与万物接触。因此，别人和这种人交往的时候，就会随着他的生机，消弭掉了烦恼。有时候，年轻人在社会中遭遇了挫折，回到老家奶奶、姥姥的身边，突然心就释然了，也是类似道理。

所谓德不形，就是因内在的和谐稳定，外在呈现出的一种超然的平凡与平静。这种平凡，可以让人们用作照见自我的镜子，照出生活中不必要的焦虑、不必要的追求。

才全而德不形的人，生活中总归还是有的，只是我们可能太过于关注自己，没有注意到他们罢了。

> 鲁哀公问于仲尼曰："卫有恶人焉，曰哀骀它。丈夫与之处者，思而不能去也。妇人见之，请于父母曰'与为人妻，宁为夫子妾'者，十数而未止也。未尝闻其有唱者也，常和人而已矣。无君人之位以济乎人之死，无聚禄以望人之腹。又以恶骇天下，和而不唱，知不出乎四域，且而雌雄合乎前，是必有异乎人者也。寡人召而观之，果以恶骇天下。与寡人处，不至以月数，而寡人有意乎其为人也；不至乎期年，而寡人信之。国无宰，寡人传国焉。闷然而后应，泛然而若辞。寡人丑乎，卒授之国。无几何也，去寡人而行，寡

人恤焉若有亡也，若无与乐是国也。是何人者也?"

鲁哀公是鲁国十二公的最后一位，哀是谥号，用这个字做谥号，一般都是毁誉参半的，有同情的意思，也有他自己不争气的意思。

鲁哀公在位的时候，孔子年纪已经大了，基本是归隐的状态。鲁哀公很敬佩孔子的学问，多次向孔子请教问题。但从根本上讲，他不大愿意接受礼乐之教，而且当时鲁国的大权也不在他手里，而是在三桓（三个与鲁哀公同宗的卿大夫）手里，所以一直也没有重用孔子。

鲁哀公说了一件很奇怪的事情。他听说，卫国有一个长得很丑、很恐怖的人，叫做哀骀它，"丈夫与之处者，思而不能去也。妇人见之，请于父母曰'与为人妻，宁为夫子妾'者"。男人和他相处，总是惦念着他，都不愿意离开；女人们见了他呢，回家跟父母亲要求说，我一定要嫁给哀骀它，宁可做哀骀它的妾，也不要做别人的正妻。这种情况"十数而未止也"，发生了多次了，真是奇怪。

鲁哀公又说，我调查了他的情况，也没发现有什么特别的，"未尝闻其有唱者也，常和人而已矣"，他没有什么语不惊人死不休的创见，也就是常常附和一下别人而已；他没有什么官职，能够救人于水火；也没有什么钱财，能够给别人饭吃。这里的意思，是人往往喜欢聚集在一些有资源的人身边，当官的能够帮人排忧解难，富有的可以赏给别人个饭碗。《红楼梦》里，宝玉的小厮那么殷勤，无非是能混一口饭吃。哀骀它的社会资源，远远不如宝玉。

这样的一个人，丑到天下闻名，只是附和了下别人的看法，

"知不出乎四域"，他的影响力传出城都很困难吧！竟然"雌雄合乎前"，男男女女都喜欢他，这不是太奇怪了吗？莫非他有什么迷幻术吗？难道他是谐星吗，别人都不在乎他的容貌、都被他逗笑吗？

古书上记载，岭南一带巫女有媚术，在腰间挂一种特殊的药物，外来经商的男子，只要用了这种药物，就流连不去；无论这个巫女有多丑，男子都会死心塌地爱上她。但这种药对女人就完全无用。所以哀骀它应该也不是用了媚术。

鲁哀公说，我听说了这种情况，就召见他，他果然是丑到惨绝人寰。大概就像《大话西游》里那样，青霞的灵魂入住了猪八戒的身体，拱着个猪嘴要来吻周星驰，周星驰说我吐啊吐啊就习惯了。哀骀它比猪八戒还丑，丑到爆炸。但是，鲁哀公说，我和他相处了一段时间后，我心里就挺接受他这个人了；不到一年时间，我就完全信任他了。我可以在他面前完全放下，轻轻松松，不用担心被算计，也不用担心自己有啥不妥。

"国无宰，寡人传国焉，闷然而后应，泛然而若辞"。正好有段时间宰相位置空缺了，我就想让他帮着管一管。结果呢，他的态度先是爱答不理地接受了，完全没有受宠若惊的架势，简直是完全没有兴趣似的；过了段时间，又淡淡地想要推辞。

"寡人丑乎，卒授之国"，搞到后来，我倒是很惭愧了，只能是连拖带拽地把宰相的位置塞给他，求着他帮助我管理国家。"无几何也，去寡人而行"，没多久，他竟然就逃回卫国去了。

这件事实在是太怪异了。鲁国宰相的位置难道不香吗？他不是应该感激涕零、千恩万谢我给了他实现抱负的机会吗？我可真是被他搞糊涂了。但更奇怪的事情还在后头："寡人恤焉若有亡也。"他跑了，我竟然心里无限忧愁、空落落的；甚至于"若无与乐是国也"，看着整个国家，也找不出个让我高兴的人来。

"是何人者也"？我的天啦，这究竟是什么人呀？鲁国也是堂堂大国呀，我一个堂堂的大国诸侯倒贴他，他都看不上。这究竟是怎么回事呀？

> 仲尼曰："丘也尝使于楚矣，适见豚子食于其死母者，少焉眴若皆弃之而走。不见己焉尔，不得类焉尔。所爱其母者，非爱其形也，爱使其形者也。战而死者，其人之葬也不以翣资；刖者之屦，无为爱之；皆无其本矣。为天子之诸御，不爪翦，不穿耳；取妻者止于外，不得复使。形全犹足以为尔，而况全德之人乎！"

孔子知道鲁哀公是个荒唐的人，就举了一个例子来说明问题。孔子说：我过去出使楚国的时候，在路边看到一群小猪围着母猪急着想喝奶，但是那头母猪已经死了。不一会儿，这些小猪就瞪大着眼睛，惊慌地四散而逃了。为什么呢？"不见己焉尔，不得类焉尔"，他们看到的，是一堆肉，看不到母亲了，母亲没有回应了，不再是个跟它们一样的生命体了。所以，我就知道了，小猪们爱自己的母亲，实际上并不是爱它的形体，而是爱使得这个形体活起来的那个精神。

这个意思是，真正使生命成之为生命的，是内在的精神，而不是外在的形貌。

接下来，孔子又举了一串例子："战而死者，其人之葬也不以翣资；刖者之屦，无为爱之；皆无其本矣。"战死的人，埋葬时没有必要做各种漂亮的装饰（翣资，就是扇子一类的装饰）；被砍了腿的人，他也不会再收集漂亮鞋子了，没有必要了。战士的灵魂已经归天，他们不需要那些装饰了；刖者失去了脚，还要鞋子干嘛呢？

那么，哪些人需要好好地打扮呢？"为天子之诸御，不爪翦，不穿耳；取妻者止于外，不得复使"，准备选入天子后宫的女性，不让修剪指甲，不让打耳洞，防止出什么差错；快要娶妻的男人，要停止在外的重活，不要劳累了身形，以防婚礼的时候各种力不从心。

孔子说：您想想啊，"形全犹足以为尔，而况全德之人乎"！人们对于外形的态度，其实都是为了保证其中的饱满精神。对精神体验不再有帮助的，比如战死之人的棺木，比如刖者用不上的鞋子，就精简地处置了；能够提升精神体验的，比如秀女容光焕发、新郎官的精神状态，那就要下大力气在物质上给予保证。

所以说，人类追求物质，其实都是为了精神体验，那么如果他们遇见了本来就精神饱满的"全德之人"呢？遇见了能够在无形中就化解自己精神焦虑、让自己踏实平和的人呢？

今哀骀它未言而信、无功而亲，使人授己国，唯恐其不受也，是必才全而德不形者也。

所以孔子就给出一个判断："今哀骀它未言而信、无功而亲，使人授己国，唯恐其不受也，是必才全而德不形者也。"哀骀它就是那个全德之人，因为他不用说话就能取信于人，不用做出什么业绩就让君王跟他亲密无间，甚至把国家托付给他管理；给最高的待遇，还怕他不接受，国君反而自己很惭愧。这种人啊，肯定是那种"才全而德不形的人"吧。

哀公曰："何谓才全？"

仲尼曰："死生存亡，穷达贫富，贤与不肖、毁誉，饥渴寒暑，是事之变，命之行也；日夜相代乎前，而知不能规乎其始者也。故不足以滑和，不可入于灵府。使之和豫，通而不失于兑，使日夜无郤而与物为春，是接而生时于心者也。是之谓才全。"

鲁哀公不明白，就问："何谓才全？"怎么叫才全？

孔子回答说：就是看透了命。这话一步到位，很多人搞不清楚什么是命，成天想着我能不能改一改命。这里的孔子是真看透了，他说，什么是命？就是"事之变"，即世事变迁里，人无法避开的束缚，也就是人在世间的际遇。才全了，看透了，就不会再对个人际遇患得患失。

"死生存亡，穷达贫富，贤与不肖、毁誉，饥渴寒暑"，这些躲也躲不开的变迁，人生总是起起伏伏，心情总是随之变化，谁也不可能端坐在山顶的状态不下来；给你三天时间高兴，一直高兴，不是不想，是真的做不到。

"死生"与"存亡"意思相近，但不等同，死生是主观的，是生命的体验；存亡是客观，是存在与消散。

"穷达"与"贫富"比较容易混。穷达是困顿与通达、失意与得志，而贫富才是钱少和钱多。

"贤与不肖、毁誉"，这是外部的评价，你做得再好、再用力，就算一片叫好，背地里未必没有人不满。

饥渴寒暑，饥渴是主观的身体感受，寒暑是客观的气候变化。

庄子说，这些事情，就是命，实际上就是你的生命体验本身；你不可能把它们切开，只要这一边，不要那一边。

"日夜相代乎前，而知不能规乎其始者也"，时间的流逝无休无止，谁能找到它的开始，去做一些调整呢？就算有时间机器，能够从今天穿越到古代，从古代穿越到未来，难道你的生命就能脱离时间的限制了吗？生命仍然在流变之中。

变迁就是我们存在的方式，这是常理。但是我们要知道，常人最不认的就是常理，最不肯接受的就是事实。能明白常理的，就是至人。他们对待变迁这样一种存在方式是坦然的，"故不足以滑和，不可入于灵府"，不会让这些变迁带来的无奈情绪，扰乱内心的安和，不会让它们进入心灵的深处。

"使之和豫，通而不失于兑"，他们的心意是和谐、通达而不失喜悦。在日夜运转、生老病死面前，应该心意通畅、毫无违和，始终是一种春天般的气息。这种生命的气息，与任何一种心灵都能够沟通，这个就叫做才全。

　　"何谓德不形？"

　　曰："平者，水停之盛也。其可以为法也，内保之而外不荡也。德者，成和之修也。德不形者，物不能离也。"

鲁哀公又问："何谓德不形？""才全"我懂了，那什么叫做"德不形"呢？

孔子说：什么叫做平？水面完全平静的时候，它可以成为标准，去校平其他的东西。一个人内在状态是和谐的，外在就不会摇荡，别人就能够在他这里感受到放松和生机。

孔子说的这个事情我们都有数。有些人一瓶子不满、半瓶子晃荡，就要到处去说服别人；有时候甚至自己完全明白自己是半瓶醋，但就是控制不住到处要去招摇。

所以，所谓德，就是能够保证内心祥和的一种修为。内在达到了这种状态，外在也没有什么特别的形貌和举动，不会张牙舞爪，也不一定仙气飘飘，但是人们自然而然地就会亲近他。

> 哀公异日以告闵子曰："始也吾以南面而君天下，执民之纪而忧其死，吾自以为至通矣。今吾闻至人之言，恐吾无其实，轻用吾身而亡其国。吾与孔丘，非君臣也，德友而已矣。"

鲁哀公通过这次讨论，受益匪浅。过了几天，他把自己和孔子的对话告诉了孔子的弟子闵子。鲁哀公说：过去我觉得自己掌权、管理百姓的事务，忧心百姓的死活，作为国君，这些就是通达于道了，就是最高境界了。现在我听到了至人的境界，对照下来，恐怕我是徒有虚名吧。我那些轻率的做法，甚至有可能把国家都丢掉。我和孔丘，以后不能以君臣相称了，我们是德性上的朋友。

这一节孔子讲的"才全而德不形"着实让人神往。人一生的修为，究竟能不能到达这种境界，每个人或许有自己的看法。大道至简，绚烂归于平凡，也未必就要成为每个人的追求；但是心里对于命运的变迁，有点儿数，坦然一点，总还是好的。

有个朋友说，在一次同学聚会上，赚了大钱的同学谈论自己如何实现人生的三级跳，如何做对了每一次的选择。他的本意是想给大家一些经验、一些参照、一些激励，但是大家都听得心里不是个滋味。且不说人与人能力的差异，三级跳的机遇和运气，也不是人人都有。就说现如今90后的"中年人"都感觉到00后的竞争了，何况这些 70 后的老人们呢？哪还有那个心气儿？所以，那位富有的同学越是说激励的话语，就越是给大家添堵。

最后，还是一位在街边卖卤肉烤鸭的同学站出来说："赚钱多，确实好，不过我没有那个能力和机会。我卖点菜养活自己的孩子，孩子考大学也考得不错，我觉得自己活得挺好的，挺坦然的。"这句"挺坦然的"一出口，大家的心情一下子松下来了，不是说终于找到一个垫脚的同学了，而是真的明白了，自己心里的再多比较，那些不忿，其实都不如这么一点坦然来得自在。

这位卖卤菜的朋友，大概也是一种才全而德不形吧！

第五十二节　忘情就是最好的养生

　　这一节，是对整篇探讨的全德做了一个收束。很多人在看前面的篇章时，可能会有一些疑问：哀骀它那么丑，还能让君王对他念念不忘，甚至于男男女女都被他迷得团团转，这不是太招摇了吗？这里庄子就做了一个说明：并不是大家被他迷住了，而是"德有所长而形有所忘"，总有一些人对好的德性是敏锐的，看到了一个人好的德性，他们就会忘却外形上的挑剔，这其实也是人之常情。

　　不过，更多的人，可能还是忘不了各种美好的外形，却单单忘了内在的德性。庄子说，这才是让人遗憾的健忘，把生命的意义都给忘了。

　　《德充符》讲到最后，不但说忘形，还说要忘情。庄子说，只有忘却了常人的情执，人才能穿越是是非非的枪林弹雨，找到安顿心灵的一席之地。于是惠子就此与庄子又进行了一场辩论。

　　　　闉跂支离无脤说卫灵公，灵公说之；而视全人，其脰肩肩。瓮盎大瘿说齐桓公，桓公说之；而视全人，其脰肩肩。
　　　　故德有所长而形有所忘，人不忘其所忘而忘其所不忘，此谓诚忘。

　　闉跂支离无脤，是一位很难形容的先天残障人士：闉跂，畸形的脚，整个脚是蜷曲的，只能用脚尖走路；支离，肢体残缺，长得彼此不配合；无脤，没有嘴唇，可能类似兔唇。这样一个人，跑去游说卫灵公，真是很难想象的一个画面。但是他说的话妥帖，卫灵公很高兴。

当卫灵公从心里接受这位残障人士之后，他再看到那些"全人"——肢体健康的正常人，觉得他们都好像很不正常，"其脰肩肩"，就像是肩膀上放着个脑袋，看起来像行尸走肉、千篇一律。

多年前，笔者刚看《黑客帝国》这类电影的时候，也有类似的感受：走在大街上，总觉得看到的人都是 NPC，到处游走着去执行主机分配的任务。

"瓮㼜大瘿"，就是脖子很粗，脖子上还长个大瘤子的人。这也是一个奇人，他去游说齐桓公，齐桓公听得很开心，转头再看那些正常人，也觉得他们都像是脖子上扛着个脑袋的行尸走肉。

所以说，"德有所长而形有所忘"，人的德性好，散发出的光辉，能够让周围的人获益，让他们从焦虑的奔跑中暂时解放出来，大家因此也就会忘了他怪异的外形。

庄子评论说："人不忘其所忘而忘其所不忘，此谓诚忘。"实际情况是，人们常常是忘不了那些他们应该忘的东西，却总是忘却那些不该忘的东西，这个才叫做健忘呀！什么意思呢，看到好的德性，忘却了他的外形，这不是健忘，这是抓住了本质；心里总想着各种鸡毛蒜皮，各种外貌党、颜值派，各种贤愚毁誉、死生存亡，这些真正应该忘却的，却紧抓不放，精神世界就不可能真正地活起来——过一辈子行尸走肉的生活，这个是真正的健忘。

　　　　故圣人有所游，而知为蘖，约为胶，德为接，工为商。

圣人不谋，恶用知？不斲，恶用胶？无丧，恶有德？不货，恶用商？四者，天鬻也。天鬻者，天食也。既受食于天，又恶用人！有人之形，无人之情。有人之形，故群于人；无人之情，故是非不得于身。眇乎小哉，所以属于人也！謷乎大哉，独成其天！

这一段有点理想化了，或许是后人窜加也未可知。"故圣人有所游，而知为孽，约为胶，德为接，工为商"，意思是说，圣人是乘物游心的，办好世界上的事情，并不妨碍内心的洒脱；而相对的，智谋不过是一种滋生祸患的东西，规则不过是一种把大家都禁锢在一起的枷锁，道德不过是出于交往需要的掩饰，工艺技术不过是为了交易赚钱的物品罢了。这种全盘否定的话，在《外篇》和《杂篇》里尤其多，说得比较极端。

接着，"圣人不谋，恶用知"？圣人不谋划事情，无为而治，何用各种智谋呢？"不斲，恶用胶"？圣人不去惩罚人、伤害人，他要规则做什么？"无丧，恶有德"？圣人也不需要刻意与人交接，大家自然会和他亲近，那么他何须表现那些所谓的道德呢？"不货，恶用商"？圣人也不考虑发家致富，那么他要搞那些交易做什么呢？

后面这段精彩了，提出一个新概念来。庄子说："四者，天鬻也。天鬻者，天食也。既受食于天，又恶用人！"就是说，这四种德性，不玩弄智谋、不玩弄规则、不炫耀美德、不从事交易，这都是天鬻，都是天赋。既然是天赋，老天会给他饭吃，又何必搞那些人为的事情呢？

高晓松在一次节目中说，他给马云和王菲做制作人，录制《功守道》的主题曲《风清扬》，马云在录音棚里听样带，感觉好像怎么调整，自己的声音都比王菲的小一点。高晓松解释说，有些人是祖师爷赏饭吃，有些人呢是老天赏饭吃。祖师爷赏饭吃，就是经过名师指点，刻苦修炼，可以唱得很好；但是王菲是老天赏饭吃，她是天赋嗓音好、音感也好，所以她的声线是别人比不了的。

庄子说，我们要相信，老天对待众生是无为的，老天不仅自己不会饿死，还养活了那么多众生；那么，秉承了这种德性的圣人，老天更不会让他饿死。

接着说，这种人活得那叫一个自在。"有人之形，无人之情"，他确实是一个人，却没有人特有的那种情志失调。他有人的形体，在人群中生活，却没有人的情执，也就不会沾染是非，片叶不沾身。

"眇乎小哉，所以属于人也"！他当然是渺小的，同样是芸芸众生的一员；"謷乎大哉，独成其天"！他当然也是伟岸的，因为天人合一。

> 惠子谓庄子曰："人故无情乎？"庄子曰："然。"
>
> 惠子曰："人而无情，何以谓之人？"庄子曰："道与之貌，天与之形，恶得不谓之人？"
>
> 惠子曰："既谓之人，恶得无情？"庄子曰："是非吾所谓情也。吾所谓无情者，言人之不以好恶内伤其身，常因自然而不益生也。"
>
> 惠子曰："不益生，何以有其身？"庄子曰："道与之貌，天与之形，无以好恶内伤其身。今子外乎子之神，劳乎子之精，倚树而吟，据槁梧而瞑，天选子之形，子以坚白鸣！"

前面说了有形无情的问题，说的时候，大概惠子在一边，惠子不同意，就提出了问题。于是，两位老友又展开了一场辩论。

惠子说："人故无情乎？"人真的能做到无情吗。庄子说：可以。

惠子说："人而无情，何以谓之人？"这话尖锐，人如果都没有情感了，还能算是个人吗？这不是比冷血还可怕吗？父母亲如果不爱他们的孩子，就不会养育他们；孩子如果不爱他们的父母，就不会赡养他们的晚年。庄子你这么说，不是悖逆人情吗？你整天吹嘘的那个真人，原来就是个机器人呀。庄子假装没听懂惠子的问题，反问了一句：大道演化了他的外貌，天地给了他肉身，为什么不能称之为人呢？

惠子追问：既然叫做人，就和石头、泥土不一样啊。不一样的地方，就在于人有情感呀！这个时候，庄子说：原来你是这个意思呀。那你说的情，和我说的情，就不是一个意思了。"吾所谓无情者，言人之不以好恶内伤其身，常因自然而不益生也"，我说的无情，是不被好恶贪爱这类情绪锁定、不被这些东西伤害，能够顺应自然的演变，也不去特别地补益生命。

看来，庄子的观念和今天完全相反，今天各种广告都劝说女人都要善待自己，男人要补肾，你好我也好之类的。庄子说，没必要做这些事情，关键是放下情执、放松心情，让自然来修补自己的身体。

惠子马上抓住庄子的话，追问说："不益生，何以有其身？"你都不对自己好点，怎么可能活得好呢？"有其身"，有长寿的意思。庄子说："道与之貌，天与之形，无以好恶内伤其身。"你看，大道演化了我们，天地赋予我们形体，我们要是真的在乎自己，就应该效法天地的德性，放下那些是是非非的折腾，这样身心就安宁了，不会把自己折腾坏。自己把自己折腾坏的人太多了。

惠子，你和我掰扯什么呢？"今子外乎子之神，劳乎子之精"，你一大把年纪了，都回到宋国隐居了，还每天劳心伤神、劳身伤形的，"倚树而吟，据槁梧而瞑"，靠在树上跟人辩论，辩论不出结果都不愿意回家睡觉，就地打个盹儿继续上阵。你看你："天选子之形，子以坚白鸣！"大自然给了你完备的身体，完全可以逍遥度日，可是你都用来干什么了？整天辩论坚白石存不存在之类的无聊问题，益生对你有什么用呢？

第五十三节　洞察生活的语境，做回真实的自己

　　《庄子·内篇》的第五篇《德充符》大家普遍感到费解，为什么庄子非要举出这些残障人士，做如此极端的假定？现实生活中，真的存在这种人吗？

　　《德充符》这一篇，主线其实就一个字——忘。庄子说，人生在世，要忘形、忘情，做回真正的自己。

　　做回真正的自己不容易，岔路太多。人甚至连自私都是很难做到的。多少人觉得自己蛮自私的，其实每天被呼来唤去，一会儿忙着爸妈的交代，一会儿忙着儿女的破事，一会儿秒回领导的微信，临睡觉还要刷手机接受成功学的洗礼。都忙得忘我了，各种国学课程还要教育你忍耐克制、成长升华，如此种种。活出这种样子，这个世界，也太奇怪了点。

　　好奇害死猫，存在感害死人。能够做自己的人，始终是少的，甚至于"人只是活在自己的感受中"这样的话都很少有人能够真正理解。人活在存在感中，总想着别人羡慕的眼光，很多人的存在感要别人的注意力来成全，吃点好东西都要拍照分享。但实际上，喜怒哀乐、恐惧焦虑，没有一种体验是能够真正分享的。生老病死面前，如人饮水，冷暖自知，谁又能替代谁的感受呢？世界上，真有感同身受这回事吗？《德充符》里，那些长得奇奇怪怪的至人们，大概是最清楚这一点的。

　　这个世界上，打着为别人好的旗号想要改造别人的人很多，但真正无私的心态是很少见的。更多人，其实恐惧别人和自己不

一样，因此想尽一切办法要求别人和自己一样，甚至不惜采取暴力措施，强制别人与自己整齐划一。所以人类历史的很多段落，都有蔑视残障人士、迫害异端、歧视少数人群的倾向。这实际上是一种群体性的精神疾病。

人是可以有不同的活法的。按照道家的思想，天生万物，人同样也应该有不同的活法。只有这样，社会的生态才会更丰富；而越是丰富的生态，抵御风险的能力才越强。恐惧乃至消灭他人的异样，对于社会生态来讲，其实是一种内向的文化坍缩。

汉语拼音之父周有光先生说，现代社会，每一个国家的人实际上都生活在双重的文化环境之下：一重是世界性的现代文明，一重是自家的传统文化。两者矛盾的地方，人们就会焦虑，就会有各种冲突。

依我看，互联网发展之后，人们又多了一重文化环境，那就是小圈子文化。圈子文化，往好里说是志趣相投，往坏里发展就是狭隘排外。我们要知道，任何一种文化，如果闭门造车，只在内部循环，不能开放宽容，其结果都是走向腐朽衰微。

对残障人士、小众人群、多元文化的漠视甚至敌视，本质上是一种内心衰朽的表现。

我们来回顾一下本篇的要义。

第一，生命之所以区别于万物，不在于它的形体，而在于它的精神。精神，是让这个形体活起来的那口气。人活一口气，它能够创造出自己的体验，也能够把人与人之间的体验连接起来。

第二，在老天眼里，并不存在形体缺陷、残障、畸形这一类的概念。你可以从哺乳动物的角度，把蛇看成是畸形的，但老天不会。大家都是演化的产物而已。人类社会不一样，人类社会的是非心太重，利益的争夺太过激烈，所以会人为地制造残障、制造歧视。说到这里，我还是不能理解，为什么在劳动力如此匮乏的古代，要搞那么多残忍的肉刑。只能说，人类的是非心一起，真的是会有某种不管不顾的疯狂特性的。

第三，内在的精神饱满了，就像是静水流深，可以融化各种人间烦恼，让人得到安宁体验。这种人，是不受形体局限的；他们是至人，是真人，是活出真我、逍遥的样板。说透了，人的内心无论追求什么，都悠着点，不要绷得太紧、跑得太急。心灵真正需要的，是放松下来，获得真正的安闲。

第五十四节　以道为师，在流变中传承生命

一、人生的基本问题域

《大宗师》这一篇，是庄子对道家思想基本问题域的一个全面呈现。也可以说，是对中华文明、中国哲学的基本问题域的一个总结。所谓基本问题域，就是一个文化探寻这个世界的基本方向、基本视角。

宗，是宗奉的意思。大宗师，就是最高传承的导师。毋庸置疑，这个宗师就是道，就是自然本身，就是那些悟道的真人。

转换到今天，这一篇主题就是：生而为人，真实的目标，到底是去解决什么问题？是追求永生，还是勘破生死？是探索宇宙奥秘，还是执迷于世情利害？不夸张地讲，这一篇涉及哲学、知识论最深层的内容。然而，凡理论皆有范式，范式其实也就是盲人摸象的代名词。因此，在某些领域，庄子所说的，又只能意会，而难以言传。

比如说，大家都很关心命运，所以很多朋友喜爱研究《周易》。按照《周易》的思路，看待人生，大致可以分为三个板块：健康、家宅和事业。这是人生必须处理好的三个大的问题。如果这三个板块比较平衡，相互推动，人这一辈子就会过得顺畅、愉快一些。、

《周易》看待世界，用的是一个八卦的框架。所谓八卦，就

是把这个世界做成一个模型。这个模型分成两个层面：一个层面是天（乾卦）、地（坤卦）、山（艮卦）、泽（兑卦）四种基本形象；一个层面是水（坎卦）、火（离卦）、风（巽卦）、雷（震卦）四大能量。这样，八个卦象组合起来，就是四大能量在天地山泽之间的流变，这就构成了《周易》认知世界的基本框架。然后，再通过推导这个框架内部的消长，来帮我们参谋在这个框架中如何趋吉避凶。

庄子在《大宗师》这一篇，把道家认识世界的基本框架和盘托出。简单地讲，所谓人类的知识，要解决的是一个"天人之际"的大问题：一方面，人要认知自然法则，明白老天是怎么运作的；另一方面，要认知人类社会的规律，知道人心是怎么运作的。搞清楚了这两者之间的关系，也就明白了哪些是人自己的问题，哪些是老天的事情。如此一来，人就踏实了，既不会跪在神灵面前乞怜，也不会失去对自然的敬畏。这就是所谓穷究"天人之际"。

有人说，庄子的理论是完全听从宿命，甚至说庄子提倡生病了不要看，要顺其自然。这种说法完全是不知所云了。

二、本篇的三个主题

《大宗师》这一篇，由一个问题域与三个相互联系的主题构成：

一个问题域，就是天人之际，也就是前面所说的天道法则与人道规律。了解了天道的法则，了解了必然，人就划定了自己追求的边界，去除了不切实际的妄念。而人道则弹性很大，人类文化如果顺着是非得失、无节制竞争的方向走，必然把所有人都内卷得要死要活。如果能够更加开放、更加多元，顺着无为的方向走，每一个人也都可以过得轻松一些。

整部《庄子》，其实在说一件事情，就是即使人道沿着是非得失的狭隘方向走，我们的心灵仍然应该寻找开放的路径，不要放弃精神的自由。

在天人之际这个问题域之下，又分出三个主题：

第一个主题，探讨真知从何而来。庄子说，真知来自真人！换句话说，任何正确的认知与判断，都与人自身的状态分不开。即便是像西方科学这种硬核知识，放在主观判断垄断一切的中世纪，也不可能开花结果。只有到了文艺复兴、确立了认知的客观原则之后，科学技术才迅猛地发展起来。

回到当下，股市里通晓各种 K 线、模型的人多了去了，但真正能按规律去执行操作的，又有几个呢？

中国传统文化的修身也是一样，如果一个人一直沉迷在各种道德催眠之中，每天不由自主地考虑着别人每句话的居心何在，我该怎样用我的善良压倒他的邪恶，如此等等的时候，实际上就等于生活在黑暗的中世纪。只有放下各种各样的是非观念，虚以待物，大自然的元气才会在他身上起作用，才能创造出感悟天道的机会。所以，修身的根本要素不是对错，而是虚静。至于感悟到天道法则之后，去从事社会工作，是不是赚钱，能不能成功，那都是题内应有之义。孔夫子说"君子爱财，取之有道"，孟夫子讲"穷则独善其身，达则兼济天下"，这些都是独立人格的选择，没有必要和谁去比，更没有必要在乎各种奇奇怪怪的评论。

人因为虚静而成为真人，真人领悟天道而获得真知，因为有了真知，又能坦然地面对世间的必然情况——生老病死、得失聚散，皆能放下，不再为谁牵肠挂肚。这或许就是庄子独立人格的最佳体现了。

在这个主题里，"相濡以沫"的寓言特别值得重视。自古至今，这个寓言实在被误会了太多。庄子的本意，是强调人本身的价值，鼓励过独立的生活。所以，他评价说，夏桀的暴政是祸害；而像尧、舜那样的仁政，其实也拘束了人的本性。本性都枯竭了，那些仁爱恩情，只能算是一种暂时的安慰罢了。

至于天下得失的问题，庄子更是坦然了。他告诉管理者：天下本身是神器，因而藏天下于天下，就不必再挂心得失的问题。

第二个主题，说的是得道。包括大道的根本特征是什么、得道的人会怎么样、修道该怎么修、大道是如何在世间传承的四个方面。

关于如何修道的问题，庄子说，这是一个精神功能升华的过程。一个人首先要能外天下、放下对天下运作的执着，然后外物、放下对万物演化的执着，然后"外生"、放下心中生死的执念，然后"朝彻"、洞察这个世间的真实面目，最后"见独"、见到所有变化背后那个独一无二的源动力，从此"死生一体"，豁然大通。

第三个主题，是具体举例来谈"死生一体"的生活态度。这一部分说了几位道友之间的莫逆于心，他们的共同观念是"以无为首，以生为脊，以死为尻"。因此"有无同构""死生一体"——所有有形事物都是由无形的混沌产生出来的，而生死无常就是它们存在的方式。换句话说，生命总归是一个流变的过程，如果一切都不变了，哪有什么生命可言呢？

庄子笔下的道友们，在死生一体的基本观念下，也形成了顺应变迁的生活方式。他们内心因不再强求而轻松，同时又保有对造化的未知与敬畏。

在这个主题之下，还有两个看起来比较远的故事：

一个是孔子的学生去参加道人的葬礼，对于道友们洒脱的祭奠方式非常不满，认为不符合礼制。而孔子很通达地告诉他们，礼制并不匹配于这些方外之人；而自己，则是一个受了束缚、没法跳出去的方内之人。

另一个故事，是颜回证得了坐忘境界。这个故事说，颜回通过静坐，一步步忘却了仁、义、礼、乐，最后忘却了认知本身，达到了完全的天人合一，从此如流水无形、羚羊挂角，无迹可寻。庄子在这里讲坐忘，实际上是在呼应前面关于修道"外天下""外物""外生""朝彻""见独"的技术路径。后世的修行家，往往以本篇"坐忘""见独""真人之息以踵"等，来探索身心健康、心灵超脱的技术路径。

第五十五节　天人之际，人类认知的两大层面

《大宗师》气势浩荡，开篇就讲什么叫"天人之际"。自来，景仰学问大家视野纵横天地古今、不受时代局限之时，人们常会用"学究天人"这样的话。

"天人之际"虽出自司马迁的《史记》，但提出这个人类认知大框架的却是庄子。

人类的视野，很大程度上是跟着科技进步而拓展的，很难想象连望远镜都没有的战国时代，庄子是如何具备"上帝视角"、直指人类智慧的大方向的。

> 知天之所为，知人之所为者，至矣！

开篇就讲什么叫"天人之际"：知道老天是如何造化的，知道人是怎么运作的。

当我们知道老天的自然法则是怎么运转的，同时又知道人运作事情的逻辑，甚至于知道人如何利用人、如何制约人、又如何让一个人解放，也就达到了所谓的"知人者智，自知者明"。如果能将"天""人"这两者都搞明白，明辨天人之间的关系，即达到"天人之际"的状态，则"至矣"，这就是学问的至境了。

中国文化在问题域的设定上是真的开阔，真正是"学究天人"！庄子一下子就说明白了，要么就是大自然的法则、自然规律，要么就是人类社会的规律。而人类社会的规律，最核心的是

人的心理作用。

一个人做投资也好，搞管理也罢，都离不开对人性的设定和运用。正直的人或私欲少的人会善用它；私欲重的人，会成为老子《道德经》中说的那样："尚贤""贵难得之货""见可欲"。

> 知天之所为者，天而生也；知人之所为者，以其知之所知，以养其知之所不知。

"知天之所为者，天而生也"，知道天道是怎么运作的人，他的顿悟，是在与天道的相处中自然涌现出来的。这样的感悟，不是谁加给他的，而是大自然赋予他的。

就好像登山登到高处，放眼望去一片仙境，心胸顿时开朗。那种感受，不是人可以制作出来的，那是大自然的力量倒灌进来的。

"知人之所为者，以其知之所知，以养其知之所不知"，那些研究人类的行为规范或者行为特点并加以应用的人，不论做社会管理，还是做企业管理，都应该保持谦逊。因为未知世界，才是更大挑战。我们用已知去应对未知，但不能紧抓着"已知"不放。

> 终其天年而不中道夭者，是知之盛也。

能够知道人类的运作模式和心理结构，同时又能保持谦逊的人，就不会中途夭折，他们个人的生命会得到保全，他们的事业可以长远发展。这样的人，可以说达到了认知的某种高峰。

虽然，有患。夫知有所待而后当，其所待者特未定也。庸讵知吾所谓天之非人乎？所谓人之非天乎？

"虽然，有患"，对人类认知达到如此高度，庄子说还不够，这样不过是这一辈子保全了自己，仅此而已。庄子的目标不只是保全自己，更重要的是要与道合真，心灵要达到一定的高度。这是一个大目标。

"夫知有所待而后当，其所待者特未定也"，知识其实都依赖于一定的社会环境，而所依凭的对象却在不断地变化。在这个过程中，如果没有获得真正的知识，内心没有真的解放，那么获得的就也只是一种功利性的保全。

有一些大家，他们的作品乍看起来是平庸的；但如果真的了解作品的背景，你会发现，他们其实是对时代做出了恰当的调适。这种虽不是真知，但也是很可贵的，是庄子说的"知之盛也"。

庄子说，有两种知识，一种是真知，一种是保全自己的知识，"是知之盛也"。保全自己的本领当然也是高明的，这些人也是高人，他知道怎样去"和稀泥"。有的人想掺和，却不知道从哪儿下手，但这些"高人"能把稀泥和起来，把盘子踩稳，能让大家的面子都有个着落。

庄子说，"虽然，有患"，这个保全自己的本事却也不一定靠谱，你怎么知道"吾所谓天之非人乎？所谓人之非天乎"？你以为自己掌握了一种"保身"的本事，但又怎知这不是老天在利用你呢？正因为天道运行到这个位置，整个社会趋势走到了这里，你才能说出这样的话、发挥这样的作用。"所谓人之非天乎"？有些人说话你听不下去，但他说的却是真知。自古及今，真话又有几人爱听？几人能听？

所以，庄子一开篇讲了"天人之际"的学说，他也是最早提出这个问题域的人。

第五十六节　翛然来去，真知来源于真实的生活

　　既领悟天道的必然，又明了人道应该怎么做，这就是真知。然而，任何认知，毕竟都是发生在人这一边的，因此如果人没有真实的状态，就不可能接收到天道的信息。在这一节里，庄子着重要谈真人的状态，也就是与天道相应的状态。

　　庄子笔下的真人，有智慧而无矫情，顺造化而忘生死。真人的境界，既落实在坦然如实的心境上，又表现在和顺自然的外表上，可以说是表里如一、真德充满。

　　　　且有真人而后有真知。何谓真人？古之真人不逆寡，不雄成，不谟事。若然者，过而弗悔，当而不自得也。若然者，登高不慄，入水不濡，入火不热。是知之能登假于道者也若此。

　　"有真人而后有真知"，要搞清楚"真知"是怎么来的，先得了解"真人"，了解人真实的状态是什么样子。真人，是指能活出自然所赋予的真实状态、没有糟蹋和浪费的人。

　　何为真人？"古之真人不逆寡，不雄成，不谟事"。古代这些活得真实的人，他们不会故意跟大趋势或大道法则去争斗，也不会雄踞在成就之上，更不会图谋什么琐碎的事情。

　　"过而弗悔，当而不自得也"，别人说他错了，他也不后悔；别人说他做得对，他也不自得，有一种孑然独立的心态。达到这

种境界的人，"登高不慄，入水不濡，入火不热"。好像有特异功能似的，站在高处不颤抖，下到水里不会溺死，穿越火线不会被烧伤，这就是那些领悟天道的人达到的境界。

　　古之真人，其寝不梦，其觉无忧，其食不甘，其息深深。真人之息以踵，众人之息以喉。屈服者，其嗌言若哇。其嗜欲深者，其天机浅。

　　古代的真人睡觉不做梦，醒的时候不忧虑，饮食不追求珍馐美味，他的气息特别深远。

　　"真人之息以踵，众人之息以喉"，真人气息深沉，吸一口气能到脚后跟，很自然地就遍布全身，而普通人吸气只能到喉咙罢了。这里不是说肺活量，而是呼吸的状态。如果放下忧虑，深深地喘一口气，整个身心都能放松下来，自己是能感觉到的。

　　"屈服者，其嗌言若哇"，那些屈服于人间忧患的人，他们的话仿佛卡在喉咙一样。就像人有所求的时候，说话可能会结巴，严重的还会被气噎住，往往得平静一下再说。

　　"其嗜欲深者，其天机浅"，当一个人的心被欲望控制了，他就会患得患失、宠辱若惊，得到的天机就浅。既得不到真实的机会，又看不到真正的天机运转，算路就差。

　　一个人对复杂事物的运算能力叫天机。"天机"这个词，在术数的体系里，一般指算路。但这真是算出来的吗？不是的，它是一种系统性的涌现过程，所以"嗜欲深"会让你的信息不完备。就像爱上一个人，一个人爱的比对方多，就失去了判断力，他的天机就被蒙蔽了。有的人心宽，或者心灵没有被锁死，就能庖丁解牛般在各种关系里游刃有余，在适当的时候掌握主动权。

这一部分总结为"嗜欲深者天机浅"，全部是在讲"知"，"天人之际"的学问就在这展开了。

> 古之真人，不知说生，不知恶死；其出不欣，其入不距；倏然而往，倏然而来而已矣。

古代的真人不知道什么叫做"好生恶死"，他们对生死"一如以示之"。因为他们明白死生这件事并不遂人愿，所以"生死一如"是说不要为死去忧虑，转换到孔子的话就是"不知生，焉知死"。其实，古之真贤对这件事态度都是相通的，他们在出生入死之间，没有什么拒绝或欢迎，逍遥地往来于天地之间。

"倏然"，无拘束、自由自在的样子。

> 不忘其所始，不求其所终；受而喜之，忘而复之，是之谓不以心损道，不以人助天。是之谓真人。

真人并不会像人工智能那样完全没感情，"不忘其所始，不求其所终"，他既不会忘记他的初心，也不会追求所谓的达成。他始终在道上运作，他知道自己从哪儿来，但他并不规定自己往哪儿去。

"受而喜之，忘而复之"，事情来了欣然接受，忘掉死生，任其回归大自然，是好是坏都能顺应变化。

"是之谓不以心损道，不以人助天"，他不用自己的心智去损害天道，也不以一己之力去改变自己的命运，完全做到了平常心、自然而然地生活。

这里有个问题：真人其实都是一般人修炼而成的，但趋吉避凶是人的本能，一般人都想"以心损道""以人助天"。比如最近有点什么问题，想要占卜一下，看看运程。在这样的人当中，又怎么会出现真人呢？换句话说，这样的人怎么可能悟道呢？你本来是被局限在一个爱欲的状态当中，当局者迷，怎么才能解开呢？

按庄子的观点，还是天道的运作起决定性作用。一个人意识到自己的窘境，想要改变而做出了努力。但这并不全是自己的功劳，它也是天道运行的一种体现。

真正引导我们进步的大宗师是谁？是道，是自然本身，而不是某一个人。据佛典记载，佛陀证得最高佛果之后，也曾经想到："我现在没有老师了，我只能以法为师，以自然法则做我的老师了。"

所以，《大宗师》这一篇是在说道心。它阐明了"天人合一"的自然观、"死生一如"的人生观、"安于自然变化"的人生态度以及"死生相忘"的生活境界。

> 若然者，其心忘，其容寂，其颡頯；凄然似秋，煖然似春，喜怒通四时，与物有宜而莫知其极。

"若然者，其心忘，其容寂，其颡頯"，他内心忘却了这些纷扰，容貌非常寂静，连脑门都显得比别人宽广一些。

"凄然似秋，煖然似春，喜怒通四时，与物有宜而莫知其极"，他的神色就像春、夏、秋、冬一样地自然变化，喜怒通于四季，跟万事万物好像随时随地都可以融合，谁也不知道他精神演化的终极在哪里。

一辈子能碰上这样一个人，感受这种行云流水的境界，确实是很大的福气。

第五十七节　真人爱道，抛开是非善恶的干扰

真人，有可能与至人、神人、圣人并列，也可能是三者的总称。

有真人才有真知，那么真人的潇洒来去，是否就只是落下一个"仙"字？竟然不能问得世事，抑或是自恃洁癖，不能与世俗交往呢？恰恰相反，道家认为，内心达到平等、洒脱的圣人，连用兵都可以得道多助，具体决策又不会受到各种外部观念的干扰，充分体现行道救世、功成身退的修真风范。

入世行道，出世也须行道，既然要解决实际问题，就需要放下各种心机踌躇、一往无前。

> 故圣人之用兵也，亡国而不失人心。利泽施乎万世，不为爱人。

古时圣人用兵，不管亡了别的邦国，还是自己的国被灭了，他都不会失去人心。因为他这样做，不是出于私心，而是顺乎于万民的发展，对天下是有好处的。什么是"不失人心"？就是不失他的基本盘——爱道。他这样做，是"利泽施乎万世"，对整个世间都是有好处的，而且建立这样一个标准之后，万世都会受他的恩泽。

这里强调了一句，即便是做这样的大事，也不是为了"爱人"，而是为了爱道。这就好像亚里士多德说的"吾爱吾师，吾

更爱真理"。爱人之说，固然能够让大家感到欣慰；但很多时候，人与人之间的纠葛难分难解，除非上升到整体、全局性的道，这些纠葛是解决不了的。

这其实是在讲王道。建立"王道"的标准，本身就是泽被万世的大事。王道的基本盘，不是那些变换不停的个体诉求，而是要保证社会向前发展的通道。爱道，才能实现爱人的目标；不爱道，爱人也实现不了。

> 故乐通物，非圣人也；有亲，非仁也；失时，非贤也；利害不通，非君子也；行名失己，非士也；亡身不真，非役人也。

"故乐通物，非圣人也"，刻意与万物结交，这不是圣人的做法。

"有亲，非仁也"，在百姓之间大搞亲疏之别的，不能算是仁爱。所谓"圣人不仁，以百姓为刍狗"，"分亲疏"则能体现仁恩；而不玩弄仁恩，像天地一样不对百姓索取什么，这才是大仁大爱。

"失时，非贤也"，如果他不能够随着时机而运作，机会到了不及时出击，就不能说是贤能。这正是《道德经》第八章所说"动善时"，审时度势、伺机而动。

"利害不通，非君子也"，利害之间不能转换，就算不上君子。这个要求比较高，既要求你能够爱道、行道，又能在社会生活中游刃有余。一个说着要爱道，但一遇到利害关系就糊涂，即刻就"殉道"了，甚至拖累别人，那是不能成为管理层的。

"行名失己，非士也"，如果心都寄托在名位上，丢失了独立人格，就不能称为士。士人在权力面前要有基本的操守。

"亡身不真，非役人也"，连身家都保不住的人，是不能承担社会责任的。在世之身是人拥有的最真实的一样东西，如果连这个都保不住，那么在这个世界上很难不为人所奴役。

> 若狐不偕、务光、伯夷、叔齐、箕子胥余、纪他、申徒狄，是役人之役，适人之适，而不自适其适者也。

紧接着庄子又举例，"若狐不偕、务光、伯夷、叔齐、箕子胥余、纪他、申徒狄，是役人之役，适人之适，而不自适其适也"，这些过去所谓的贤人，都是被别人奴役了，被当时的社会观念束缚了。

那些社会观念从哪里来？还不是从一群人的利益当中来？"天下人皆知美之为美"，那些贤人困在这些所谓的"美"里面，而不能接纳真正的需要。真正的需要是什么？是爱道。道运作好了，至少基本的需求不应该成为问题。生逢乱世，连得一席之地栖身都做不到的话，他又能修什么道呢？

狐不偕是黄帝的孙子，他把守东北的鬼门关，一辈子提倡禁欲苦行。务光是黄帝时候的一个贤人，耳朵特别长，长至七寸。他曾经游历西北，传说莫高窟的原型是他开创出来的。

伯夷和叔齐是兄弟俩，商代末年孤竹国的王子。武王伐纣时，他们跑到武王的军队面前阻拦。他们认为，文王尚未下葬武王就发兵，是为不孝；伐纣是臣伐君，是为不仁。当时武王想把俩兄弟给杀了，但姜太公出来阻拦说，他俩是真正的义人，不能杀。后来兄弟俩不愿意吃周朝的饭，入首阳山饿死了。

"箕子胥余"是殷商末期的人、纣王的叔父，因为劝说纣王而入狱。武王灭商后，想请箕子出仕，箕子不愿意，但还是把一些古籍传授给了武王。传说武王最后把他分封到了今天的朝鲜。

纪他，商汤时逸民，担心汤让天下给自己，故投窾水而死。

申徒狄，闻说汤要让天下，投河而死。

庄子对这几个人都进行了批评和否定，说这几个人都不是真正的爱道，他们爱的都是些具体的价值观，被具体的东西迷惑住了眼睛，把自己困在了里面。例如伯夷、叔齐说武王不仁不孝，但武王的做法，是救百姓于水火，套用金庸的话就是"侠之大者，为国为民"；且用兵打仗贵在时机，所以伯夷、叔齐的劝诫，在行家看来，完全就是食古不化、太阿倒持。

所以，后面庄子就描述了真人所有的状态和气质。

> 古之真人，其状峨而不凭，若不足而不承；与乎其觚而不坚也，张乎其虚而不华也；恟恟乎其似喜乎，崔乎其不得已乎！滀乎其进我色也，与乎其止我德也；厉乎其似世乎！謷乎其未可制也；连乎其似好闭也，悦乎忘其言也。

古时的真人，他的气质"渊渟岳峙"，有"万法不沾身"的从容。

"峨而不凭"就是显得很高大，但又没有任何依赖，本身就像一道风景。"不足而不承"，好像很柔弱、无所承受，让人无法描述。

"与乎其觚而不坚也，张乎其虚而不华也"，他与人结交的态度很宽容，很有弹性，个性不顽固，能听得进话；他的襟怀宽阔，又不饰浮华，不搞那些很奢华浮夸的事。

"恟恟乎其似喜乎，崔乎其不得已乎"，他似喜似悲，"恟"

是悲的意思，以他的神态很难判断悲喜，就好像什么事都是不得已。他好像都是被推着走，表现得也不积极主动。

"滀乎其进我色也，与乎其止我德也"，他容貌非常和气，容易接近，跟人交往很有亲和力。

"厉乎其似世乎！謷乎其未可制也"，他气度博大，好像宽广的世界；他的韵味收放自如，又好像无所限制。

"连乎其似好闭也，悗乎忘其言也"，他在表达方面绵密深远，好像没有打开心扉，又似乎心不在焉。为什么心不在焉？大家都在说些鸡零狗碎的话，他当然心不在焉。

这一段，与《道德经》里"古之善为士者，微妙玄通"颇为相似。

第五十八节　相濡以沫，不如相忘于江湖

这一节讲真人对生死、得失的态度。

"死生，命也"，"命"这个词，在《大宗师》里指生命演化的必然趋势。比如有生则必有烦恼，有生则必有死，这是必然性，是命。而我们日常说算命的命，主要是指这一生的资源格局和得失状况，与《大宗师》里说的命不是一个层面的概念。

对于生死，庄子看得很洒脱；对于得失，最终能做的也只有放下。在本节中，庄子借着"相濡以沫，不如相忘于江湖"的寓言劝慰我们，困于得失，就好像是鱼困在岸上，死得挣扎窒息。与其这样，还不如放下那些得失成败之心，"藏天下于天下"，就像鱼儿回归大道的海洋，在悠然中老去归去。

> 死生，命也；其有夜旦之常，天也。人之有所不得与，皆物之情也。彼特以天为父，而身犹爱之，而况其卓乎！人特以有君为愈乎己，而身犹死之，而况其真乎！

"死生，命也"，为什么不要贪生怕死？生命的轮转是不以人的意志为转移的，对于确定无疑的事情，为什么要害怕呢？

"其有夜旦之常，天也"，日夜循环，是天道所为，不是人能决定的。人不能终止日月轮转、晨昏变化。

"人之有所不得与，皆物之情也"，人类有很多没办法干预的事情，这就是万物的自然规律。人类从本性上是接受自然法则

的，但塞了种种观念之后，就接受不了了。那些与自然亲近的人，对生死是很坦然的，不像那些生活在钢铁丛林里的人，对生死之事讳莫如深。有些没有受到现代文明沾染的古老民族，对生死也能淡然处之。

"彼特以天为父，而身犹爱之，而况其卓乎"！他们以天作父，非常爱老天，更何况道呢？

"人特以有君为愈乎己，而身犹死之，而况其真乎"，对于主宰自己的君王，人们都觉得他比自己高一等，甚至会产生要为他赴死的决心，更何况面对"真宰"这个世间真正的造物主呢？

庄子的意思，人天生其实是爱道、爱大自然的。这种情感非常深刻，是生命存在的隐含前提。

这里所说的情感，不是指各种快餐文化里营造出来"阳春白雪"情感——你送我一朵花、我送你一块巧克力，这样才能代表心意。电视剧里的场景都是精心设计的：我正在窗口眺望，你悄悄从后面走了过来；我蓦然回首，正好对上你温柔的目光；你拿出精心准备的礼物，原来，这是你给我的生日惊喜。这些并非是真实的生活。

其实，一个男生带着女生去吃顿火锅或许更实诚一些，她真的应该比收到一朵鲜花更感动。女生放松心情，吃得开心，她满足的情绪很轻易就会感染男生，他就真的觉得双方很合拍了。这也是道。

> 泉涸，鱼相与处于陆，相呴以湿，相濡以沫，不如相忘于江湖。与其誉尧而非桀也，不如两忘而化其道。

接下来庄子讲了一个寓言："相濡以沫，不如相忘于江湖。"

　　湖泊干涸了，原来在水中嬉戏的鱼被搁浅在了陆地上。它们快要干死了，"相呴以湿，相濡以沫"，相互之间吹出湿气呵护着，吐出唾沫湿润着，多么有爱！其实它们并不愿这样，还不如在江湖水中各自游走、相互忘去。

　　庄子说，人们沉迷在那种彼此的欲望、要求和纠结当中，就好像鱼被困在岸上，失了水，未来毫无指望。这个时候，就算有最美好的感情，甚至同伴之间互相用口水来湿润彼此，难道就能摆脱等死的命运了吗？相反，如果能在大道的海洋中悠然自足，同伴之间又何须这样悲情地彼此携手赴死？所以说"相濡以沫，不如相忘于江湖"。

　　需要注意的是，庄子并没有否定"相濡以沫"，他是要追究造成"泉涸，鱼相与处于陆"的原因。

　　那到底是谁把鱼困在了岸上呢？庄子说，"与其誉尧而非桀也，不如两忘而化其道"，尧的仁爱之道、桀的荒淫暴政，当然不可同日而语，然而，即便是尧、舜也都没有达到无为。因此人们在各种观念束缚与社会管制中失了真性，就像鱼离了水，只好彼此要求、彼此索取。

　　有一次，笔者的一位老师买了两条鱼，舍不得吃，放在脸盆里面养着。他看见那两条鱼总在亲嘴，就对我说："你看，动物都比我们有感情"。第二天，一个养鱼的告诉他，那两条鱼其实是在打架。这故事真的不能往下讲……

　　　夫藏舟于壑，藏山于泽，谓之固矣！然而夜半有力者负之而走，昧者不知也。藏小大有宜，犹有所遁。若夫藏天下于天下而不得所遁，是恒物之大情也。特犯人之形而犹喜之。若人之形者，万化而未始有极也，其为乐可胜计邪？故

圣人将游于物之所不得遁而皆存。善夭善老，善始善终，人
犹效之，又况万物之所系而一化之所待乎！

死生之外，人们最放不下的，大概就是得失了吧？于是庄子
转过来谈得失。

人总是想有所得，怎么办？这是人之常情，总觉得不占有一
些东西就不安心。前面庄子说，人如果真的热爱大道，就应该相
忘于江湖；如果你被社会的规则、现实的生活所挟裹，就像被困
在小水坑里的鱼，相互咬对方的嘴，争抢仅有的水沫。现实的问
题摆在面前，你到底要怎样解决呢？

"夫藏舟于壑，藏山于泽，谓之固矣！然而夜半有力者负之
而走，昧者不知也"。我们想占有某个东西，把船藏在山谷里，
把山藏在大海里。我们觉得很牢固、稳妥了，但是神人到半夜还
是把它背走了。大的自然变迁来的时候，想占有的东西还是会流
失的；人是守不住它们的，只是没想到而已。

"藏小大有宜，犹有所遁"，把小的东西藏在大的框架里是可
以的，但还是会有所漏失。例如，架构一个企业，划分出等级，
把人管住，这个不是很难；难的是把人留住，安心干活。如果能
把这些大大小小的角色关系都弄清楚，就叫"藏小大有宜"。然
而，"犹有所遁"，还是很难面面俱到，这是因为，所有的事情都
在不断的变化之中。

"若夫藏天下于天下而不得所遁，是恒物之大情也"，与其这
样，不如接受变化，胸怀天下，不做无谓的规制，让生态自然生
长。这样天下无论怎么演变，它都没有流失什么。这里隐约是在
讲无为。

"特犯人之形而犹喜之"，即便是用模子做个人偶，大家看着

都觉得很有意思，更何况"若人之形者，万化而未始有极也，其为乐可胜计邪"？想想吧，大自然可不是一个单调的人偶呀，它可是千变万化没有终极的呀！这其中的快乐，还能数得过来吗？

"故圣人将游于物之所不得遁而皆存"，所以圣人是悠游在一种无所得亦无所失的状态中，没有什么是需要抓住不放的。

然后庄子又感叹说，"善夭善老，善始善终，人犹效之"，如果一个人能够对待生死非常平实平顺，有始有终，就像歌里唱的那样"最幸福的事就是和你一起慢慢变老"，这样朴素的愿望尚且让人羡慕不已，更何况"万物之所系而一化之所待乎"！万物所系的道——那个造化万物的推动力，不是更应该去守护吗？

讲到这里，还是回到了"天人合一"的基本盘。

第五十九节　大道有情有信，得道的境界无为无形

前面庄子集中讲真人的境界，到这里，机缘成熟，可以正面讲对大道的认知了。庄子说，大道"有情有信，无为无形"，不但有可感应的灵机，而且信用亘古不变，大道的造化永远是公正、随顺众生的，一切都在无形中潜移默化。

庄子又一口气列举了古代十二位得道的生灵。之所以说"生灵"，是因为这十二位并非都是人族，他们当中有兽人、鱼人，甚至还有人头鸟身的生命。得道之后，他们都无一例外地执掌了天地间的某种至理，成为神明，与造化同游，凡人无法窥测他们的始终。

从道是什么，到得道后的境界，在这一节里做了完美的诠释。

> 夫道，有情有信，无为无形；可传而不可受，可得而不可见。

那么"万物之所系而一化之所待"到底是什么呢？它就是道。道又有怎样的特点呢？

"夫道，有情有信，无为无形"。"有情"，指的是可感应，大自然是没有偏私的，我们一切情感体验的源头，其实都来自大自然背后的那个动力。"有信"，是说这种动力的运作是有常态、有

趋势可循的。

中国文化最早的信仰观念之一，来自天文现象——北斗。北斗的斗柄不断地在转动，代表时序；同时它的勺沿始终指向北极星，代表方位。北斗既是时序的定位系统，又是方向的定位系统。北斗代表着天道。

"无为无形"，道是无为的，作用是潜在的。

"可传而不可受"，道可以启发你，但是实际上并没有教授给你什么。

"可得而不可见"，你也可以获得启发，可以改变状态，可以领会道的这种"有性""无为无形"，但无法确定道究竟是什么形态。

道家不会做各种定论，天道的运作是有很多模糊性的。

> 自本自根，未有天地，自古以固存；神鬼神帝，生天生地。

道本身就是自己的本、自己的根，没有另外一个东西是它存在的前置条件。道就是最初的源动力，也就是牛顿所追求的第一推动力。没有天地之前，它就在那里了。

"神鬼神帝，生天生地"。鬼，指大神通的神明。帝，指上帝。神明与上帝有普遍的摄受力，原因不在它们自己本身，而在于它们得了道。天地发端于道，而天地正是一切生灵的活动平台。

> 在太极之上而不为高，在六极之下而不为深，先天地生而不为久，长于上古而不为老。

"在太极之上而不为高"，"太极"指有无。道在混沌和有形之上，但这不能叫做高。

"在六极之下而不为深"，"六极"就是东南西北上下，意指四面八方。道在四面八方之中，我们也不能用深邃来描绘它。道是永恒的母体，我们没法用具体去描绘形而上的存在。

"先天地生而不为久"，在天地之前，道就存在着，它生出了天地。对它来说，长久这个词其实是无效的。这话很有意思，你不能用长久、短暂、永恒等这类的词来描述道。

"长于上古而不为老"，道也在时间出现之前就存在着，所以用古老、年轻等之类的词汇也没法描述它，道根本不在时空的范畴之内。

庄子紧接着讲了历史上一些人得道之后的状态。

　　　狶韦氏得之，以挈天地。

"提挈天地"这个成语应该出自此处。狶韦氏据说是在三皇五帝之前的一个圣王，可以说是远古的大酋长。他得了道，就把天地的界限分清楚了。

　　　伏戏氏得之，以袭气母。

伏戏氏，即伏羲氏。伏戏氏得了道，"以袭气母"。"气母"就是元气，先天一气，是阴阳二气的根，也就是"道生一"的"一"、"有生于无"的"无"。伏羲得了道，他就得了元气之母，得了"先天一气"。

> 维斗得之，终古不忒。

北斗得了道，万古都不离开它的本位，可以成为人类的指引。不是因为它强求着不离本位，而是因为它得了道，所以它就不会离开本位了。因此，人生要过得如意，到底该靠自己还是靠道呢？是要靠自己得道。

> 日月得之，终古不息。

日月得了道，终古照亮着世间。

> 堪坏得之，以袭昆仑。

兽人堪坏得了道，他就成了昆仑之神。据说堪坏是一个兽人，也许是半人半马，或者是人面兽身。

> 冯夷得之，以游大川。

冯夷得了道，就成了黄河的水神。传说冯夷鱼尾人身，有银白色头发、琉璃色的鳞片，是形态非常美好的人鱼仙。

> 肩吾得之，以处大山。

肩吾得了道，就成了泰山神。如果去岱宗祈祷的话，你在心里默念"肩吾大神，佑我终身"，把他远古的名字念诵出来，可能他就会不好意思回绝了吧。庄子把这些事都记下来了。

黄帝得之，以登云天。

黄帝得了道，白日飞升，登上云天。后世说黄帝是"御女三千"而成仙，这多少有点儿莫名其妙。

颛顼得之，以处玄官。

颛顼是黄帝的孙辈，也是三皇五帝之一。他得道之后，就安居在北方的天宫里。

禺强得之，立乎北极。

传说禺强长着人头鸟身。他得道之后，在北极高举神座，行使他的权威。

西王母得之，坐乎少广。莫知其始，莫知其终。

西王母得道之后，道场在少广山。谁也没有办法测度西王母的存在状态，不知道她从哪儿来，也不知道她往哪儿去。当代有道家人士猜测，西王母因周穆王负约而西行，去了欧洲，故而古希腊于公元前点亮了科学精神。这种说法也可以算是一种浪漫的文化寻踪吧。

彭祖得之，上及有虞，下及五伯。

彭祖得了道，活得特别长。舜的时期，彭祖就很活跃了，一直到春秋五霸争天下的时候，他还活着。最后，人们也不知道他去了哪里。

　　傅说得之，以相武丁，奄有天下，乘东维，骑箕尾，而比于列星。

　　傅说是一个泥瓦匠，得道之后，辅助武丁管理天下。他后来去哪儿了呢？"乘东维，骑箕尾，而比于列星"，他的灵魂向东跨越，追上了东方的苍龙星宿，成了众星中的一员。

　　本节庄子举了很多例子，女神、三皇五帝、各种奇奇怪怪的神明，有的人头兽身、人头鱼身、人头鸟身，无分种族，无分尊卑，只要得了道，都可以与道长存。可见大道于众生平等，并没有物种的偏爱。

第六十节　自然法脉，为何真心袒露才是悟道

既然得道的境界如此神奇莫测，人们一定会对如何悟道充满好奇，于是庄子举出南伯子葵问于女偊的故事，来讲悟道的过程。

悟道的过程，是学人经过修为，依次通过"外天下""外物""外生""朝彻""见独""无古今""不死不生"等七个修为阶段，达到最终合道的"撄宁"境界。所谓"撄宁"，就是终于在自然法则面前，放下了所有矫饰杂念，真心袒露，一切烦恼脱落。

看来，所谓悟道，就是与这个世界赤诚相见；既要心智成熟，又需放下成心，于此方有大定大闲。

南伯子葵问乎女偊曰："子之年长矣，而色若孺子，何也？"曰："吾闻道矣。"南伯子葵曰："道可得学邪？"曰："恶！恶可！子非其人也。"

这一节讲的是得道的技术过程，讲得比较大略。

"女偊"，是一个人的名字，不知是男是女。南伯子葵可能是南伯子綦的一个化身。他问女偊说："您都这么大年纪了，但您的容颜却像孩童一般，这是什么原因啊？"

女偊回答说"吾闻道矣"，因为我学习了道。南伯子葵就说，我也可以学道吗？女偊说："恶！恶可！"你就别学了吧！

　　　　夫卜梁倚有圣人之才而无圣人之道，我有圣人之道而无
　　圣人之才，吾欲以教之，庶几其果为圣人乎！不然，以圣人
　　之道告圣人之才，亦易矣。

　　女偊接着就说了，"卜梁倚有圣人之才而无圣人之道"，"卜
梁倚"是个非常揶揄的名字，指的就是惠施。意思是"通过占卜
发现梁惠王是我可以依靠的人"。据说，惠施通过占卜，发现自
己只要投奔梁惠王，就能够获得远大前程。于是，他就奔着梁惠
王去了，所以被庄子讽称为"卜梁倚"。这些是后人考证出来的。

　　女偊认为，惠施确实有圣人般的才华，甚至其占卜之术都如
此高超，但他并没有圣人之道。曾经，惠施与梁惠王之间还上演
过一出禅让的闹剧。梁惠王为彰显自己的德性，要把王位禅让给
惠施，惠施假装拒绝，但又压制不住悲喜交集的表情。其实当时
的社会发展情况，根本就没法设计出禅让的制度来，因此庄子批
评惠施和梁惠王是"乱相昏君"。

　　女偊又说，"我有圣人之道而无圣人之才"，我可没有惠施的
那一套才能啊！

　　"吾欲以教之，庶几其果为圣人乎"！惠施来找我，要我教
他。我想教他吧，但他能成为真正得道之人的可能性有多大呢？

　　"不然，以圣人之道告圣人之才，亦易矣"。不过也没关系
啦，反正我是用圣人之道教授有圣人之才的人，处一以应变，万
一他没有成功的话，我也没有什么好吃亏的。

　　　　吾犹守而告之，参日而后能外天下；已外天下矣，吾又
　　守之，七日而后能外物；已外物矣，吾又守之，九日而后能
　　外生；已外生矣，而后能朝彻；朝彻，而后能见独；见独，

而后能无古今；无古今，而后能入于不死不生。

"吾犹守而告之，参日而后能外天下"，这里的"日"，有学者考证指的是年。三年之后，他终于能够放下天下成败之心了。这真是编排惠子呀！三年不让他进行功利性辩论，这不是要惠施的命吗？他能受得了吗？

"已外天下矣，吾又守之，七日而后能外物"，七年之后，他就能够放下一切外物。一切俗事都能放下了，他甚至对世界都没什么兴趣了。

"已外物矣，吾又守之，九日而后能外生"，九年之后，他对生死都能不在意了。

"已外生矣，而后能朝彻"，直至他洞彻了这个世界的真面目。到了这个时候，可能还要守着惠施，把他圈住了，不然他还会出去跟人辩论的。他可是卜梁倚啊！

"朝彻，而后能见独"，当他洞彻了这个世界之后，就能够体悟大道了。"见独"，见到独一无二的东西。

"而后能无古今"，然后他心里就不会再有古往今来这种时间流的概念了。

"无古今，而后能入于不死不生"，没有古今的概念之后，他就真正明白这个世界上根本没有什么死和生，于是达到了无生无死的大境界。

　　故杀生者不死，生生者不生。其为物，无不将也，无不迎也；无不毁也，无不成也。其名为撄宁。撄宁也者，撄而后成者也。

"故杀生者不死，生生者不生"，所以那个使生命走向死亡的道，本身是不死的；把生命推向生生不息的道，它自己也是不生的，它并没有把自己卷进去。

"其为物，无不将也，无不迎也"，道作为真实的存在，对任何事物都没有推举或者迎接之心。"无不毁也，无不成也"，所有事物都是它毁的，也都是它成就的。

"其名为撄宁。撄宁也者，撄而后成者也"，拨开了一切纷扰，内心便得到了大安定，大自在。"撄宁也者，撄而后成者也"，内心真的拨开一切烦恼，自然而然就会有得道的成就，就像肩吾、彭祖他们那样吧！"撄"，摒弃，拨开。

到这里，我们可以总结一下，按庄子的意思，悟道需要摒除三种"心"：

一是成败兴衰之心。大概对应的是墨家。墨家心系天下，到处奔忙，理想当然是非常高尚的。不过，按庄子的意思，内心还是要放下，安闲一些，才有修为自己的空间。

二是亲疏分别之心。这点基本上是针对儒家。亲亲尊尊，当然是构结社会关系的一个办法，但也把大家都困在里头，影响了社会的活力。

三是死生忧惧之心。活着忧，死更恐惧，一切追求可能都是为了规避考虑这个问题。秉持这种把生与死割裂开的态度，人内心难免是紧张的。

摒弃这三种心，然后能得见什么呢？

第一，能见自根自本、独立不改之道。

第二，能勘破时间流的迷茫，不再觉得时间是流逝的，或者真的如今天的科学假说那样，时间也可以是个平面。

第三，从心理上来说，破除了死生的压抑，心也就大活了。

所谓"生死疲劳，从贪欲起"。一旦破除之，蒙蔽心灵的污垢都被拨开了，心开意解，这个时候才真正叫做安闲。

庄子的态度很明确，别再奢谈那些凡圣尊卑了，这些都无关大道。鸟人你看不上，鸟人得道了；人鱼你看不上，人鱼得道了；兽人整日风餐露宿，也得道了。只有你什么都想要，什么都放不下，但你却没有得道。

> 南伯子葵曰："子独恶乎闻之？"
>
> 曰："闻诸副墨之子，副墨之子闻诸洛诵之孙，洛诵之孙闻之瞻明，瞻明闻之聂许，聂许闻之需役，需役闻之於讴，於讴闻之玄冥，玄冥闻之参寥，参寥闻之疑始。"

南伯子葵就问，你跟我讲，想得道就要摒弃、忘却一些什么，然后才能见到独立不改的道，之后破除有关时空的误会，就能得到内心的解脱。那你是从哪里学来的呢？难道是你的自悟吗？

女偊说，这也不是我的自悟，我是从"副墨之子"那儿听来的，就是从那些传抄形式的书册当中看见的。

"副墨之子"又从哪里得来呢？是从那些"洛诵"之徒而得，也就是从那些口耳相传的诵读人口中听来的。

而"洛诵之孙"是从"瞻明"那里听来的。"瞻明"就是心意澄明、干净之意，这里都是比喻。

"瞻明"是从"聂许"那里听来的。"聂许"，就是心里默默地认同。

"聂许"又是从哪里听来的呢？是从"需役"，也就是从身体力行那里听来的。

"需役"是从"於讴"那里听来的。"讴",讴歌,就是天籁吧。

"於讴"又从哪里听来的?是从"玄冥"那里听来的。"玄冥",深远的意思。

而"玄冥"是从"参寥"那里听来的。"参寥"就是"一",就是混沌,就是先天一气。

"参寥"又是从哪儿听来的呢?它从"疑始"那里听来的。所谓"疑始",庄子的意思是,大家都说大道是一切的开始,可我觉得这是个可疑的事。

老子说"吾不知谁之子,象帝之先"。"道"在所有人类的认知概念之前,所以庄子给它取了个名字叫"疑始"——疑其有始,如此而已。

这一段就是所谓的"自然法脉",它是自然的传承。我们可以梳理一下:

自然法脉是怎么来的?起源于无始无终之道,道转换出混沌,混沌转换出深远的时空,深远的时空一旦转换出来,里面就有韵律,天籁之歌就奏响了。有一些生命听到了天籁之歌,身体力行,经过一段时间之后,默默地认同于心,内心就澄明了。内心澄明的人们口耳相传,传给有缘的人士,他们其中一些人著书立说,于是成为一种传世的修为。这是真正的道统,是自然的道统。

从自然到人,它有一个传授的过程,要不然怎么叫"大宗师"呢?大自然确实可以做人的老师,因为它通过天籁之歌,已经振响这个频率,有心之人自然就会领悟到。

第六十一节　死生一体，解开生命的倒悬窘境

"以利相交，利尽则散；以势相交，势去则倾；惟以心相交，方成其久远"。按照庄子的描绘，世上真正深刻的交往方式是志同道合，"莫逆于心"。

志同道合，莫逆于心，建立在共同的世界观、人生观的基础之上。庄子提出来，如果都洞察了变化是存在的基本方式，认同了生死存亡都是生命的组成部分，这样的交往，就是真正的朋友——与造化为友。

从这一节开始，主题转换到真人对待生死的认知上了。

> 子祀、子舆、子犁、子来四人相与语曰："孰能以无为首，以生为脊，以死为尻，孰知死生存亡之一体者，吾与之友矣。"四人相视而笑，莫逆于心，遂相与为友。

"子祀"象征继承者，"子舆"象征行动者，"子犁"象征耕耘者，"子来"象征开拓者。他们分别代表继承道的人、行动于道的人、耕耘于道的人、开拓于未来的人。这四人都希望行道，在这里的对话好像在做一幕话剧。

他们聚在一起说，谁能以"先天一气""无形之道"做首、做引导，以活着作为脊柱，以死作为屁股，能知晓死生存亡实际是一体的，我们就跟他做朋友。"无"，指代"先天一气""无形之道"。"尻"，屁股。

继而，四个人"相视而笑，莫逆于心，遂相与为友"。"莫逆于心"，彼此的心意完全契合，类似《道德经》里的"道者同于道，德者同于德，失者同于失"。

在我们惯常的理解中，三维空间的时间好像是有连续性，比如今天、明天、后天。但从今天"四维时空"的科学假说来看，实际是平面排列着的一个个截面。庄子说的"生死存亡一体"，也可能是在四维视角下观察到的真相。这是一种对道的领会，因为道是超越时空的，所以是"以无为首，以生为脊，以死为尻"。

> 俄而子舆有病，子祀往问之。曰："伟哉，夫造物者，将以予为此拘拘也！"曲偻发背，上有五管，颐隐于齐，肩高于顶，句赘指天。阴阳之气有沴，其心闲而无事，骈𫏋而鉴于井，曰："嗟乎！夫造物者又将以予为此拘拘也。"

"俄而子舆有病，子祀往问之"，过了一段时间子舆生病，子祀就去问候他。

子舆说，"伟哉，夫造物者，将以予为此拘拘也"，造物者真是太伟大了，他为什么要把我的身体变得这样佝偻呢？"拘拘"，佝偻。

因为他们四个人都是"以无为首，以生为脊，以死为尻"，彼此把对方的身体看成自己的，所以他才指着子舆说，"怎么把我的身体变成这样了"？

"曲偻发背，上有五管，颐隐于齐，肩高于顶，句赘指天"，就是腰弯背驼，五脏穴口朝上，下巴隐藏在肚脐之下，肩部高过头顶，弯曲的颈椎像赘瘤一样朝天隆起。这些都是描写子舆生病之后特别奇怪的样子。

"阴阳之气有沴，其心闲而无事"，阴阳之气不协调导致生病，但子舆的心却非常安闲，没有受到焦虑的干扰。沴，互相冲突、矛盾。

"蹒跚而鉴于井"，子舆步履蹒跚地去到井边望向自己，说"嗟乎！夫造物者又将以予为此拘拘也"，哎呀，造物者竟然把我变得如此佝偻！

> 　子祀曰："女恶之乎？"曰："亡，予何恶！浸假而化予之左臂以为鸡，予因以求时夜；浸假而化予之右臂以为弹，予因以求鸮炙；浸假而化予之尻以为轮，以神为马，予因以乘之，岂更驾哉！且夫得者，时也；失者，顺也。"

子祀问，你讨厌这种病吗？子舆回答：不，我为什么要讨厌啊？

"浸假而化予之右臂以为弹，予因以求鸮炙；浸假而化予之尻以为轮，以神为马，予因以乘之，岂更驾哉"！如果老天要把我的左手化成一只鸡，我便用它来打鸣；如果老天把我的右手化成弹弓，我便用它打猫头鹰烤熟了吃。"鸮炙"，把猫头鹰烤了吃。如果老天爷让我的屁股化成车轮，把我的精神变成一匹马，我就架着这匹马到四处游走，难道还更换别的马车吗？

"且夫得者，时也"，人生得到欢乐、安闲、财富、权利，所谓"有所得"，是因为"时也"。正好这个时间节点，天籁在你这里奏响了。

庄子曾经感叹：你真的认为有所得是因为你的努力吗？你真的认为有所得就不是你的努力吗？

当我们远离这两个极端，两面都思考一下，心里是不是更加明白些？

前段时间报道说，不少创业者选择归隐、出家。这里头可能存在着思维误区——过去认为"自己的努力能决定一切"，现在又认为"自己完全决定不了什么"！

这些人，过去成功，不知道怎么成的；现在失败，也不知道怎么败的。糊里糊涂地入世，糊里糊涂地出世，真让人感叹！

很早以前，笔者的一位企业家朋友跟我说，企业家要过三关：第一关，取舍关。企业家的角色定位要清楚，哪些利益要自己留下，哪些要分给上下游，自己心里要清楚。第二关，生死关。企业家要知生死，如果大势到了，此时不能动，就顺应时势，或走，或者休眠蛰伏。第三关，美色关。企业做好了之后，企业家就容易受诱惑。我的回答是，前两者都说得很好，唯独第三关，其实说不准是谁诱惑谁！

"失者，顺也"，如果真失去的话，也未必是你的过错。事情本来就是两面的，你别都往自己身上背。当然你也得去反省自己，去重新悟道。

这才是安时处顺的真意，不去强求社会，也不必苛求自己。

> 安时而处顺，哀乐不能入也，此古之所谓县解也，而不能自解者，物有结之。且夫物不胜天久矣，吾又何恶焉！

你走在中道之上，又顺应天时，自身也没有放弃努力，心里应该是无咎的。就像孔子说的，你是行得正，走得正，心里是明白的。

"此古之所谓县解也"，如果不能明白这个道理，就好像被倒挂着一样，脑袋朝下，始终是在挣扎的，做所有的努力都是反向的。如果能安时而处顺，相当于解了这种倒悬。佛家经典引用《庄子》此处的说法，将"解脱"叫"解倒悬"。

不能从这种倒悬当中解放出来的人，是因为他对外物有特殊的爱，无法真正做到中正，决策屡屡失误。"物有结之"，即是这个意思。

有时候，贪爱会提醒人，让你以为它很高尚、很美好。但它终究是把你的脚捆在树上的那根绳，不论它贪的对象是爱情、亲情，还是其他情感。我们要清醒地认识到，别管绳子多漂亮、多美好，最终都得把它们解开。解开之后，反而可以更好地去处理这些关系。"且夫物不胜天久矣，吾又何恶焉"？况且事物的变化不能超过自然的力量已经很久了，我又怎么会厌恶自己现在的变化呢？

人是可以努力的，但这世界是有客观规律的，最终还是要顺应天道、安时处顺。

第六十二节　造化洪炉，众生只是待炼的金属吗

　　在以道相交、莫逆于心之后，故事继续向前发展。子来重病，这个时候，四位以"死生存亡之一体"的道友，会如何对待这个现实的问题呢？文中并没有交代是不是请大夫了，实际上，我们也都知道，即便是科学昌明、医学发达的今天，因重病之苦而做生死之间的选择，也绝非易事。

　　子来安于造化之变，在"喘喘然将死"之时，竟然还说了一个"大冶铸金"的寓言。这个寓言是本节的核心，实际上也代表了庄子对于造化抱持的敬畏态度。

　　　　俄而子来有病，喘喘然将死，其妻子环而泣之。子犁往问之，曰："叱！避！无怛化！"倚其户与之语曰："伟哉造化！又将奚以汝为？将奚以汝适？以汝为鼠肝乎？以汝为虫臂乎？"

　　又过段时间，子来病了，喘得厉害，他的妻子和孩子围着他哭。那时家里男人走了，日子会很艰难，子来的妻儿哭的时候，既有真情，也有恐惧。

　　子犁去探病，看到这种情况就说："叱！避！无怛化！"意思是你们这样围着他哭也没用，他即将走上自己的造化之路了。死并非是终点，它也是一个继续造化的节点。

　　"倚其户与之语曰"，子犁靠在门上对子来说，"伟哉造化！又

将奚以汝为？将奚以汝适？以汝为鼠肝乎？以汝为虫臂乎”？老
天的造化，到底要把你变成什么呢？到底要叫你怎么样呢？要把
你变成老鼠肝吗？要把你变成螳螂臂吗？

> 子来曰："父母于子，东西南北，唯命之从。阴阳于人，
> 不翅于父母；彼近吾死而我不听，我则悍矣，彼何罪焉！夫
> 大块载我以形，劳我以生，佚我以老，息我以死。故善吾生
> 者，乃所以善吾死也。

子来回答说："父母于子，东西南北，唯命之从。"父母对于
孩子，是可以随意驱使的。父母叫孩子去东边，就得去东边；叫
孩子去西边，孩子就得去西边，唯命是从。

"阴阳于人，不翅于父母"，世间的阴阳造化，对于个人来说
不亚于父母。"彼近吾死而我不听，我则悍矣"，造化叫我去死，
我不听，岂不是太彪悍了吗？

"彼何罪焉"！它有什么罪过呢？意思是这是个自然过程，它
本身没罪过。别怨天怨地，呼天抢地，像演琼瑶剧。造化它是对
我有恩的，因为我所有的运作，都是基于它的舞台。

所以，"夫大块载我以形，劳我以生，佚我以老，息我以死"，
它承载我的身形，让我的一生都在劳动，又让我以老去的方式来
休息，最后让我死去安息。

"故善吾生者，乃所以善吾死也"，它妥善地安排我活着，也
妥善地安排我死，死是一种妥善的安排。

平静地说完这一段，庄子突然发力了。

> "今之大冶铸金，金踊跃曰'我且必为镆铘'，大冶必以

为不祥之金。今一犯人之形，而曰'人耳人耳'，夫造化者必以为不祥之人。今一以天地为大炉，以造化为大冶，恶乎往而不可哉！"成然寐，蘧然觉，发然汗出。

比如出现这样一种情况，"今之大冶铸金"，有一个很有名气的冶金工匠，他铸造铁器。"金踊跃曰'我且必为镆铘'"，炉子里的钢铁突然开声了，开心地对工匠说："拜托，一定要把我铸造成莫邪！"莫邪是古代传说中的一把神剑。

工匠会怎么想？"以为不祥之金"！竟然自己开口说话，这不是妖精吗？

"今一犯人之形，而曰'人耳人耳'，夫造化者必以为不祥之人"，现在我们刚被造化成人的样子，就喊"我要做好人"，或者"我要做圣人"，造物者会把我们当什么呢？当然是不祥之人！你还没做人，内心里的那种等级意识、善恶尊卑的观念就已经显现出来，已经不打算跟别人平等相处了，所以造化会认为你是一个不祥之人。就好像女娲娘娘说："这次造人又失败了。算了，赶快放水再化一遍吧。"

成功学的规训，连孩子也深受影响。某个节目上，甄子丹现场教授小孩武术，问那些孩子为什么学武术？回答清一色都是"我要做第一人，我要打败所有的人"。

甄子丹有点儿惊讶，就对主持人说：为什么都要做第一？练出一身好武艺就好，为什么是为了打败别人？他说了自己对孩子的要求：事情要做精，但不教后面那一步。言外之意，家长还没教会孩子怎么把事做好，反倒先去要求结果了。

如果我们真的是运行在一台超级计算机里的游戏角色，是否所有的事情都是被程序员所决定的？而当我们从一个NPC变成了一个有情有感的生灵，程序员能够辨别吗？他能知道吗？所以，就不要自己再喊"人耳人耳"了。

"今一以天地为大炉，以造化为大冶"，现在以天地比喻炼金的炉子，以造化者比喻工匠。"恶乎往而不可哉"！把我造成什么样都可以！这本来就是他的事！我还没有受社会的那种尊卑、高低、贵贱的沾染，我还是朴实的。它把我造成什么，我就是什么。

庄子的意思，如果想得道，与道相通，还是要回到造化之初的朴实状态，天机才会显现。天机显现后能做什么是另一回事，但首先态度要到。

说完这些，子来"成然寐，蘧然觉"，安详地睡着，然后忽然又清醒过来，这么一种悠然自在的生活态度。

"发然汗出"，他的内心重新得到梳理，出了一身汗，一下就好过来了。

第六十三节　小人君子，君子小人

　　庄子又讲了一个以道相交、莫逆于心的故事。这次故事的主角，是子桑户、孟子反与子琴张三位。他们的交往，建立在"有无一体"的认同之上，心无挂碍，一切交流都融化在天地一气的无尽流通之间，无形无相，不着痕迹。这种思想的相通，是方法论高度的。

　　文中借孔子的自省，对这些"方外之人"与世俗之人的评价进行了颠覆。庄子指出，从生命的自然天性来看待人，还是从世间囿于功利评价来看待人，得出的结论是完全相反的。

　　"天之小人，人之君子；人之君子，天之小人也"，是本节特别值得思考的名句。

　　　　子桑户、孟子反、子琴张三人相与友，曰："孰能相与于无相与，相为于无相为？孰能登天游雾，挠挑无极，相忘以生，无所终穷？"三人相视而笑，莫逆于心，遂相与为友。

　　子桑户、孟子反、子琴张三人是老朋友，他们认为交朋友的前提是"相与于无相与"，能够相交于不相交之间。老朋友相处，能够不互相束缚，相忘于江湖，各自走在不同的路上，才能真正心意相通。这个意思，就是要以道相交。

　　"相为于无相为"，能够相助于不相助之中，彼此没有人与人之间那些牵牵绊绊、你来我往，把道当成人生的终极追求。

"孰能登天游雾，挠挑无极"，谁能够登至高处看清这世间的迷雾，谁能够去追求无极之外复有无极的高远境界。

"相忘以生，无所终穷"，我们相忘于江湖，就这样优哉悠哉地生活、无所忧惧地死去。

幸福的人生是什么样的？既不说我要什么，也不反对你得什么，关乎的只是自我心灵境界。每个人都有自己想得的东西，如果每个人都把幸福归结为"名利"二字，那其实很不真实，也不现实。实际上，功利观念的流行，在现代社会本身就是一种传播的暴力洗脑。

一个文化是否成熟，或许也可以看它能否有效抵御功利主义的喧嚣吧！所以庄子反复强调朋友之间的道心要相通。

"三人相视而笑，莫逆于心，遂相与为友"，三人心意相通了，就彼此成了莫逆之交的朋友。

> 莫然有间而子桑户死，未葬。孔子闻之，使子贡往侍事焉。或编曲，或鼓琴，相和而歌曰："嗟来桑户乎！嗟来桑户乎！而已反其真，而我犹为人猗！"子贡趋而进曰："敢问临尸而歌，礼乎？"二人相视而笑曰："是恶知礼意！"

忽然有一天，子桑户死了。"莫然有间"，茫茫然之间。辛弃疾有词云"蓦然回首，那人却在灯火阑珊处"，"蓦然"也是这个意思。

"未葬"，子桑户还没下葬。"孔子闻之，使子贡往侍事焉"，孔子听说之后，让子贡前去帮助处理丧事。这里点明了孔子的职业是做葬礼的。

"儒"最初是主持葬礼礼仪的，葬礼在中国传统文化里是最重要的一种礼仪。孔子听说子桑户是个贤人，就让学生子贡去帮助做葬礼，态度非常友好。

子贡去了，看到什么呢？子桑户的两个朋友"或编曲，或鼓琴，相和而歌曰：'嗟来桑户乎！嗟来桑户乎！'"又是编曲，又是鼓琴，还互唱和声。在战国时，中国音乐是会唱和声的。

"而已反其真，而我犹为人猗"，桑户兄啊，你现在已经返璞归真了，而我们还在人间受罪！

这种情况与子贡对礼仪的认识是相悖的，他当然很生气，立刻走上前说："敢问临尸而歌，礼乎？"你们就这样站在尸体旁边唱歌，合乎于人情吗？合乎于礼吗？孟子反、子琴张两人互相笑了笑说：子贡不懂礼的真实含义。

> 子贡反，以告孔子，曰："彼何人者邪！修行无有，而外其形骸，临尸而歌；颜色不变，无以命之。彼何人者邪！"

子贡回来很生气，把事情原委告诉了孔子。"彼何人者邪"！子贡语气很重，这都是些什么人呐！"修行无有，而外其形骸"，也不修德性，站在尸体旁边唱歌，脸上一点悲哀的神色都没有。"无以命之"，真是无法形容他们了！"彼何人者邪"，再重复感叹一句——特别生气。

> 孔子曰："彼，游方之外者也；而丘，游方之内者也。外内不相及，而丘使汝往吊之，丘则陋矣。彼方且与造物者为人，而游乎天地之一气。彼以生为附赘悬疣，以死为决疯溃痈，夫若然者，又恶知死生先后之所在！假于异物，托于同体；忘其肝胆，遗其耳目；反覆终始，不知端倪；芒然彷

徨乎尘垢之外，逍遥乎无为之业。彼又恶能愦愦然为世俗之
礼，以观众人之耳目哉！"

"彼，游方之外者也"，孔子一句话把子贡点醒了。孔子说，
他们跟我们不是一类人，是"游方之外者也"。后世出家人说自
己是"方外之人"，就是从这儿来的。

妙玉给宝玉写信，写完信又说自己是槛外之人、世俗之外的
人，邢岫烟建议宝玉给她回信署名槛内之人，大概也是借鉴了这
一段。另外，也说明了宝玉是真的不读书，连《庄子》也没有
读过。

"而丘，游方之内者也"，而我孔丘还是希望在世间做点事
儿的。

当然，对人世这一套完全看开了，更没有必要离群索居了。
所以，游到方内也不是什么问题。历史上的道家在乱世往往会游
到方内，还是放不下家国情怀，还是想做一点好生之德的事情。

"外内不相及"，方外跟方内彼此是不搭界的。"而丘使汝往
吊之，丘则陋矣"，我让你这个不懂方外的道人去吊唁帮忙，是
我的错。

"彼方且与造物者为人"，他们与造物者为友。我们常说的
"与造化为友"就是由此而来。

"而游乎天地之一气"，他们在天地一气之间遨游，变化
无穷。

活着是什么？活着是从无形的"一气"中显现具体的形象，
一旦显现具体的形态和结构，必然会有演化的具体过程，就会有
生老病死，就会有忧悲苦恼。

"彼以生为附赘悬疣"，所以应该把"生"看作一个长出来的

疣。为什么对生这件事评价这么低？

可以试着理解"生"是具体的形态，是从无当中演化出来的一个具象的东西。它必然有一个过程，所以它一定是有限的，一定是抓不住的，最后肯定会归于无，所以才会对它做这么低的评价。

"以死为决疣溃痈"，"死"等于把疮挑破了，结束了，万物的生存简直就是先天一气长的一个脓包。但我们竟然活得这么开心，也太奇怪了！

"夫若然者，又恶知死生先后之所在"，如果到达这样的境界，那么是先生后死，还是先死后生，还是死在谁的前头，谁还会在乎这样的问题呢！

这些人"假于异物"，无论转世成为什么，都能"托于同体"，实际上还是与道同体。"忘其肝胆，遗其耳目"，肝和胆主情绪，把情绪都忘了，耳目之欢也都不在意了。"反覆终始，不知端倪"，在这当中翻翻滚滚，不去研究如何趋吉避凶，不再想这些事情了。

"芒然彷徨乎尘垢之外，逍遥乎无为之业"，只有庄子能写出这么华丽的句子！他好像是潇潇洒洒地走在尘世的污垢之外，无为就是他的事业。生命本来就是一个无为的过程吧，为什么要把他们理解成啥也不做呢？

"无为"在《道德经》里指的是"为无为"，做促进无为的事情，换句话说做促进社会生态平衡的事情。所以对领导者要求的无为，应该是去做促进组织顺畅流通的事情，而不是什么也不做。反者道之动，要从组织本身可能的惯性和强迫性的相反方向，去调整组织的方向，所以方外之人顺道而行，对于自己和世间不通畅的事情，也还是要辅道而为之，原因是在这儿。

"彼又恶能愤愤然为世俗之礼，以观众人之耳目哉"！他们这种境界的人怎么会像世俗礼仪那种"愤愤然"的作态呢？人们为了"礼"的要求而悲悲戚戚，为"礼"而号哭，那才是装模作样吧！方外之人怎么会遵从常人的礼仪要求、让俗人认可他们呢？

子贡曰："然则夫子何方之依？"
孔子曰："丘，天之戮民也。虽然，吾与汝共之。"

子贡问老师，您说他们是方外之人，您是方内之人，那么您的皈依、您的价值观或者您的行为方式，最后的落脚点在哪里呢？这个就是师生关系了，就是说学生直接来问老师，你的生活态度，你的人生观，老师很难左右规避。

孔子说，我孔丘是上天讨厌的人，是上天要杀戮、要折磨的一个人，虽然如此，我还是愿意跟你探讨、分享我的皈依之处。孔子说出了一条中间路线，非常有意思。

子贡曰："敢问其方？"。
孔子曰："鱼相造乎水，人相造乎道。相造乎水者，穿池而养给；相造乎道者，无事而生定。故曰，鱼相忘乎江湖，人相忘乎道术。"

子贡说：老师我想听，您就说吧！
孔子说，"鱼相造乎水，人相造乎道"，鱼是靠着水生存的，人是靠着道生存的。"相造乎水者，穿池而养给"，靠着水生存的，我们可以造一个池子，让它在里面活着；"相造乎道者，无事而生定"，靠着道生存的，也可以给他们造一个这样的池子，只不过这样的池子是一种由统治者来建造的"为无为"的社会运作方式。

就像"鱼相忘乎江湖""人相忘乎道术",本来是无穷尽的事情,社会有限资源如果运作通畅了,也能给人近乎自然的生存空间。在这里,庄子似乎把孔子描绘成了一个悟道的人,他希望在社会上(方内)做一种"道"的结构模拟,让整个社会相对宽松一些,彼此之间少一点虚情假意和伪道,让这些追求道的人(方外之人)也能够生存下去。

> 子贡曰:"敢问畸人?"
>
> 曰:"畸人者,畸于人而侔于天,故曰,天之小人,人之君子;人之君子,天之小人也。"

子贡紧接着问了一个非常严肃的问题:"畸人。"畸人就是不为社会接受的人,换个语境,就是不为帝王家接受的人。

孔子回答得直截了当,这些人在世俗的价值观中被认为是不对的,但是在天道当中他们却是对的。

"故曰,天之小人,人之君子;人之君子,天之小人也"。人可以真心诚意地做很多事情,然而是不是真心并不是一个靠谱的衡量标准,好比有人真心诚意地推广成功学,他的表现很优雅,人们觉得他很君子,但老天其实都清楚,他是"天之小人"。

第六十四节　生死两忘，尊重生命本然的历程

　　上一个故事，讲以道相交而坦然面对友人的辞世。这里庄子追加了一个更为"极端"的故事——孟孙才坦然面对母亲的去世。

　　更让人难以接受的是，他竟然还顺应世俗的要求，做出了哀戚的样子。

　　向孔子反映问题的是颜回。孔子回答说，孟孙才是一位已经同于造化、忘却生死的人。生死都是生命历程的一部分，孟孙才的生死两忘，是另一种对生命的尊重和理解。

　　　　颜回问仲尼曰："孟孙才，其母死，哭泣无涕，中心不戚，居丧不哀。无是三者，以善处丧盖鲁国。固有无其实而得其名者乎？回壹怪之。"

　　颜回向孔子请教说，孟孙才的妈妈死了，他连眼泪也没流，在装哭；心里头也不伤心；居丧期间一点哀容都没有，还是正常脸色。"无是三者，以善处丧盖鲁国"，他做错了这三件事，却以善于帮人处理丧事而闻名鲁国。"固有无其实而得其名者乎？回壹怪之"，难道这个世界上真有人可以有名无实吗？我觉得太奇怪了。

　　　　仲尼曰："夫孟孙氏尽之矣，进于知矣。唯简之而不得，

夫已有所简矣。孟孙氏不知所以生，不知所以死；不知就
先，不知就后；若化为物，以待其所不知之化已乎！且，方
将化，恶知不化哉？方将不化，恶知已化哉？吾特与汝，其
梦未始觉者邪！

孔子回答说，孟孙氏是得了道的人，真正超越了简单的知
识。"唯简之而不得，夫已有所简矣"，如果一定要挑出他的问
题，可能是他给人办丧礼，花钱比较多，其他的方面是挑不出毛
病的。这段算是同行评价同行，有点揶揄的味道。

"孟孙氏不知所以生，不知所以死"，孟孙氏根本不在乎什么
是生，不在乎什么是死。"不知就先，不知就后"，不知道要延
寿，也不想死后的事情，他对生死看得很淡。"若化为物，以待
其所不知之化已乎"！他对待这个世界的态度，就好像永远在等
待未知的造化。

"方将化，恶知不化哉？方将不化，恶知已化哉"？你说世界
上万事万物都在变化，你怎么知道里面没有一个不变的东西？你
说世界上有不变的东西，那么会不会有一种潜移默化、让所有事
物都随着变化的东西？你说大道是不变的，造化者化物而不为物
所化，你怎么知道它本身就不是一个变化？

"吾特与汝，其梦未始觉者邪"，我和你都是大梦未醒之人，
死生迁化、变化造化，很难确切地弄清楚，因为我们本来就在这
个梦中。就像程序员永远判断不清楚 NPC 是不是已经有了情感一
样，假如造物主派个飞碟把我们绑架过去，问我有没有情感，我
说有，他也不能确定我真有还是假有。所以，在这件事情上，你
觉得你有情感，真的有吗？后面庄子要说这件事，这些探讨，似
乎已经超越了常规认识论的范畴。

　　"且彼有骇形而无损心，有旦宅而无情死。孟孙氏特觉，
人哭亦哭，是自其所以乃。且也，相与吾之耳矣，庸讵知吾
所谓吾之乎？且汝梦为鸟而厉乎天，梦为鱼而没于渊。不识
今之言者，其觉者乎？其梦者乎？造适不及笑，献笑不及
排，安排而去化，乃入于寥天一。"

　　"且彼有骇形而无损心，有旦宅而无情死"，这样的人，他的
身体可以生老病死，但是无损于他们精神的完整。他精神的寓所
是不断变迁的，但情感却没有死亡。

　　"孟孙氏特觉，人哭亦哭，是自其所以乃"，孟孙氏就是特别
明白的人，别人哭，他也哭，他就这样混同世俗。

　　"且也，相与吾之耳矣，庸讵知吾所谓吾之乎"，现在大家都
以你我相称，谁知道我说的我就是真的我？"且汝梦为鸟而厉乎
天"，在梦中你变成了一只鸟，飞在天上，你觉得自己是一只鸟，
你的眼光是鸟的眼光，你的思想是鸟的思想，你的自我感觉是
鸟，那还是你这个人的"我"吗？"鸟我"等于"人我"吗？

　　这是一个非常严肃的问题。你梦见自己变成一只鸟，你是从
鸟的主体性去看待问题的；但你醒过来之后，你的眼光是人的眼
光，你的嗅觉是人的嗅觉，你是从人的价值来判断的，这个
"我"到底是什么？那个"鸟之我"等于这个"人之我"吗？
"梦为鱼而没于渊"，你梦见自己变成了鱼，你潜入深水，你感觉
水越深越是你所期待的，那个"鱼我"是这个"人我"吗？

　　换句话说，我们一直斤斤计较、非常执着的所谓自我，其实
是一种可变化的功能，因此你无法确定自己是不是一个生命，你
也无法确定自己不是一个 NPC、是不是电脑程序里的人物，因为
"我"是在不断变化的。

一个朋友对笔者说，他碰见一种很奇怪的状态，一觉醒来，什么都能看见、都能感觉，还可以思想，唯独找不到我；所有的感官功能都在执行着，还可以跟人对话，就是没有自我感。过了一会儿，突然之间，他好像回过神，知道是我了，知道了自己的存在。这可以叫做 NPC 本性觉醒吗？这种情况，在医学上实际上是有过研究的。

"不识今之言者，其觉者乎？其梦者乎"？现在说话的人，怎么判断是觉醒的还是在做梦？你觉得你是觉醒的，你怎么知道就不是你梦中梦见你觉醒了？其实你只是做了一个关于觉醒的梦，而且无比逼真。

藏地有一个故事：有一位大空行母点化一个大瑜伽士，她站在大瑜伽士面前，让他做了一个梦，又显化到梦里告诉他说："请从梦中醒来！"大瑜伽士一下子就领会过来了。原来梦和醒的关系是说不清楚的，因为大空行母到他梦中，本身是个事实，但又是在梦中告诉他：这就是一个梦。

"造适不及笑，献笑不及排，安排而去化，乃入于寥天一"，如果我们相遇是因为因缘，突然碰见了，我们都来不及微笑，是梦是醒，我们都来不及评价我们相遇这件事。

如果有一个人特别善于逗你笑，或者机缘到的时候，你想不笑都不行。"不及排"，你控制不住，你就笑了。是我在笑吗？它是合乎你的价值观，然后你笑起来的吗？你就是笑了而已，笑点到了你就笑了，这就是"安排而去化，乃入于寥天一"。如果你真的能够把这些东西都安顿了，放下了自我，你就不再考虑哪些是我的、哪些不是我的。

如果我们不再考虑哪些是我的，"安排而去化，乃入于寥天一"，心在当时就打开了。其实，不管是梦还是醒，不管是我还是非我，存在本身都不受影响，这是大道。大道本身在运行着，还怕什么？有些人会害怕：哪天我证得无我了怎么办？真的无我了，我岂不是没有了？……它是"同化而为一"，不是什么都有，但也绝对不是什么都没有。一切都在运行着，只是消除了那个"我存在"的误会而已。所以，不用怕，既然已经有了，怎么可能变成无呢？

第六十五节　离形去知，与造化同游

《大宗师》接近尾声，庄子索性提出了忘却一切分别的主张。

老子理想的生活，是百姓"甘其食，美其服，安其居，乐其俗"的淳朴生活，其前提是王道升华到无为的境界，没有什么事情蛊惑百姓的心灵。庄子理想的生活，是乘物游心，规避乱世潮流挟裹，保住人性的纯真与清明，其前提是个人内心的彻悟。至于王道霸道、有情无情，似已两忘，不再做过多的探求。

文末提出坐忘的境界，语焉不详，但到底还是透露出一点自家身心修持的端倪来。

离形去知与造化同游。

子舆与子桑友，而霖雨十日。子舆曰："子桑殆病矣！"裹饭而往食之。至子桑之门，则若歌若哭，鼓琴曰："父邪？母邪？天乎？人乎？"有不任其声而趋举其诗焉。

"子舆与子桑友，而霖雨十日"，子舆和子桑是老朋友，有一段时间不停地下雨，整整下了十天，子舆就担心子桑了，"子桑殆病矣"，子桑恐怕要饿病了吧。于是"裹饭而往食之"，于是他准备了食物，送给子桑吃。

"至子桑之门，则若歌若哭"，到了子桑的门口，听到子桑"若歌若哭"，一边哭一边唱着歌。他鼓着琴说："父邪？母邪？天乎？人乎？"是父母造成了我今天的困境吗？是老天还是社会让我陷入这样的困境啊？

"有不任其声而趋举其诗焉"，子桑的声音呜呜咽咽，上气不接下气，又好像在吟诵诗文。

　　　　子舆入，曰："子之歌诗，何故若是？"曰："吾思夫使我至此极者而弗得也。父母岂欲吾贫哉？天无私覆，地无私载，天地岂私贫我哉？求其为之者而不得也。然而至此极者，命也夫！"

　　子舆走进来说，"子之歌诗，何故若是"，为什么你唱的气息这么难受啊？

　　子桑说，"吾思夫使我至此极者而弗得也"，我在思考为什么会落得今天这种穷困潦倒的境地。我一直在求道，但什么都没得到。"父母岂欲吾贫哉"，父母难道想要我穷吗？"天无私覆，地无私载，天地岂私贫我哉"，难道天地会刻意地要我穷吗？可是，实际情况就是我过得穷愁潦倒。我思考其中的原因，"求其为之者而不得也"，苦苦思索而无所得。"然而至此极者，命也夫"，我看不到任何理由，但我毕竟是处在了今天这样的境地，真是命啊！

　　为什么一向潇洒逍遥的庄子突然讲了这么一个消极的故事？

　　人生于世，当真任何问题都有一个答案吗？任何事情都能找到原因从而避免或促进它吗？

　　大自然是一个系统，既然是系统，就有很多关联性的事件发生，不能单纯用因果来解释。

　　在原始经典里，佛陀的学生曾经问他，大的灾难里，死了很多人，是不是他们都做了同样的坏事、有同样的命运？佛陀回答说，但凡天灾都是不能这么看的，它属于大的自然力量，大自然运转的时候肯定会有各种节点，正好撞到这个节点的人也就受了灾。这并不是说他们过去都做了坏事，或者命该如此。

子桑的故事，是在说要超越因果思维。因果思维有时候有道理，但在某些地方不适用。佛家最根本的思维方式是缘起思维，并不是因果思维。

因果思维得以建立的前提是什么？是一个人深层次的价值观，是人的好恶，要先区分这是好事还是坏事。然而，一个人认为的好事，另一个人可能觉得是坏事，所以在逻辑的源头，它跟"仁义"的设定有相似之处，是有局限性的。

> 意而子见许由。
>
> 许由曰："尧何以资汝？"
>
> 意而子曰："尧谓我：'汝必躬服仁义而明言是非。'"
>
> 许由曰："而奚来为轵？夫尧既已黥汝以仁义，而劓汝以是非矣，汝将何以游夫遥荡姿睢转徙之途乎？"
>
> 意而子曰："虽然，吾愿游于其藩。"

"意而子"就是燕子。庄子喜欢用比喻起名字，他形容那种小巧或者人群当中比较单纯的人，像燕子一样。

意而子去见许由，许由是尧的老师。许由问他说："尧何以资汝？"你在尧那里学习了很长时间，尧有没有教给你什么？意而子回答说，"尧谓我：'汝必躬服仁义而明言是非。'"尧教我一定要按照仁义的标准去办事，而且一定要明辨是非。

这段接续前面，尧教的仁义和是非，是因果论，它认为人可以区分出万物行为的性质，然后，同样性质的行为会带来下一个同样性质的结果。而按照庄子的分析，人的判断标准是不定的，本身就是一大堆是非争论。诸葛亮教导刘禅亲贤臣、远小人，还特意指派了哪些是贤臣。结果如何？刘禅会认为自己亲近的是小人吗？更何况，这个世界本身也是变幻不定的。

"黥"，是在罪犯脸上刻字。许由说，"而奚来为轵"，你还来找我干嘛？"夫尧既已黥汝以仁义，而劓汝以是非矣，汝将何以游夫遥荡姿睢转徙之途乎"，尧已经用"仁义""是非"这样的价值观在你心上刻了字，你的价值观都被割裂了，已经远离真人了，没有真实的本性了，你别来找我了，你不可能走逍遥的那条路了。

意而子说，"虽然，吾愿游于其藩"，不管您怎么说，反正我一心一意想求道。

　　许由曰："不然。夫盲者无以与乎眉目颜色之好，瞽者无以与乎青黄黼黻之观。"
　　意而子曰："夫无庄之失其美，据梁之失其力，黄帝之亡其知，皆在炉捶之间耳。庸讵知夫造物者之不息我黥而补我劓，使我乘成以随先生邪？"

许由就继续拒绝说，"夫盲者无以与乎眉目颜色之好，瞽者无以与乎青黄黼黻之观"，一个盲人，你不用跟他说颜色；眼睛不好的，你不要跟他讲衣服穿得有多漂亮。

意而子坚持说，"夫无庄之失其美"，无庄美人得道之后，就忘了自己的美丑，不像以前那么娇滴滴的了。这话说得很有洞察力，美的人走起路来，那种自我感是很强烈的，好像能感受到别人眼中的自己有多美。"据梁之失其力"，据梁是个大力士，他得道之后，就忘了自己的力量。"黄帝之亡其知"，黄帝得道之后，忘记了自己的智慧。"皆在炉捶之间耳"，在大道的锤炼当中，每个人都有机会。"庸诅知夫造物者之不息我黥而补我劓，使我乘成以随先生邪"，你怎么知道造物主不会帮我修复纹身和鼻子，使我能够跟随先生学习、恢复天性？这里是一个成语，叫做"息黥补劓"。

> 许由曰："噫！未可知也。我为汝言其大略。吾师乎！吾师乎！齑万物而不为义，泽及万世而不为仁，长于上古而不为老，覆载天地刻雕众形而不为巧，此所游已。"

意而子如此坚持，许由可能也有点感动了，就说"噫！未可知也。我为汝言其大略"，这也有可能，我跟你简单说一下。我的老师"齑万物而不为义，泽及万世而不仁"，它调和万物却不自诩义；它是万物的总庇护所，却没有刻意讲仁恩；它"长于上古"，却从来没有衰朽的时候。它是永恒的源动力，"覆载天地刻雕众形而不为巧，此所游已"，它负载万物，使得万物发展出个性，也从来不用什么机巧，这是我所同游的老师。

> 颜回曰："回益矣。"仲尼曰："何谓也？"曰："回忘仁义矣。"曰："可矣，犹未也。"

这里是另一个故事了。颜回去见孔子说，"回益矣"，我最近修行很有进步。仲尼说，"何谓也"，具体什么感受？颜回说，"回忘仁义矣"，我已经把仁义忘掉了，是非好坏在我心里终于被抹掉了，脸上的"刺青"被抹掉了。孔子说，"可矣，犹未也"，不错，但也还有待进步。

> 他日复见，曰："回益矣。"曰："何谓也?"曰："回忘
> 礼乐矣。"曰："可矣，犹未也。"

过了几天，颜回又说，"回益矣"，我感觉有进步了；"回忘
礼乐矣"，我把礼乐也忘掉了。礼乐是一种等级制度，当年周公
制礼是为了长治久安、天下大顺。颜回说我把礼乐制度也忘了，
其实就是忘了天下的意思。

孔子说，"可矣，犹未也"，这个很好啊，但是还不够。

> 他日复见，曰："回益矣。"曰："何谓也?"曰："回坐
> 忘矣。"仲尼蹴然曰："何谓坐忘?"颜回曰："堕肢体，黜聪
> 明，离形去知，同于大通，此谓坐忘。"仲尼曰："同则无好
> 也，化则无常也，而果其贤乎！丘也请从而后也。"

过了一段时间，颜回又说，我进步了。孔子问，到哪一步
了? 颜回答，"回坐忘矣"。"仲尼蹴然曰"，仲尼很震惊地问，
"何谓坐忘"? 你坐忘了! 什么是"坐忘"?

颜回说，"堕肢体，黜聪明，离形去知，同于大通，此谓坐
忘"，我坐在这儿，没有了身体的概念，所有聪明才智都放下了，
一切只是自然而然。

所有的聪明才智是针对什么呢? 是针对世间具体的东西，换
句话说，大致就是处理是非得失的那些心思。

"堕肢体"就是"离形"，"黜聪明"就是"去知"，"同于大
通"就是道的运行在我这里彻底顺畅了。

孔子立刻给了"坐忘"一个评价,"同则无好也,化则无常也"。"无常"是正面词,同于大道就无所谓好恶了,你这一生就真正地平顺了。

平顺最可贵,富贵了都想求平顺,但往往"求之而不可得"。为什么呢?要平顺就要放下得失,大包小裹放不下,如何因应时势的变迁呢?

孔子说,"化则无常也",能够顺应造化就没有常态可循了。羚羊挂角,无迹可循;顺乎造化,别人就无法预测你了。因为别人是在"肢体"和"聪明"上做文章。所以人一旦同于大化,就总是出人意料,因为已经不是同一个思维的层级了。

孔子对颜回说:"而果其贤乎!"我也愿意向你学习。孔子对自己的学生从不吝于赞美。

第六十六节　开放认知，自然是终极的导师

从演化路径上来说，东西方是很不一样的。但如果从"天人之际"的基本问题域来说，东西方又是相通的。大家都在研究如何认知自然法则，如何制定社会规则，以及个人在这双重的环境中，如何能更好地生存。

在认知自然法则的路径上，东西方走上了不同的道路。从古希腊起源的理性精神在中世纪与西欧社会结构相融合后，西方文明在文艺复兴前后发生了基因突变，随后爆发出了巨大的力量，科学技术成为西方文明最有力的"武器"。

很多朋友可能因此误会说，科学是一种真理，但从哲学上看，科学并不能与真理画等号，科学是一种要素明确、可以不断建构的对于客观世界的解释学。它的真正优势，在于能够技术化、工具化，并且能够实现认识工具的自我迭代。

马斯克推出脑机接口之后，舆论一片哗然，普遍担忧人会被机器替代或奴役。但如果较真起来，这个脑机接口最大的贡献，是发明了一个稳定可升级的研究大脑的工具。可以设想，这个脑机接口在使用中，将会稳定地汇总出大脑的各种数据，随着对这些数据的分析和反馈，就会逐步指明未来的研究方向，同时也暴露出脑机接口本身的不足。这样，科学家们就知道自己该朝哪个方向研究大脑，并升级工具。这种正向循环一旦形成，大脑的秘密恐怕就真的保不住了。

再进一步说，马斯克的脑机接口是可以量产的，通过努力，

全球各地的脑科学家们可以人手一台，而且，他们研究的数据，又可以通过全球网络来共享，这就加速了整体研究的进展。而全球网络，本质上是以前科学研究的工具化成果。

科学的生命之所以长青，在于它能够工具化。工具化提升了生产力，而生产带来更多的知识，更多的知识又可以迭代工具。这样，科学的发展就成了和建高楼相似的事情，建起一层，吊车也跟着爬高一层。究竟能建到多高，我们现在还看不到头。

因此从总体上看，科学与技术的发展，呈现出一种结构性、几何量级增长的态势。

经常能看到国学爱好者以各种方式自嗨，可我们也要明白，就连自嗨的工具，也是科学技术提供出来的。诸如手机、算法，一年都能迭代若干次；而自嗨呢，江山代有才人出，各领风骚数百年，这生产出了什么新内容吗？说来说去，还是什么科学的尽头是神学、佛早就预言了量子力学等等老话套话。

道家讲的天道，大致相当于西方文化的自然法则，不过，天道的含义可能还要更深一些。西方哲学讲的自然法则，是笼罩一切的前置规则，与上帝的观念耦合之后，可能就形成某种封闭的宿命特征，这个大概也是欧洲经历黑暗中世纪的原因之一。而天道的思想，造化永不停息，且向未来开放。大的原则，是"反者道之动，弱者道之用"这样的模糊表达；到了具体的万物层面，则是"玄之又玄，众妙之门"。可以说，在道家的语境中，万物的多元化是具有天然合法性的。这种在思想根源上的开放性，可能是中国古代社会长期保持领先的原因之一。

道家同时也认识到，正因为天道柔弱遍在的特征，在人类社会本身的组织治理上，不能一味等待天道的返还，因而必须"辅天道为之"，让那些因为人类社会加速发展而出现的问题，尽快得到解决。这样一来，社会治理者也就获得了根本的合法性。这种合法性解释，完全是植根于人类的共同命运之上，几千年来与东西方各种"社会达尔文主义"展开了博弈，有效遏制了人类社会向着恶的方向崩塌。可以说，这是中国古代天道思想对整个人类文明做出的伟大贡献。当然，我们也要注意到，达尔文的进化论与社会达尔文主义几乎是完全相反的理路，而正本清源的进化论思想，与道家思想大有共通之处。

庄子的贡献，在于对认知本身的反思，以及由此得出的个体处世逍遥之道。

大哲们一般都能意识到，人类的认知在无尽的自然面前是渺小的。古希腊哲学家芝诺也说过："人的知识就好比一个圆圈，圆圈里面是已知的，圆圈外面是未知的。你知道得越多，圆圈也就越大，你不知道的也就越多。"但这是对认知局限的反思，而不是对认知机制本身的反思。

作为同时代的哲人，庄子对认知的思考，因其极端深刻，而显得格外特立独行。庄子提出，真知与真人是相联系的，认知主体的状态，决定了认知能否有效进行；而最好的认知，也就是能够解决人的存在性焦虑的认知，是放下了自他分别后天人合一的随顺，随顺世间的流变，保有内心的空灵。

今人已经意识到，无论科学还是哲学，无论分析还是思辨，都没有办法解决人固有的存在性焦虑，即人在生死问题上的潜在焦灼。庄子说，要解决这个问题，必须体察到生死一体——变化就是生命的存在方式本身，生是生命存在方式，死也是生命存在的一环。就好像一个波形，波峰是波的组成部分，波谷也是波的存在方式，谁也不能把它割裂开而存在。真正体察到这一点，存在性焦虑是有可能放下的。

所以，人世间最伟大的老师，是道；最好的朋友，是造化。生命可以是一场包含着生死的自在旅程，当然，必须向道学习。

最后，我们回顾一下《大宗师》的主要观点：

一、人类智慧的对象，是天人之际。也就是天道与人道两个层面。要感悟天道，就要虚静自守，生命虚静了，可以还原出天道的旋律。而研究人道，最重要的是要谦虚谨慎，不要把人生的意义卷进去。

二、有真人，才有真知。所谓真人，就是天人合一、摆脱了各种对立关系、勘破了各种得失利害、清除了深度自我催眠的人。他们襟怀坦然，悠游于世，来去自如。所谓真知，就是对道的认知。文中最经典的描述，是"有情有信，无为无形"，可以说是庄子对老子思想的一次精彩的总结。

三、死生存亡一体，莫逆于心。死生存亡，成毁得失，都是组成生命形态的因素，不可能割裂。这可以说是一种哲学意义上的天命，是躲避不开的本然存在。而庄子的态度也很潇洒，那就是安时处顺，顺乎天命的安排。需要提醒大家注意的是，这不是宿命论，更不是放弃努力，而是生命在深层意义上对待造化的谦逊与敬畏。

第六十七节　感悟天道是治世的前提

一、敬畏天道，修身养性

《应帝王》是《庄子·内篇》的最后一篇，主题是庄子理想中的治世之道。前六篇讲生命的理想境界、认知的困境、养生的要义、处世的要领、全德的表征以及大道源流，最后一篇讲治世，似有轻描淡写之意，不过，到底还是完成了道家思想的基本格局。

在庄子的时代，"帝"与"王"是两个词。帝为天帝。华夏文明早期的领导人，只有大德圆满，高推神位，后人才称之为帝。而夏、商、周三代，最高统治者在世只是称王。因此，"应帝王"这三个字，如果解释为"一个帝王应有的德性"，尽管含义差别不大，却也属于望文生义了。依笔者的理解，解读为"按照帝的德性去做治世的君王"，应该更为妥帖一些。

道家治世的学说，自老子始，煌煌一部《道德经》，堪称中国哲学、政治学、组织学的开山祖典。老子的思想，可以从三个大的方面来把握：

一、大的原则上，是人道向天道学习。因为天道是长生的，人道却容易走极端、分化崩盘。

二、治世的思路上，是无为而治。也就是模拟天道养育万物的生态模式，构建社会生态，以自组织为基础，求得可持续发展。

三、为了实现无为而治，强调修身养性。也就是领导者必须感悟天道。失去这个前提，人道模拟天道，也就无从谈起。

无论所处时代，还是所处的社会地位，庄子与老子都有很大的差别。要求庄子像老子那样构建完整的治世之学，是不现实的。但庄子对于治世之学的框架把握是准确的——要实现无为而治，其关键因素在于人对于天道的感悟以及敬畏。庄子精辟地指出，天人合一、万物共生的认知，是上古圣人们的共识，也是社会能够平和演化的文化根基。

二、本篇结构

《应帝王》这一篇，可以分为四个部分。

第一部分，讲啮缺问于王倪的故事。王倪向啮缺展现了认知的终极破缺，啮缺因而悟道，明白了舜帝与太昊之间的境界差距。舜帝以仁政治人，把百姓视作对象，而太昊则全乎天真，与百姓一体。

第二部分，包括肩吾见狂接舆、天根问无名人、阳子居见老聃三个故事。三个故事的主旨是一致的：君王以一己意志强制百姓，这样的治世思路是不可为的；圣人之治是无为的，把事功融化在百姓的主人翁精神之中，功成也不自居。

第三部分，讲季咸给壶子看相、列子因而悟道的故事。季咸是郑国的神巫，能断人生死时日。列子误以为季咸是至人，就把他引见给自己的老师壶子。壶子向神巫展示了自己顺应大道造化的状态，季咸不能辨别，甚至精神错乱狂奔而去。列子因此安下心来，回归平凡的修为生活，并最终成为真人。

　　第四部分，是庄子对合道境界的总结，同时又留下一个混沌之死的寓言。之所以留下这个寓言，也可能是担心后人在"合道"这个问题上再度穿凿附会吧。

第六十八节　心物如一，圣人与百姓一体

《应帝王》开篇讲啮缺在王倪启发下悟道的故事。啮缺悟道后，才明白了为什么同样是上古帝王，大舜的境界与太昊有实质性的差距。

舜摆脱不了用仁恩去诱使民众服从的想法，实质是管理层与老百姓分离的开端。而太昊氏具备道的眼光，心物如一，万物平等，因此不会伤害百姓的多元化成长。

圣人的境界，看得见天地，也看得见众生，而内心如道一般虚静容受。

> 啮缺问于王倪，四问而四不知。啮缺因跃而大喜，行以告蒲衣子。

啮缺是许由的老师，许由是圣尧的老师，王倪是啮缺的老师。

啮缺问王倪，"四问而四不知"，《齐物论》中啮缺已经问过王倪了，那次是"一问三不知"，问了三次，王倪都说自己不知道。

每个生命的价值观是不一样的，能够因应的区间也是不一样的，所谓有道就是要贯穿这些区间。王倪在《齐物论》中说，至人并不是什么都知道，而是他知道自己不知道，然后他的心就向着道开放了，从而游心于无穷尽的道当中。他是可以接受未

知的。

现在人的浮躁，很大程度上是因为他们不愿意接受未知。凡事要预定，预设这个社会以后要对自己怎么样，或者自己的名位怎么样。"财务自由"就是最典型的一个例子，它就是预定在我们有生之年都不缺钱花，可以随意地到各种地方玩，不用面对变化的境遇。

但是至人面对这个变化的世界，是非常愉悦的，永远不觉得枯燥。这个价值观和态度是完全不一样的。

这一次，不知道王倪到底问了啮缺什么事，在所谓价值观的差异、是非利害的相对性之外，王倪干脆一问四不知了——我根本就不知道，啮缺突然就悟道了。这就像禅宗一样，终于在老师这里确认了终极的破缺！

老师做了一个现场的示范，以身说法，啮缺的心一下子就打开了。啮缺知道了，原来这种残缺或者说局限性，本身就是道。于是他一下子就悟道了，认可自己了，不再贪婪地追求对未来的确定感了。

悟道之后就是大喜。据说佛陀悟道之后，大喜二十一天，而且高兴到每七天得换一个地方，继续大喜，连续换了三个地方。

大喜之后，啮缺就跑去告诉蒲衣子，谈自己的体会。蒲衣子是圣尧时期的一个贤人，据说舜也曾经找过蒲衣子，想把王位让给蒲衣子，蒲衣子拒绝了。我们历史上类似的故事有很多，庄子著作中也经常出现。

蒲衣子曰："而乃今知之乎？有虞氏不及泰氏。有虞氏其犹藏仁以要人，亦得人矣，而未始出于非人。泰氏其卧徐徐，其觉于于。一以己为马，一以己为牛。其知情信，其德甚真，而未始入于非人。"

这里提出"非人"的概念。

"非人"指的是认为自己是人，别人不是人；或者认为自己是贵族阶级，其他人都是任由自己驱使的犬马的想法。

蒲衣子就说，以前你跟我们在一起，听不明白我们说的话，现在终于明白了吧？

"有虞氏不及泰氏，有虞氏其犹藏仁以要人"，有虞氏非常注意约束自己，对民众非常仁爱。"有虞"指的是舜。"泰"，太昊，三皇五帝之一。有虞氏的真实意图，还是排除不了以仁厚为手段让社会来服从管理的想法，他并没有达到最高的境界。本质上，他还没打破君王和百姓之间的二元对立，他还是认为自己是牧羊人，百姓是羊，他和百姓不是一路人。

老子说"圣人无心，以百姓心为心"，圣人不要有主观的地位感，而应该以各个群体统合后的想法作为自己的想法。有虞氏没有达到这个高度。

"泰氏其卧徐徐，其觉于于"，太昊氏睡着的时候，非常的宽松，不会不忍睡去；醒来的时候，淡淡地醒来，没有下床气。

手机发明之后，今人晚上不忍睡去，早睡成了一件奢侈的事情。不少互联网公司，夜里还要用微信发号施令。

"一以己为马，一以己为牛"，太昊氏一会儿觉得自己是马，一会觉得自己是牛，他没有跟万物之间区分彼此，内心一派天然，从来没有把自己从万物之中撤出来。这也就说明他没有自绝于大道，因为大道就体现在"好生"、体现在万物身上。

"其知情信，其德甚真"，他的智慧符合于大道"有情有信"的特征，所以他的德性非常真朴。"而未始入于非人"，他从来没有把自己从百姓当中割离出来，或者从自然当中割离出来。

　　过去我们批评西方文化最多的，就是说它割裂了人和天之间的关系。是不是这样也不好说，但当我们随意夸耀征服自然的成就时，其实也需要再深入思考一下天人关系了。

第六十九节 明王之治，顺万物之自然

道家一贯的看法，治理的要点在于守护住社会运转的枢纽，这是自己的合法性所在，也是最安全、最省力的思路。而要做到如道一般使"万物自化"、百姓各自做好自己的事情，就要如道一般地虚静容受，接受生态。最重要的，是放弃驾驭社会的强横意志，把属于社会的还给社会，无为而治。

本节三个故事，从不同的角度讲了这个道理，最后归拢在"明王之治"上，归结出"用心如镜""胜物而不伤"的境界。

> 肩吾见狂接舆。狂接舆曰："日中始何以语汝？"肩吾曰："告我：君人者以己出经式义度，人孰敢不听而化诸！"

"肩吾"是昆仑山的山神，"狂接舆"就是楚狂人接舆。

狂接舆见到肩吾问，你最近在"中始"那里学东西，他教你什么了？

中始不可考，不知道是谁，也有人认为可能与"两小儿辩日"中的那两个小孩有些瓜葛。

肩吾就说，中始对我说，君王就是要用自己的意志去推行自己的法度，建立自己的纪律，别人不敢不听，这才叫做大化天下。"化"，指的是让百姓的思想行为完全服从。

> 狂接舆曰："是欺德也。其于治天下也，犹涉海凿河而

使蚊负山也。夫圣人之治也，治外乎？正而后行，确乎能其
事者而已矣。且鸟高飞以避矰弋之害，鼹鼠深穴乎神丘之下
以避熏凿之患，而曾二虫之无知？"

狂接舆就说，"是欺德也"，这种做法是一种欺诳的行为，不
符合大自然的真实情况，是君王自己强行做出来的。

"其于治天下也，犹涉海凿河而使蚊负山也"，用这种方法治
理天下，就好像是硬要徒步穿越大海、开凿大河、让蚊子去背负
大山。

狂接舆的意思，中始这么想，有他自己的理由，但天下是一
个非常复杂的大系统，如果不调用天下本身的力量，只靠一己之
意志去推行他的法度，是会出问题的。

"夫圣人之治也，治外乎"？圣人之治难道就是跟老百姓成为
对立面吗？"治外乎"，难道就是去治别人吗？最主要是自我修为
吧。"正而后行，确乎能其事者而已矣"，他总是正己而后行，做
一些力所能及的事。什么是力所能及的事？按道家的看法，就是
守护社会枢纽的事，这个是力所能及的。你把所有精力用在这上
面，可能还不够呢，哪来的精力去到处伸手。

接舆又说，"且鸟高飞以避矰弋之害，鼹鼠深穴乎神丘之下
以避熏凿之患"，鸟知道飞得高一点，以此躲避飞箭。老鼠把洞
穴安在神坛之下，它都知道挖得深一点，以免被人把洞穴挖了。
这两种小生命都知道趋吉避凶，难道老百姓需要什么，他们自己
还不知道吗？

老百姓是很懂道理的，他们是有自组织的能力的。比如乡规
民约，其实做得很好，上面一定要把手伸到那里管制所有细节的
话，一来成本太高，二来也干扰了基层的成长。所以，上层的精

力不应该集中在这里，这是对中始的一个批评。天天想着管住老
百姓的一举一动的话，是不符合天道的。

　　天根游于殷阳，至蓼水之上，适遭无名人而问焉，曰：
"请问为天下。"

天根到殷阳一带游历，他走到"蓼水之上"，实际就是宋国
的首都商丘附近，正好碰见了一位无名人。这位无名人，很可能
是庄子的自喻。

天根遇见了庄子就说，"请问为天下"，请问如果我要治理天
下，该怎么做呢？

　　无名人曰："去！汝鄙人也，何问之不豫也！予方将与
造物者为人，厌则又乘夫莽眇之鸟，以出六极之外，而游无
何有之乡，以处圹埌之野。汝又何为以治天下感予之心为？"

庄子说，走开，"汝鄙人也"，你这怂人。"何问之不豫也"！
你怎么问这么让人不愉快的问题。"不豫"，不愉快。

"予方将与造物者为人"，我正在想和造物者谈一谈人的问
题，想谈的是更大的问题、人类的问题、世界的问题、要不要殖
民到火星的问题，这些都已经让人烦了。我们正想乘着"莽眇之
鸟"，乘着茫茫渺渺之气，游于世外呢！

"以出六极之外"，"六极"，上下左右前后；游心于空间之外，
空间是一种距离感的对立，空间之外就是"无何有之乡"，也就
是不知道有什么的地方。"以处圹埌之野"，那个地方才叫圹埌
野。这种想象力，这种话，大概只有庄子会说。

"汝又何为以治天下感予之心为"？你跑来问我治理天下干嘛
呢？我本来好快活的，你一个小诸侯国的问题，就别再来烦
我了！

又复问，无名人曰："汝游心于淡，合气于漠，顺物自
然而无容私焉，而天下治矣。"

遭到庄子拒绝后，天根没有放弃，还是问个不停，态度也很
诚恳。

庄子没办法，就说："汝游心于淡，合气于漠，顺物自然而
无容私焉"，作为一个社会的管理者，心里不能有欲望和偏私，
一旦有这些，就会有是非利害之心，就一定会去做有为之事。作
为君王，要"合气于漠"，内在的真气一定要广大、虚无；"顺物
自然而无容私"，一切要顺着大家的天性去做，不要在这当中再
做一些巧取豪夺的事，那么天下就会得到大治。

有人可能会说，庄子说得太形而上了，并没有告诉我们达到
这个状态之后，具体该怎么统治。这是真没有看懂庄子。庄子这
么说，是从领导学的角度，直接切到问题最核心处，从蓝图方针
上讨论。至于具体的统治术，是管理学要讨论的具体问题。

阳子居见老聃，曰："有人于此，向疾强梁，物彻疏明，
学道不倦，如是者，可比明王乎？"老聃曰："是于圣人也，
胥易技系，劳形怵心者也。且也虎豹之文来田，猿狙之便
执，斄之狗来藉。如是者，可比明王乎？"

阳子居就是杨朱，也就是商人的祖师爷。杨朱是老聃的

学生。

杨朱来拜见老子说，有这么一个人，"向疾强梁"，思维非常敏捷，意志非常强悍，"强梁"一般指的是意志非常强悍；他"物彻疏明"，深通物性，对人性把握得也非常到位，而且他的头脑非常有条理，再加上"学道不倦"，"如是者，可比明王乎"？这样的人可以跟明王媲美么？明王就是圣王，明智的君王。

老聃说，这样的人和圣人比起来，就像小小的、始终被使唤的执行类工具，就像是工匠被他的技术所束缚，他也被他的能力束缚，活成一个"劳形怵心"的人，天天形体烦劳，心里头还充满了恐惧。

老聃话里有话。凡是走这条路的，他要不就是想钳制君王，实际上是被君王倒过来钳制。如果君王自己这么做，那就从一位君王做成了打工仔，从形而上走到形而下，从本应该空虚容受的位置上脱落出来了。

老聃接着说，你看虎豹因为身上长了美丽的花纹，所以猎人就来猎它；猿猴因为会蹦会跳会爬树，耍猴人就把它逮回去耍猴玩；狗因为会叫，所以大家把它拴着看门。

依赖特长，就会被特长拴住，尤其是在面对全局性问题的时候。

如果君王自己爱好这个，那就是自己把自己束缚起来；不管是你用它去说服君王，还是君王自己糊涂走上了这条路，都不是好事。从《道德经》里也可以看到，帝王家在传授心法的时候，首先就要规避路径依赖，要把这个思路摒弃出去。

> 阳子居蹴然曰："敢问明王之治。"老聃曰："明王之治：功盖天下而似不自己，化贷万物而民弗恃。有莫举名，使物

自喜。立乎不测，而游于无有者也。"

阳子居一点就透，听了这话之后非常震撼，知道自己走错路了，就问说，"敢问明王之治"，明王之治到底是什么意思呢？

老子就说，明王的治理"功盖天下而似不自己"，他什么事都做成了，但是好像不是他做的。"化贷万物而民弗恃"，各种各样的资源都被调配地运转起来，资源相互拆借、流动起来，但老百姓不觉得这些秩序有赖于明王。他是隐在幕后的，不表现在前台的。

"有莫举名，使物自喜"，老百姓甚至都不知道他的姓名，只是生活得很顺畅。这就是《道德经》上说的"太上，下知有之"，后面"亲而誉之"那些就慢慢地掉下来了。

"立乎不测"，他的立场是没有办法测定的，其实就是说他和老百姓是打成一体的，老百姓都觉得他跟自己立场一致。

"而游于无有者也"，他的内心没有什么价值观的状态，也没有那些闲摆设的状态。

老子真是大思想家。设想一下，一个君王该怎么做？打算跟哪一股势力捆绑到一起吗？历史清楚地展现了作为君王跟谁绑在一起，最终就被谁反噬。所谓君王，只能持一个超然的眼光、必须是天道视角才行；人道是非的视角，是管不好社会大局的事情的。

第七十节　九渊玄牝，神巫不能测度之道境

在《庄子·内篇》里，这一节算是很长的一个故事。

列子跟随壶子学道，很久也没有悟道，心里充满了对各种术数神通的向往，因此，一遇神巫季咸，看他能断人生死，惊为天人。壶子不得已，向季咸展现了自己的道境，而季咸不能辨，且惊惧而逃。列子从此才安下心来，终至修道有成。

故事讲得天花乱坠，但真正值得思考的，是列子在这里面到底参悟了什么？为什么壶子与季咸的"交手"，就成就了列子悟道的契机？

> 郑有神巫曰季咸，知人之死生、存亡、祸福、寿夭，期以岁月旬日，若神。郑人见之，皆弃而走。列子见之而心醉。

郑国有一个神巫叫做季咸，古人兄弟以伯、仲、叔、季排序，因此季咸在家里应该是排行老四。也有人考证说，季咸是上古一个叫巫咸的神巫的变称。神在先秦文化当中是非常崇高的说法，神高于圣。比如，庄子对道人的排列从低到高依次是圣人、至人，最高是神人。依此来看，季咸不可能是上古神巫。

季咸"知人之死生、存亡、祸福、寿夭"，"祸福"，祸患还是福气；"寿夭"，长寿还是短命。"期以岁月旬日"，他精准到什么程度？精准到年月旬日，可以明确地预测人哪一天死。

这就有点可怕了。人的心理都是这样，真的碰到算得特别准的，心里头是抵触的。试想，如果真的有一本书把你这一辈子的事情都写清楚了，那不是很悲哀吗？因此，"郑人见之，皆弃而走"，郑国人见到了季咸，都躲得他远远的。

郑国人见到季咸都不愿意搭理，连打招呼都不愿意打一个，但列子一见他就"心醉"了。列子是一个修道狂人，他出去"御风而行"，纵情游历，常常半月才返回，可见对各种术数神通打心眼里感兴趣。

> 归，以告壶子，曰："始吾以夫子之道为至矣，则又有至焉者矣。"壶子曰："吾与汝既其文，未既其实，而固得道与？众雌而无雄，而又奚卵焉！而以道与世亢，必信，夫故使人得而相汝。尝试与来，以予示之。"

列子是一个对修道特别有诚意的人，可能还有点儿神经大条。他看到了好东西，赶紧回来告诉老师壶子说："始吾以夫子之道为至矣，则又有至焉者矣。"老师，我本来认为您的道术是最高的了，但现在我看到了还有比您更厉害的。

壶子对学生的性情比较了解，也不大在意，就说，"吾与汝既其文，未既其实"，过去我教你的都是文字上的东西，我们刚刚开始谈道理，你还没有真的接触到道法，没有进入实践，"而固得道与"？你别认为你现在是得道了，或者你已经在我这学到什么东西了。你现在的境界，"众雌而无雄，而又奚卵焉"，你就好像是养了一群母鸡，但是还没有公鸡，这一篮子蛋是孵不出小鸡的。言外之意是说，你还没有进入道法的应用，没有得到点化。

"而以道与世亢"，你特别喜欢显摆，喜欢跟别人论道，"必信"，肯定你所有的东西都表现在脸上了，别人一眼就看穿了你，把你所有的轨迹看得清清楚楚。要不你把他叫来，然后我跟他打个回合，给你示范一下。

壶子还是非常爱惜这个学生的，如果是一个心胸狭隘的老师，可能直接就说"滚蛋"了。你都不相信我，还跟我学什么？这说明当时在学道方面是非常开明的。

> 明日，列子与之见壶子。出而谓列子曰："嘻！子之先生死矣！弗活矣！不以旬数矣！吾见怪焉，见湿灰焉。"列子入，泣涕沾襟以告壶子。壶子曰："乡吾示之以地文，萌乎不震不正，是殆见吾杜德机也。尝又与来。"

第二天，列子就领着神巫季咸来了，这速度还真是挺快的！季咸进去看了壶子一眼就出来了，对列子说，"嘻"！哎呀！口气里带着看准了之后的自得。他说，不好了，你的老师最多活不过十天，我看他情况可怪了，就像被打湿了的灰一样，没有了生机。

列子听信了，"泣涕沾襟"，他跟老师很有感情，也很相信季咸，听到老师活不长了，就哭了。过来告诉壶子说，老师您活不长了，最多只有十天的寿命了。

壶子说，刚才我向季咸展示了"地文"的境界。地文，就是大地的纹路，"萌乎不震不正"，欲震不震的状态，就好像要鼓动起来，又鼓动不起来，生机好像逐渐地在消退。所以季咸就觉得看不到我的生机了，觉得我可能要死了。明天你再请他来一趟，再看一次。

　　明日，又与之见壶子。出而谓列子曰："幸矣！子之先生遇我也，有瘳矣！全然有生矣！吾见其杜权矣！"列子入，以告壶子。壶子曰："乡吾示之以天壤，名实不入，而机发于踵。是殆见吾善者机也。尝又与来。"

　　第二天列子又把季咸请过来了，进去看了壶子之后，季咸出来对列子说，你老师挺幸运的，肯定是因为碰见我了，他好像马上就要活过来了。

　　"瘳"，痊愈。"吾见其杜权矣"！现在我看着他蛮有生机的，闭塞的地方好像都打开了。将死之人一天工夫就打开了生机，有这么快吗？壶子对于气息的运行完全是随心所欲了。

　　列子赶忙走进去，很高兴地告诉壶子说，老师您要好了，不会死了！

　　壶子说，刚才我向他展示的是"天壤"的状态。天壤，就是"天之田"，像云一样的状态。在天壤的状态下，"名实不入"，名位实利等等一切功利的东西都浑然忘却。人一旦进入这个状态，就会"机发于踵"，生机就从脚后跟慢慢起来了。

　　按壶子这个说法，现在抑郁症这么多，都是因为生机退失了。生机退失的原因，还是被"名实"逼迫得太厉害，或者说自己也跟着"名实"去自我逼迫。如果想办法做到"名实不入"，生机就会从脚后跟慢慢起来，阳气上升，焦虑也就渐渐减退了。

　　壶子说，季咸应该是看见我的生机了。这还不够，你明天再让他来一趟。

　　明日，又与之见壶子。出而谓列子曰："子之先生不齐，吾无得而相焉。试齐，且复相之。"列子入，以告壶子。壶子曰："吾乡示之以太冲莫胜，是殆见吾衡气机也。鲵桓之审为渊，止水之审为渊，流水之审为渊。渊有九名，此处三焉。尝又与来。"

季咸也真有耐心，第三天，一喊他又来了，进去看了壶子，出来就告诉列子说，"子之先生不齐，吾无得而相焉"，你们家先生气机摇荡不定，我看不清楚，等他情况彻底稳定之后，"且复相之"，我再来帮你看。

列子走进去，告诉自己老师说，神巫说了，你气机不定。

壶子说，我刚才是向他展示了"太冲莫胜"的状态。"太冲"就是空虚，"冲"是中，中又等于空，意思是我内在的气机完全进入一种空虚无定的状态。我还特别地向他展示了三种气机，实际上也就是三种玄牝的状态。

人一旦内在空虚之后，阴阳二气就会运转，出现一种动态平衡。这个阴阳二气，并不一定是身体固有的，只要身体是虚静的，大自然的气机就会在这里运化。基于此，壶子向季咸演示了三种玄牝运化气息的状态。

第一种，"鲵桓之审为渊"。这种状态是博大的，像巨鲸在海里跃动，这是一种大的、踊跃的气息搏动。

第二种，"止水之审为渊"。这种状态类似止水，水静下来之后，里面蕴含着深远、潜在的生机。

第三种，"流水之审为渊"。这种状态类似流水迂回，在某一个地方形成一种不竭的气息环回。

庄子在这里透露说有九种玄牝，非常可惜，再没有其他经典记载另外的六种。

按内丹家的说法，入静深刻之后，人体内部的气机会发生震动，而震动的方式又有多种。这种修为思路，或许和壶子说的九渊有一些渊源。

这里壶子只是向季咸展示了三种，季咸看不明白，理解不了气机怎么一会儿这样、一会儿那样，找了个借口就走了。

> 明日，又与之见壶子。立未定，自失而走。壶子曰："追之！"列子追之不及。反，以报壶子曰："已灭矣，已失矣，吾弗及已。"壶子曰："乡吾示之以未始出吾宗。吾与之虚而委蛇，不知其谁何，因以为弟靡，因以为波流，故逃也。"

最后一天，季咸又来看壶子，壶子展示了更大一重境界，季咸还没站住，刚看一眼，精神就迷失了，赶紧跑走了，而且跑得很快。壶子让列子追他，是怕他出事。列子去追的时候，已经追不上了，回来说"已灭矣，已失矣"。季咸一下子就跑得不见了踪影，可见吓得够呛。

壶子说，"乡吾示之以未始出吾宗"，我刚才向他展示了气还没有成形的状态。"未始出吾宗"，"宗"就是道，似乎还没有演化的状态，也就是先天的境界。

壶子说，我处在先天境界的时候，不管季咸怎么观察我，他都会得到他自己想看的那个意象，这就吓死他了！实际是他内心影像的一个爆发，这就是"吾与之虚而委蛇"。就好像跳恰恰一样，你往前跳，他往后跳；你往后跳，他就往前跳。精神上感觉有个影子跟着自己，跟量子纠缠似的，多吓人呀！

"不知其谁何"，他根本没法辨别我是谁。"因以为弟靡，因以为波流"，他看见我好像草那样随风摆动，又看见我像水那样随势而流，完全就没有一个定型。这几乎是在点化季咸了，可季咸受不了，跑了！

> 然后列子自以为未始学而归，三年不出。为其妻爨，食豕如食人。于事无与亲，雕琢复朴，块然独以其形立。纷而封哉，一以是终。

自此以后，列子就明白了，过去自己啥都没学到，没有真正地与气合真，没有真正地回到原始的道上。于是他下定决心，闭关了三年。

这三年，也不是就在那打坐，而是真正放下了姿态，随顺造化，做各种过去觉得不值得做的事。不但为老婆做饭，还像请人吃饭一样非常恭敬地去喂猪，完全是与万物等齐，不再有过去的亲疏是非之别。

"雕琢复朴"，把长出来的一些歪枝子再给剪掉。"块然独以其形立"，最后回到孑然独立的状态，纷纷扰扰的情执都脱落了。最后"一以是终"，终于与道合真，无论始终了。

第七十一节　用心若镜，胜物而不伤

本节是庄子对《应帝王》全篇的一个总结：圣人究竟是怎么用心的。

庄子说，圣人的心境，犹如混沌一气，漫无目的，又滋养万物。圣人的心意，不是万物的对立面，而是万物的镜子，所以能够"胜物而不伤"，把社会事务梳理得井井有条。

庄子又讲了一个"混沌之死"的寓言，作为对世人不悟真道、专事穿凿附会的警醒。

> 无为名尸，无为谋府；无为事任，无为知主。体尽无穷，而游无朕。尽其所受乎天而无见得，亦虚而已！

这是庄子心中的理想境界。

"无为名尸"，不要为了名位去奋斗。有人可能会问，不为名位奋斗，又为什么奋斗呢？庄子的意思，把名位作为目标的话，得到名位的可能性并不会变大，而心却因此受到很大的束缚。

"无为谋府"，不要让自己变得很有城府，每天想着策略谋略，整天揣摩人心。很多人学了心理学之后，看着满大街的人都不对劲，都有心理问题，每天不做正事，套用各种心理模型去分析别人，这是非常糟糕的。

"无为事任"，不要暗示自己承担着什么大的使命。

"无为知主"，不要认为追求知识就是绝对的善。知识是无穷尽的，我们只能与它共舞，而不可能成为知识的占有者。

庄子说，求道之人，要注意规避以上四个方面。其实，规避了这些，也并不代表你在这四个方面水平就差。因为心更放松了一些，可能表现相对还会更好一点。

放下了这四个方面，就会"体尽无穷"，体会到大自然变化的无穷无尽，"而游无朕"，游心于那个没有征兆、没有外形、冥冥的存在之中，心神也不再依赖于具体的形态。

常规的生活，心神好像总需要粘在一个东西上去运算、去感觉；但按照庄子的看法，人也可以"无所住而生其心"，心神可以是自由、安闲的。

"尽其所受乎天而无见得"，穷尽了大自然给予的禀赋，每一个人虽游于无穷，但每个人感受到的东西还是不一样的。不是说游于无穷，就能得于无穷。

每个人都游在自己的可能性空间当中，都有自己独特的感受，把这些天赋的东西尽情地展现出来，也没有什么自得，说到底"亦虚而已"！就是与虚无同构。因为虚无是永恒的生命力，与虚无同构，也就是与永恒的生命力同游。

> 至人之用心若镜，不将不逆，应而不藏，故能胜物而不伤。

真正大的悟道者，他的心灵运作，就像镜子一样，是整个世界的一个反映。

"不将不逆"，不迎不拒；"应而不藏"，也没什么藏私。不是说事情来了我就一概躲避，而是说面对祸福吉凶，不放在心上了，也没有自己的成见。而且，这种状态是"应而不藏"，没有藏私，不做那些自作聪明、台面下的考量。

至人能做到这一点，"故能胜物而不伤"，万物在他面前就是一个完整的生态，此起彼落，也互相扶持；而他自己无所失，无所得，游于无穷。这是生命的大境界，就像老子说的，"道常无名，朴虽小，天下莫能臣。侯王若能守之，万物将自宾"。

他守住了道，万物就各自理顺了。尽管万物并没有觉得自己顺从谁，但事情自然就理顺了，这叫做"胜物"。自己的心不受外物的束缚，而且既能调理万物，又不伤到它们的本性，它们还是在自己的轨道上运作。这就是庄子讲的最理想的一个状态。

> 南海之帝为儵，北海之帝为忽，中央之帝为浑沌。儵与忽时相与遇于浑沌之地，浑沌待之甚善。儵与忽谋报浑沌之德，曰："人皆有七窍以视听食息，此独无有，尝试凿之。"日凿一窍，七日而浑沌死。

"帝"即神位。南海之神的神位叫做"儵"。"儵"指的是空间，所以他也就是空间之神。

北海之神的神位叫做"忽"。"忽"指的是时间流逝的感觉。

中央最核心的神叫"混沌"。所谓"道生一"，"一"指的是混沌，就是先天一气。

时间之神和空间之神它俩在先天一气这儿相遇了，他们游于混沌，游于先天一气当中，先天一气是母体，当然待他们"甚善"，对儵、忽二帝都很好。

儵、忽二帝想着，永恒的母体对我们多好啊，我们应该报恩呀！"人皆有七窍以视听食息，此独无有"，你看，混沌不能听、不能看、不能吃、又不能喝的，没有人世间的种种体验，"尝试凿之"，我们就帮他打开这个体验之门吧！一有此念则落于后天，纷纷扰扰，儵和忽尝试着每天帮混沌开启一个灵窍，一直开到七窍的时候，混沌竟死了。因为它彻底落入后天，成为具象的存在了。

　　《内篇》的最后，就讲了一个让人惆怅的故事。

第七十二节　兴衰存亡，端看体制的智慧

十几年前读《出埃及记》，大感震动。

《出埃及记》故事的主线，是作为一个隐形主角的"耶和华"，为了犹太民族的自由，与埃及法老展开的十多轮真刀真枪的贴身博弈。按今天的观念来看，耶和华的诉求并不离谱，甚至是一种底线思维。他要求法老放犹太民族一条生路，允许他们离开，去寻找自由幸福的生活。而法老的顽固让人惊叹，竟然宁可在十次大灾面前硬挺，也不愿打破既有的社会分层结构。

法老的心是如此刚强，对此，《圣经》里当然要说都是耶和华的安排。我们知道，一切错误和苦难都是神的自编自导，属于宗教的习惯认知模式。但深入一步思考，如果这件事有着某种真实历史背景的话，那么只能说明当时埃及的权力体制，近乎僵死的活尸状态。他们已经没有开放的战略思考能力，甚至可能连该考虑些什么都不知道。这已经是一个失智的社会。

埃及权力层的愚蠢，在摩西带领犹太人穿越红海时达到极致：他们呼啸着冲进摩西一方用"高科技"营造的海底通道，迎来的是军事力量的瞬间覆灭。而渡过红海的犹太人表现得同样糟糕：当摩西前往西奈山顶接受耶和华的契约时，犹太人点起篝火，供奉起金牛，彻夜欢歌，跳起了拜金主义的舞蹈。

这真是刻骨的背叛！耶和华震怒——换作谁都要震怒，摩西则向耶和华求情，请求他放过愚蠢的凡人。摩西回到族群中之后，大费周折地进行了"二次革命"，清理队伍，重新开启了寻

找自由家园的征程。

《出埃及记》点出了人类社会的两大恶疾：埃及一方，代表失智的统治，僵死的体制，完全丧失了变革图强的能力；犹太一方，则表现出了玩弄游戏规则的习性，总想炒作一切财富，走到哪儿，就要把哪儿的邻人都变作韭菜来收割。

这两者本质上都是失智，只是前者表现为顽固愚蠢，容易暴露，而后者则忽悠大家都来参与，鼓励人们放下一切基本的恻隐之心，一起狂欢，不管不顾。

庄子在《应帝王》里告诫的问题，还远远没有到《出埃及记》中的那种极端状态，但本质是相通的。权力层到底是根据社会本身发展的需要、依赖社会本身的力量去治理？还是从一己之意志出发，把社会这个神器当成工具来使唤？这是在建构权力的出发点上就必须明确的问题。诸子百家，只有道家对这个问题做出了明确的回答。

在道家的语境中，治国是修身的延伸与拓展。如果把视角调整到修身，问题会更加明朗一些：人生到底该怎样去自我实现？是把自己的生命当成一个工具去追求无穷膨胀的目标？还是随顺生命本身的节奏，顺势应时地去做初心的工作，通达自我，也促进社会的通达？

放在修身的视角，问题是不难回答的。

如此看来，道家修身治世的思想，不但包含着天人合一，还包含着人与社会的和谐。而这里说的社会，正是一个多元共生的生态系统，因此天人合一不会取消个体的价值，人与社会的和谐，也绝不是放弃个性的尊严。

至于说刺激赌性、玩弄财富的游戏规则，让"聪明人"去收割不那么聪明的人，显然需要"镇之以无名之朴"，不断地进行返还与再平衡。所谓不那么聪明的人，分解开来看，其实就是没有反应过来的人、专心于本职工作的人、用热血守卫边疆的人、用青春研发高新科技的人……他们是社会的基石，是财富的血液应该去滋养的对象。而按照"聪明人"的逻辑，他们就只能被一波又一波地收割，越工作越穷，恶性循环，直至基石损毁，社会全面崩塌。

因此，社会的可持续发展离不开一个基本点，那就是需要更有智慧的体制，去制止"聪明"的恶疾扩散。不能指望群体免疫，不能指望恶疾狂欢后的废墟重建——社会经不住这样的折腾。

这就是兴衰的气机所在。《出埃及记》确实提出了大问题，而道家也确实给出了答案。

后　记

《庄子》是一部非常难读的经典，难到在各种平台、论坛上，很少有人为《庄子》做争论。因为争论的时候，万一引用原文，可能连字词都读不利索、输入不了电脑，等到把读音查清楚了，意气也消散了大半。

自古好庄多长寿，大概也有这个因素。庄学名家流沙河先生自述早年身体羸弱，中年际遇凄苦，后读《庄子》而豁然开朗，身体竟完全康复。流沙河先生享八十八岁高寿驾鹤，其中因缘，值得后人参悟。

中国文化在国际的传播，以道家为主流；而道家文化在国际的传播，以《老子》为多。老外不是不知道《庄子》的好，也陆续翻译了十几个版本，奈何《庄子》的文字"汪洋辟阖，仪态万方"，各种议论、寓言、故事、对话神出鬼没，真意则如草蛇灰线，似有似无，着实也让擅长可丁可卯逻辑推演的老外们有下不了口的慨叹。但他们对《庄子》是真爱，真爱到各种转译，靠比对多种语言译本的"笨方法"来读《庄子》。他们的阅读体验也与我们相似——恍然间便忘了那些现代、后现代的范式套路，得了片刻安闲。

就生命体验而言，西人与国人一样，都困扰得不行。无论中西古今，人是活在自然与人文双重语境下的，所以每逢大事就容易犯糊涂，钻一钻牛角尖，较量是非对错。而《庄子》这部经典，西人似乎已经咂摸出味道了——它的本意，是要放下那种总想着给万物作价值评判的精神强迫，放开那些云手缠丝、建构解构的推推搡搡，让生命放松下来，奏响自己的乐章。

这个自己，不是各种"后天"观念规定的那个自己，而是作为大自然一员的自觉。自己把自己的心洗干净了，精神世界空明了，生命力恢复流动，生命就会奏响天籁之音。

天籁之音是不费力气的，它没有比较，不用说服谁，不用争取存在感，它是生命力流动的本然韵律。

这本书，和《黄明哲正解〈道德经〉》一样，都经历了一个从金融街现场讲座到喜马拉雅音频平台课程，再到结集出版的过程。但从课程上线到整理文稿的过程来讲，笔者对《庄子》付出的精力要远远大过《道德经》。

《道德经》的问题域是显性的，主题是修身治世的王道之学，用来观照当下毫不费力。无论是国际博弈还是时代趋势，无论是投资理念还是亲子关系，结合道的思维方式，都能别开一番生面，找到一些有效的思路。

《庄子》的问题域是隐性的，其主题直指人类认知的自我悖反，要解决的问题，是如何修复认知 Bug，回归自然逍遥的真实生活。这样的问题域，即便放到哲学领域，也属于最高端、难度最大的认识论研究。更何况，哲学的传统其实只是爱思考，并不考虑如何内在地安置身心，而庄子要完成的，却是一个从认知到内观的悟道过程。如果说人的生活是由体验构成的，那么人类流行的文化观念关注的，是在体验中辨别优劣、建构价值，而庄子强调的是在体验中顿悟存在本身。两者之间真是"大有径庭"！

因此，对《庄子》的解读，实际上是分了三个阶段的：

第一阶段，扫除名相的困扰，在语感上做到通顺松快。这一条属于基础工作，然而《庄子》的基础工作量大而不易，而且错漏在所难免。按庄学的研究，《庄子》中使用的许多概念、句式，其实是商代的遗泽，因而即便是惯用文言的古代学者，在考据中有时也不得不道听途说、各自保留态度。

第二阶段，理清逻辑的线索。庄子说话若隐若现，伏线千里，这究竟是商代文化遗留的风格，还是庄子本人的爱好？目前没有系统的考证。其实还有另一个可能，庄子是一个在说话中思考的人，他的思维是"涌现"式的，而非逻辑推演式的。恰好笔者的思维也是涌现式的，凡做文章，不到交稿的最后一刻就涌现不出来，故而有此一猜。这种说话的风格，一方面给读者带来了巨大的思考和解释空间，另一方面又确实考验着读者抓住主题的能力。当然，对此也有不同意见，西方著名庄子学者汤姆士·默顿就认为，庄子既简单又深奥，他是直指要害的；人们之所以觉得晦涩，是因为缺少心意相通的顿悟。由此看来，默顿大概率和笔者一样，也是一位思维涌现者。不管怎样，作为一本书，笔者还是选择了把庄子说话背后的主题和逻辑"显影"出来，变得清晰易读。

第三阶段，结合现实生活。现代人的认知状态，大凡涉及策略谋略、吉凶得失，自然都会思如泉涌；一旦回归到认知深处，进行自检纠错，十有八九索然无味。这不是道德或者素质的问题，而是认知习惯的问题。人是生活在体验中的，习惯于认知各种善恶美丑的体验，习惯用二分法论证穷通进退的"高级"命题，对于"认知是怎么来的""是非是认知分裂的产物"这样的根本命题，很难提起兴趣。还好，现代科技的发展，强制性拓展了人类的认知空间；而很多黑科技的发展，诸如虚拟现实、人工智能、脑机接口等研究，又不可避免地基于对人类认知本身的认知，以至于这方面竟然成了显学，这就为《庄子》结合现实生活找到了一个抓手。

以上三步做完，笔者的工作已经大功告成，至于是非对错，还是留给读者去品味评说。这样就绕回到本文开头的处境了：有些事情，还没有开始就已经结束。在此祝愿大家健康长寿。

这次书稿的集结和修改，得到很多朋友的大力协助，他们大多是喜马拉雅平台课程的听友。稿件每一章节都经过两到三位朋友的反复试读，在文字上进行了多次纠错和梳理。没有他们的工作，本次书稿的快速出版是不可想象的。在此特别致谢吴浩、申赓、薛扬、郭亚娟、豫宛、魏志坤、方国榜、钟本军、李燕军、刘雅兰、舒捍刚、邓一平、张椿、王智华、张华荣、曹小桐、孟献龙，以及所有参与后期整理工作的朋友们！感谢所有听友的热情参与！

最后，再次感谢中华书局和喜马拉雅平台的大力支持！

庄周梦蝶，蝶梦庄周，是作者在梦中挑灯奋笔，还是读者在梦里看了一本《庄子》解读，都是一段有趣的生命体验。既然是体验，就不必计较真假虚实，但请一路行去，"乘天地之正，而御六气之辩，以游无穷者"。